云南省社会科学界联合会 组编

# 《云南史话》编委会

| | |
|---|---|
| 主　　编 | 张瑞才 |
| 副 主 编 | 余炳武　戴世平 |
| 委　　员 | 吴绍斌　李　波　吴丽萍　龚志龙　周　明 |
| | 岳石林　陈克华　胡丽华　何锡英　李保欣 |
| | 赵卓磊　张培锋　李维金　杨五青　和文平 |
| | 游启道　李文育　陈树华　刘　军　马维聪 |

# 《建水史话》编撰人员名单

| | |
|---|---|
| 顾　　问 | 丁　昆　冯林春　范永文　李自恒　赵建伟 |
| 主　　编 | 杨为文 |
| 执行主编 | 张绍碧 |
| 执行编辑 | 杨　丰　宗　伟　包茹兰　喻利平　李云华<br>粟　一 |
| 校　　对 | 高鹏程 |
| 文　　源 | 杨　丰　张绍碧　汪致敏　宗　伟　李广田 |
| | 喻利平　陈红丽　鄢显煜　梁玉兰　高鹏程 |
| | 李云华　包茹兰　张建农　粟　一　沈振宇 |
| | 汪　丽　李建屏　李　德　戴存有　宗秉成 |
| | 刘颖洁　范荣德　韩　璟　李艳华　杨　庆 |
| | 赵丽琼　旦玉云　颜　乾　周丽萍 |
| 图　　源 | 鄢显煜　赵家喜　张建农　张绍碧　王保明 |
| | 田丕鸿　王志伟　赵丽琼　范希胜　许文杰 |
| | 贾建琨　肖燕明　包俊生　李朝春　陈嘉彤 |
| | 万海燕 |

# 建水史话

张绍碧 主编

云南出版集团
云南人民出版社

图书在版编目（CIP）数据

建水史话 / 云南省社会科学界联合会组编；张绍碧主编 . —— 昆明：云南人民出版社，2017.11（2018.12 重印）
（云南史话 . 地方系列）
ISBN 978-7-222-16678-3

Ⅰ . ①建⋯ Ⅱ . ①云⋯ ②张⋯ Ⅲ . ①建水县－地方史 Ⅳ . ① K297.44

中国版本图书馆 CIP 数据核字 (2017) 第 286386 号

出 版 人：赵石定
统筹编辑：马维聪
责任编辑：李东华　段金华
责任校对：陈　亚
责任印制：洪中丽
装帧设计：赵　丹

**建水史话**
jianshui shihua

云南省社会科学界联合会　组编
张绍碧　主编

| | |
|---|---|
| 出　版 | 云南出版集团　云南人民出版社 |
| 发　行 | 云南人民出版社 |
| 社　址 | 昆明市环城西路 609 号 |
| 邮　编 | 650034 |
| 网　址 | http://ynpress.yunshow.com |
| E-mail | ynrms@sina.com |
| 开　本 | 787mm×1092mm　1/32 |
| 印　张 | 15 |
| 字　数 | 201 千 |
| 版　次 | 2017 年 11 月第 1 版　2018 年 12 月 2 次印刷 |
| 印　刷 | 云南商奥印务有限公司 |
| 书　号 | ISBN 978-7-222-16678-3 |
| 定　价 | 45.00 元 |

如需购买图书、反馈意见，请与我社联系
总编室：0871-64109126　发行部：0871-64108507
审校部：0871-64164626　印制部：0871-64191534

云南人民出版社公众微信号

版权所有　侵权必究　印装差错　负责调换

# 总　序

七彩云南，气象万千。

这里东连黔桂，西邻缅甸，北靠川渝，南望越南、老挝，是祖国大陆通往南亚东南亚、前出印度洋的枢纽和大通道。特殊的地理，悠久的历史，孕育了深厚的底蕴，创造了丰富多彩的灿烂文化，成为中华文化同南亚次大陆文化、东南亚文化交汇区域，是文化交汇、融合、多样性的现代范本。

这里山川纵横。横断山、哀牢山、无量山、云岭、乌蒙山等山系支撑起祖国西南辽阔的天空。这里碧水荡漾。滇池、洱海、抚仙湖、程海、泸沽湖、杞麓湖、异龙湖、星云湖、阳宗海等湖泊，像一颗颗璀璨的明珠，镶嵌在云南高原上。这里江河澎湃。金沙江、澜沧江、怒江、红河、南盘江、伊洛瓦底江等六大水流联通各民族共同的家园。这里是植物王国、动物王国、有色金属王国。这里气候温和、四季犹春，在中国是绝无仅有的宜居宝地。

这里历史悠久。元谋人从170万年前的远古走来。战国中晚期庄蹻入滇，第一次把楚文化与滇文化连接起来。秦开五尺道、汉习楼船，云南正式纳入祖国版图。唐宋时期，南诏、大理国文化唱响西南。元初正式建立行省。明清时期，云南经济社会得到长足发展。20世纪初，云南各族人民打响了护国战争第一枪，开始埋葬封建帝制。在抗日战争中，几十万云南各族儿女征战沙场，扬我国威！西南联合大学谱写了世界教育史上的奇迹。

在这片红土地上，传承着红色文化基因。走出了王复生、王德三等早期马克思主义播火者，走出了无产阶级军事家罗炳辉，《中华人民共和国国歌》的作曲者聂耳，马克思主义大众化的中国第一人、我们党思想理论战线忠诚的战士和学者艾思奇。20世纪30年代，毛泽东率领中国工农红军长征过云南,播下了革命火种。40年代后期,中国共产党领导下的滇桂黔边纵队与中国人民解放军,在极端艰难困苦的条件下英勇作战,迎来了新中国的诞生!

这一切,催生了一系列独具特色的历史文化:有史前文化、古滇文化、哀牢文化、爨文化、南诏文化、移民文化、护国文化、抗战文化、西南联大文化、红色文化。

这里是民族文化的富聚区,民族文化多样性的活态博物馆。26个民族中16个独有民族,15个民族跨境而居。民族文化丰富多彩、博大精深、底蕴深厚、特色鲜明。如彝族的毕摩文化、藏传南传佛教文化、傣族的贝叶文化、纳西族的东巴文化、哈尼族的梯田文化,等等,还有各种各具特色的丧葬、婚姻、服饰、建筑、节日、歌舞、生态等文化形态。此外还有各民族长期以来相互交融、相互学习、共同发展而产生的综合性文化,如茶文化、医药文化、烟草文化、驿道文化、青铜文化、石刻文化等,异彩纷呈,不胜枚举。

云南各民族优秀文化是中华文化的重要组成部分,是中华文化的瑰宝,是中华民族文化大花园中的奇葩!在长期的历史发展中,在红土高原上,形成独具特色的历史文化、地域文化、民族文化,其突出特点是多样形态、多元一体、和谐共生。各种文化,相互交融。佛教文化、基督教文化和伊斯兰文化并存(即使在同一宗教内,不同派别也和睦相处,如同为佛教,藏传佛教、南传上座部佛教和汉传佛教,亲密无间)、儒释道文化并存、原生态文化与现代文化并存、多民族文化并存。

在经济全球化、文化经济化、经济文化一体化的今天,文化既是社会生活方式,更是一种社会生产力,是各民族共同的精神家园。

"观乎天文,以察时变;观乎人文,以化成天下"(《易经-贲卦》)。习近平总书记指出:"要始终坚持道路自信、理论自信、制度自信,最根本的还有一个文化自信。"党的十九大报告提出:"要坚定文化自信,推动社会主义文化繁荣兴盛。""没有高度的文化自信,没有文化的繁荣兴盛,就没有中华民族伟大复兴。要坚持中国特色社会主义文化发展道路,激发全民族文化创新创造能力,建设社会主义文化强国。"这是党中央赋予我们这一代哲学社会科学工作者的历史使命!承担起新时代这一历史使命,必须在新的实践基础上,用中国特色社会主义文化引领,推动文化的创新发展。必须深入挖掘传统文化资源,从中吸取历史智慧,引导云南各族人民树立正确的历史观、民族观、国家观、文化观,推动文化创造性转化。还必须为各族人民提供丰富的精神食粮,不断满足人民过上美好文化生活的新期待。

古人云:"虑不远不足以图大功,功不大不足以传永世"。云南省社科联为贯彻落实党的十九大精神,为传承、弘扬云南优秀传统文化,坚定各族干部群众文化自信,决定组织全省有关专家学者编辑出版"云南史话"系列丛书,分别为地方系列、民族系列、特色县市系列、民族文化艺术系列、重大历史事件系列五部分，每套丛书出版20种，共计100种。这是一项规模宏大的系统工程，计划用五年时间完成。通过本套丛书，我们将深入挖掘云南文化宝贵资源，认真梳理云南文化发展脉络，总结云南文化发展的特点及其规律，以期为增强文化自觉，坚定文化自信，牢记习近平总书记对云南人民的嘱托，闯出一条跨越式发展的路子，为努力成为民族团结示范区、生态文明建设排头兵、面向南亚东南亚辐射中心，谱写好中国梦的云南新篇章而奋斗！

是为序。

云南省社科联党组书记、主席 张瑞才

2017年10月

# 序

文化自信是一个国家、一个民族、一个政党和民众对自身文化价值的充分肯定,是对自身文化生命力的敬畏与信仰。习近平总书记在庆祝中国共产党成立95周年大会上的讲话中指出:"文化自信,是更基础、更广泛、更深厚的自信。"中华民族的文化自信源于五千多年文明发展中孕育的中华优秀传统文化。而在建水谈文化自信,同样源于我们拥有一千二百余年的建城历史,拥有"千年建水古城""千年建水紫陶"两张名片,拥有以儒学为代表的厚重的中国传统文化。

滇南古城建水,历史悠久。燕子洞出土的磨制石器,将建水目前已知的人类活动历史,提前到了距今三千五百多年前的新石器时代晚期；汉唐时期，著名的"安南通天竺道"东南段途经建水，建水也就成为由滇池地区通往中南半岛各地的重要通道。自元代以来，建水就是滇南政治、军事、经济和文化中心，素有"金临安""临半榜""文献名邦""滇南邹鲁"之美誉。因文化昌盛，古迹荟萃，建水于1994年被国务院批准为"中国历史文化名城"。

作为一座移民开拓的名城，历史上的建水比较完整地移植了中原文化，又在与少数民族文化的相互影响、融合之中，将自身文化辐射到周边地区，使得建水兼容了汉儒文化、宗教文化、民族文化而形成了独具特色的社会风貌。千余年间的发展演变历程，积累了深厚的文化底蕴，留下了随处可见的历史遗迹。而今天依然鲜活的传统民俗和独具特色的社会风貌，让人仍能徜徉在浓烈的人文氛围中，久久回味。

近年来，建水紧紧抓住云南旅游业二次创业契机，稳步实施古城国家5A级景区和全域旅游示范区的创建工作，擦亮"千年临安古城"

## 序

和"千年建水紫陶"两大名片,促进文化旅游深度融合发展,为让建水成为云南旅游的新方向而不懈努力。

建水丰富的文化资源和独特的文脉体系,在文化日益成为旅游业灵魂的今天,成为了建水大力发展旅游业不可多得的重要资源。为开发这一历史文化宝库,建水的广大文化和宣传工作者做了大量的研究和宣传工作。深入收集研究并编辑出版各种文史资料选编和历史文化丛书,精心制作各种专题片、书画专辑和光碟,创作文艺作品等等,对外大力宣传建水的古貌新颜成效显著。2016年7月,云南省社科联与云南人民出版社合作拟推《云南史话·地方系列》系列丛书,将《建水史话》列入第一批编辑计划,为我们对建水历史文化作进一步的挖掘和梳理提供了新的机遇。经过数月的努力,《建水史话》方始付梓。《建水史话》简明地记述建水地域地理、历史沿革和当代新貌,生动地介绍了建水历史事件、风流人物、地方文化和名胜景观。希望通过本书让读者清晰地了解建水的历史脉络和文化精髓，同时也为学术研究提供有参考价值的地域史料。

中共建水县委书记　丁　昆

2016 年 12 月

# 目 录

## 一、县情概览 / 1
（一）物华天宝秀临安 / 1
（二）墨香古城千年韵 / 3
（三）上善建水新家园 / 6

## 二、历史沿革 / 9
（一）沧海桑田话建水 / 9
（二）远古的建水先民 / 16
（三）南诏国筑惠历城 / 20
（四）大理国封巴甸侯 / 22
（五）元置临安广西元江等处宣慰司 / 24
（六）明设临安府和临安卫 / 25
（七）清代秀丽的文化名城 / 27
（八）辛亥烽燧　临安举义 / 31

## 三、史海钩沉 / 34

（一）阿土与步头路 / 34

（二）南宋攻袭建水州 / 36

（三）云南蒙古诸王秃坚等叛陷临安 / 37

（四）红巾军聂千户坚守建水 / 38

（五）临安文风与韩王"二贤" / 38

（六）状元杨慎寓建水 / 40

（七）徐霞客游颜洞 / 42

（八）李定国破袭临安城 / 44

（九）鄂尔泰督修临安三河 / 46

（十）漏泽园与泽园路 / 48

（十一）周云祥反清仇洋起义 / 51

（十二）个碧临屏铁路与建水 / 53

（十三）青年朱德临安剿匪 / 55

（十四）滇南护国保卫战 / 59

（十五）中共临安支部建立 / 62

（十六）建水抗日救亡运动 / 64

（十七）滇南"小抗大"
　　　　——建民中学 / 66

（十八）国际主义战士柯烈然在建水 / 69

（十九）中共建水县委成立 / 71

（二十）中共云南省工委建水会议 / 73

（二十一）统一战线组织"九人团" / 75

（二十二）乡会桥武装起义和建水
　　　　　解放 / 77

（二十三）剿灭匪患靖建水 / 79

（二十四）曲江大地震 / 83

（二十五）建水被列为中国历史文化名城、
　　　　　国家重点风景名胜区 / 85

（二十六）建水荣获"全国双拥模范县"
　　　　　殊荣 / 86

## 四、历史人物 / 88

（一）廉明知府张隆 / 88

（二）直言谏官刘洙 / 89

（三）琉球使臣萧崇业 / 90

（四）一代名臣包见捷 / 94

（五）明代高僧温成禅师 / 96

（六）"百里甘棠"王立宪 / 100

（七）申法御史傅为詝 / 102

（八）泰山北斗陈世烈 / 105

（九）文官"老将军"杨楷 / 107

（十）慈惠吏儒张履程 / 110

（十一）滇中名士曾彬 / 112

（十二）乐善好施席永春 / 114

（十三）妙笔知府王垂书 / 116

（十四）紫陶双先：张好、潘金怀 / 120

（十五）"断简残篇"王永清 / 124

（十六）农民起义英雄马敏功 / 126

（十七）近代滇省实业家蒋楦 / 129

（十八）宦海沉浮朱朝瑛 / 132

（十九）矢志工商为故土的徐仲铭 / 133

（二十）书画名家沈河清 / 136

（二十一）陶艺大师向逢春 / 138

（二十二）万卷楼主梁之相 / 140

（二十三）教育名家刘宝煊 / 143

（二十四）伾氏六杰：一个家族的荣耀 / 144

（二十五）彝族诗人普梅夫 / 168

（二十六）义军首领王廷珠 / 170

（二十七）民国奇女蓝妮 / 175

（二十八）满腹经纶范承枢 / 180

（二十九）民兵英雄张崔荣 / 185

（三十）国画名家孙光宗 / 186

（三十一）画坛耆宿何炎华 / 188

（三十二）彝族歌者白秀珍 / 192

（三十三）古城文化守护者张述孔 / 194

## 五、地方文化 / 201

（一）《"双十"碑记》纪 / 201

（二）建水的牌坊 / 205

（三）又见"文献名邦"坊 / 209

（四）包罗万象的碑刻文化 / 216

（五）铓鼓舞摘获"山花奖" / 221

（六）建水祭孔乐舞 / 226

（七）源远流长话紫陶 / 231

（八）粗犷豪放铓鼓舞 / 238

（九）彝族花灯一枝秀 / 240

（十）情深意长"四大腔" / 243

（十一）临安小调乡音浓 / 246

（十二）洞经音乐古朴典雅 / 248

（十三）彝族"双舞"辉映交相 / 251

（十四）古风悠远说艺史 / 253

（十五）梨园花下听戏曲 / 261

（十六）水榭凭栏作文章 / 266

（十七）西门豆腐源远流长 / 272

（十八）汽锅烹鸡享誉中外 / 274

（十九）过桥米线传八方 / 276

（二十）宴惊四座三叠水 / 278

（二十一）炊锅送暖话团圆 / 280

（二十二）五彩缤纷老八碗 / 282

（二十三）保健佳肴沙莜 / 288

（二十四）珍稀贡品燕窝 / 290

**六、人文景观 / 292**

（一）燕子洞新石器时代遗址 / 292

（二）龙岔河古墓葬群 / 294

（三）碗窑村古窑址 / 296

（四）苏家坡火葬墓地 / 299

（五）临安首寺指林寺 / 302

（六）佛教重地燃灯寺 / 305

（七）清真古寺 / 308

（八）东林寺与半闲亭 / 310

（九）小桂湖与福东寺 / 312

（十）宗教名山云龙山 / 314

（十一）滇南古刹黄龙寺 / 316

（十二）云南武装起义策源地
　　——西林寺 / 318

（十三）恢宏文庙甲全滇 / 321
（十四）临安土神栖息地——土主庙 / 325
（十五）周云祥起义纪念地
　　　——天君庙 / 329
（十六）诸葛庙与白衣楼 / 331
（十七）朝武庙壁画 / 334
（十八）雄镇东南朝阳楼 / 336
（十九）滇南明清政治中心
　　　——临安府衙 / 339
（二十）纳楼彝族土司衙署 / 341
（二十一）彝族孔姓祖茔墓园 / 344
（二十二）云南提督学院考棚 / 349
（二十三）五大书院听书声 / 351
（二十四）玉皇阁及崇文塔 / 362
（二十五）南天一柱天柱塔 / 366
（二十六）中华宝塔文笔塔 / 369
（二十七）长虹卧波双龙桥 / 371
（二十八）仙留遗踪天缘桥 / 374
（二十九）古道津梁大新桥 / 377
（三十）风雨廊桥乡会桥 / 379
（三十一）江外要津九司桥 / 382

（三十二）安流永济见龙桥 / 384

（三十三）西南第一洞天——颜洞 / 387

（三十四）百万燕呼燕子洞 / 389

（三十五）仰开三窦南明洞 / 394

（三十六）府城古井润临安 / 397

（三十七）世界建筑遗产团山村 / 407

（三十八）滇南大观园——朱家花园 / 411

（三十九）天然药池——曲江温泉 / 414

（四十）焕山秀水黑龙潭 / 416

（四十一）红井街的朱德旧居 / 417

## 七、古城新貌 / 420

（一）日新月异城市颜 / 420

（二）特色凸显古城韵 / 424

（三）新型工业大格局 / 428

（四）高原农业多元化 / 432

（五）文旅共融展风采 / 436

（六）全域旅游促发展 / 441

（七）医疗卫生写新篇 / 445

（八）尊儒崇文兴教育 / 447

后　记 / 453

# 一、县情概览

这是一座融汇了中原文明与边地文化精粹的千年名府；这是一座历史与人文经典触手可及的古老城市。当您翻开墨香气息浓厚的建水历史卷帙，映入眼帘的是这座云南边陲名城丰饶的自然资源、醇厚的历史积淀和殷实的文化遗产。

## （一）物华天宝秀临安

建水县位于云南省南部，红河中游北岸，北纬23°12′42″至24°10′32″、东经102°33′18″至103°11′42″之间，北回归线穿境而过。县境东接弥勒市、开远市和个旧市，南隔红河与元阳县相望，西邻石屏县，北与通海县、华宁县相连。县城距省会昆明198千米，距州府蒙自78千米。鸡石、通建两条高速公路在此交汇，加上泛亚铁路东线建设，使建水成为了面向东盟开放的重要节点。

全县面积3789平方千米，辖8镇6乡、138

个村委会、15个社区,2015年户籍总人口53.85万。少数民族人口22.02万,占40.9%。勤劳的汉、彝、回、哈尼、傣、苗六个民族世居于此,繁衍不息。所辖14个乡镇分别是:临安镇、官厅镇、西庄镇、青龙镇、南庄镇、岔科镇、曲江镇、面甸镇、普雄乡、李浩寨乡、坡头乡、盘江乡、利民乡、甸尾乡,县城所在地为临安镇。

建水地处滇中高原湖盆区南部。北部有曲江坝、中部有建水坝、南部为山地,山区面积占92%。海拔最高点为五老峰(2515米),最低点为红河谷(230米)。红河流经县境南界,南盘江流经境东北缘,曲江河、泸江河流经境内。

建水属南亚热带高原季风气候,夏无酷暑,冬无严寒,四季温和,年降雨量800毫米左右,年平均气温18.5℃,森林覆盖率达41.94%。优厚的光热条件和肥沃的土地,为农业的发展提供了极为有利的条件。早熟葡萄、优质脐橙、酸甜石榴、无公害蔬菜,从规模到种类,从质感到口感,不仅口碑享誉南滇,更随着物流输送到了全国各地,在海内外市场占有一席之地。

建水县域内矿产资源比较丰富,已探明的有

锰、铅、锌、锑、钒、镉、钼、钛、石膏、煤炭、陶土等20多种有色金属和非金属矿产，其中锰储量居云南第二位、铅锌储量居第四位，是我国放电锰主要产地之一。富集的自然资源为建水产业发展奠定了坚实的基础。

## （二）墨香古城千年韵

建水，古称步头，也叫巴甸，历史悠久，人文荟萃。在城东燕子洞发现距今3500多年前新石器时代的古人类遗址。2000多年前的西汉时期，汉武帝开疆拓土，在云南设置郡县，建水属益州郡（郡治滇池县，今晋宁）毋掇县地。西晋属宁州兴古郡，唐代前期为南宁州都督府属东爨地。

唐元和年间（806～820年）南诏国在此筑"惠历"城，迄今已有1200余年的建城历史。"惠历"为古代少数民族语言，意思是"大海子"，因为每年夏秋雨季来临，溪水涨溢如海，汉语就译为建水，这就是建水得名的原因。宋大理国时期属秀山郡阿僰部。

元朝为巩固政权、教化边民，在建水置临安广西道宣抚司，统辖云南南部军政事务，同时建文庙、设庙学，拉开了建水作为滇南政治、经济、军事、文化、教育和宗教中心的序幕，开启了建水雄镇东南700年的历史。

明朝洪武年间随着大量江南汉族移民的到来，促进了生产力的大发展，商贸兴旺、经济繁荣，建水有了"金临安"的美誉。这种兴盛与辉煌一直延续到清朝晚期。民国时期的建水，经历了辛亥临安起义、滇南保卫战、个碧临屏铁路通车等历史事件，社会开始转型。新中国成立后，一些历史细节渐渐淡出人们的记忆，但历经数千年沧海桑田，中原汉文化与边地民族文化在这里交流融汇、多元并存，建水赢得了"中国历史文化名城""国家重点风景名胜区"两项桂冠。

朝阳楼

一、县情概览

古建筑是凝固的历史,建水众多的文物古迹至今保存完好,现存的有建水文庙、彝族纳楼司署、双龙桥、指林寺、朝阳楼、团山民居、朱家花园7个国家级文物保护单位。其中建水文庙始建于元朝,占地面积达114亩,是全国最大的地方性文庙;朝阳楼历经风雨600多年仍雄镇滇南,是建水古城的标志性建筑;大型私家园林朱家花园被誉为"滇南大观园";世界纪念性建筑遗产团山古村是云南最精美的古民居群。建筑美学的典范指林寺,中国桥梁史上的珍品双龙桥,国内罕见的彝族纳楼司署、学政考棚,古塔奇迹文笔塔等等,众多的文物古迹星罗棋布,遍及城乡,堪称一座大型的综合历史博物馆。

建水历史上文风盛行,儒家思想广为传播,尊师重教蔚然成风,成为闻名遐迩的"滇南邹鲁""文献名邦"。境内人才辈出,明清两代建水共出文武进士111名,仅次于昆明、大理;共出文武举人1273名,仅次于昆明。史上曾有"临半榜"之称,即云南科举考试中榜者中,临安府就占了半数左右,堪称云南之冠。

建水拥有绚丽多彩的民族风情和文化遗产,有汉族的祭孔乐舞和洞经音乐,哈尼族鼓铓舞和长街宴,彝族花灯和烟盒舞,苗族采花山及傣族的歌舞和风俗习惯等。国家非物质文化遗产建水紫陶已成为誉满南滇的文化瑰宝,1953 年在北京举办的全国民间工艺品展览会上,建水紫陶被列为我国四大名陶之一,与江苏宜兴陶、广西钦州陶、四川荣昌陶齐名。

### (三)上善建水新家园

近年来,建水以改革推进各造其极、发展实现雄镇东南、稳定促进太和元气,亦如建水古城东西南北四座城楼城门名称寓意一样,东展朝阳产业,西让生活挹爽,南保社会阜安,北守永贞为民。建水全面贯彻五大发展理念:坚持创新发展,建设转型升级发展新空间;坚持协调发展,建设文产城融合发展新高地;坚持绿色发展,建设可持续发展新平台;坚持开

**广慈湖**

# 一、县情概览

放发展,建设融入滇中城市经济圈新节点;坚持共享发展,建设上善建水新家园。2015年,实现县域生产总值125.21亿元,增长11.0%;实现财政总收入14.84亿元,其中地方一般公共预算收入11.2亿元;城镇和农村常住居民人均可支配收入分别为25520元、10374元;建成区面积达到了19平方千米。建水经济社会得到了全面较快发展,铸就了新的历史辉煌。

现代农业彰显春色满园。丰腴的土地、温润的气候、广袤的田畴,优越的自然资源禀赋赐予了建水高原特色农产品的独特品质。连片的蔬菜和水果种植基地,十里葡萄长廊,万亩石榴园,遍布于荒坡的畜禽养殖场,形成了一条生机盎然的云南高原特色农业景观带。

新型工业挺起发展脊梁。按照"依托大资源、引进大企业、建设大项目、促进大发展"的新型工业发展思路,高标准规划建设工业园区,园区聚集带动作用不断凸显,工业转型升级取得重大突破。锰系合金、铝资源加工、炭素阳极等骨干项目一期工程竣工投产,汽车铝轮毂、食品加工、婴幼儿羊奶粉厂等项目稳步实施,一批光伏、太阳能新能源项目并网发电。建水工业园区阔步迈入省级工业园区行列,一个农业大县的工业梦想开始升腾为现实。

文化旅游绽放独特魅力。围绕"千年临安古城"和"千年建水紫陶"两大名片,盘活旅游文化资源,加强旅游基础设施建设,提升景区品质,推进文化旅游产业融合发展。启动古城国家5A级景区规划建设,入选首批"国家全域旅游示范区"创建单位,被列为中国传统村落集中连片保护示范区,旅游产业迎来新的发展机遇期。

千百年的辉煌历程,让古城建水的历史文脉更加丰富、厚重且耐人寻味;新时期的继续前进,让今日建水以前所未有的速度与力度发生着深刻的改变,将上善建水新家园写入了新的历史篇章。

# 二、历史沿革

## （一）沧海桑田话建水

从地质构造上看，建水位于印度板块与欧亚板块碰撞接触带上，有着从混沌初开到现在的地球演变记录或遗迹。在地球发展演化的46亿年历史上，建水一带至少可以追溯到23亿年以前，其间的数次海陆更替、沧桑变化大多记录在地层岩石之中。约25亿～18亿年前，这里曾是汪洋大海，水天一色，无边无垠，仅见火山孤岛隐现其间，生长着原始的菌藻类植物。如此景色延续达数亿年之久，约在18亿年前，原来宁静的环境发生剧烈变动，构造地质学称它为哀牢山运动，使现今的建水地区从海洋中升起，一度变成陆地，并伴随火山喷发、花岗岩浆活动。这个新环境大约从18亿～16亿年前开始，几经短暂海陆变迁复成为海洋，堆积了一套浅变质岩层系，地质界称之为"昆阳群"。这一地层出露在县境东北部和北部山区，为厚逾万米的板岩、片岩及碳酸盐岩类组成，其中碳酸盐岩厚近3000米。据此分析，18亿～8亿年前，建水地区多数时间仍处于巨大的海洋之中，水里的有机生命逐步发展，生活着海洋古微生物。

这种环境大约在9.5亿～8亿年前结束，这时发生了地质学上叫晋宁运动的地壳造山活动，建水地区出现"昆阳群"组成的巨大山系、大河和湖盆。这些岩层分布在北部和中西部，主要由砂岩、砾岩类岩石组成。这时县境之西部隆起为川滇古陆。江河从古陆携带大量粗粒岩石碎屑，倾泻于其东侧凹陷的湖盆之中，这就是地质学上常称呼的澄江砂岩。在建水之南红河南部是哀牢山隆起。沿红河一线是一条深断裂带，也是一条板块缝合线。建水的古地理环境正是处于上述两古陆所夹持的滇东南凹陷区。

这段时间地壳活动频繁，不久又发生一次规模较小的造山活动，叫澄江运动，其时大约7亿～6亿年前，建水地区气温下降，古陆冰川接踵而来，整个地区为冰雪覆盖，留下南沱冰碛层。在今天

## 二、历史沿革

云龙山西北、甸尾区一带,还能看见8亿~6亿年前之冰川堆积物,就是"南沱冰碛"。建水地处北回归线南北,当在亚热带与热带气候分界线上,竟有大陆冰川遗迹,真可谓是奇迹!如何解释这一奇异现象?这就要借助于"大陆漂移"说了。根据这一假说,数亿年前全球大陆是一个统一的整体,称"联合古陆"或"泛大陆"。后来由于潮汐和地球自转联合效应,使泛大陆向西运动以及自两极向赤道运动,泛大陆的各部分由于运动速度不等被拉开分裂成几块,而分裂出来的大陆之间形成新的海洋。

以后,建水地区复又沉入海下,到了距今6亿年前,又沉积了页岩、砂岩等碎屑岩层。这时海水中出现了三叶虫古生物,当时地质年代称为寒武纪。到了寒武纪晚期,沉积的碳酸盐类形成了白云岩。

距今5亿年前,建水一带海退,海底再次上升,出海成陆。大约在距今4亿年前(地质年代为泥盆纪),建水地区再次为海洋淹没,海盆里接受了碎屑沉积,形成现今所见到的砾岩、砂砾岩、页岩岩层。此后,海盆继续下降,又沉积了碳酸盐类的石灰岩和白云岩，这些岩层厚2000米左右。距今3.5亿年前的石炭纪海水中发育了大量珊瑚及腕足类古生物。而且在距今约3亿~2.5亿年前后局部发生海底火山喷发，形成灰岩夹玄武岩透镜体，广布于建水东南部山区，这就是地质界所熟知的二叠系玄武岩。在这些岩石中还有铜矿点。此间西边的川滇古陆仍在海岸以上。建水仍是岸边浅海一如往昔，但环境面貌大为改观，海洋生物大为发展，海生藻类和海洋无脊椎动物空前繁盛，海洋脊椎动物原始鱼类开始出现，原始甲胄鱼，全身披着甲胄游弋海中，居当时水族进化之巅，堪称海王。

到了中生代三叠纪后期，海底略有上升，接受了浅海相碎屑沉积及厚度较小的碳酸盐沉积。这时由于气候温湿，有充分的锰质成分来源，形成了建水白显锰矿矿藏，并向东北延伸至个旧倘甸直至开远一带的锰矿层。随后，海盆继续抬升，产生了泥砂质碎屑沉积及含煤的沉积，形成石屏、建水一带的"干海子煤系"。

随着地壳演变，建水地区于2亿年前左右，脱离海盆环境，成为陆地，延续至今。建水南部

## 二、历史沿革

局部出现少量陆相沉积的碎屑沉积物,形成紫红色页岩、砂岩。由于海陆变迁,水生植物获得向陆生植物转化的客观条件,蕨类植物在陆上萌生,大地逐渐披上绿装,一改濯濯童山和孤寂荒漠的旧貌。

在随后的两亿年地球发展历史中,又经过多次地壳变动,山河改观,气候交替,植物、动物群都因之得到发展,最后才形成花草树木争茂,虫鱼鸟兽繁盛的大千世界,以及壮丽秀美的河山,四季宜人的气候。

直到距今 6500 万年的新生代第三纪,才开始在一些小盆地中沉积紫红色砾岩、砂岩等沉积物。在约 4000 万年前,建水大部分地区气候温湿,植物繁茂,在盆地中形成沼泽湖泊相的褐煤堆积。面甸一带的褐煤煤田,就是这时生成的。此时,建水一带已经生存着哺乳类动物。1987 年,来自北京的中国科学院古脊椎动物与古人类研究所的黄学诗,在建水县岔科乡龙觅村发现一件石化程度很深的豫鼠属哺乳类动物右下颌骨附颊齿化石,这类化石在我国也只有 7 个地方发现,被定名为云南豫鼠。豫鼠是古脊椎动物学上早第三纪晚始新世地层中罕见的类群，生存在距今4000多万年前。这一化石的发现，不仅确定了含化石层的地质时代，而且填补了滇南地区含哺乳类化石的早第三纪地层的空白。云南豫鼠是豫鼠属化石最南的代表，是我国中、晚始新世罕见的动物，值得今后进一步注意。此前，1977年县水泥厂在建水坝子西南边缘的山脚开挖水井时，出土了一批大型兽类动物骨骼化石，经省博物馆考古专家鉴定，为野牛、黑鹿、羚羊和鬣狗化石。1983年，还在岔科乡龙觅村附近的风化土层里，发现一些古动物骨骼化石，请省博物馆考古学家张兴永前来考察，又挖掘出一具完整的犀牛上腭骨化石。在我国，犀牛头骨化石仅内蒙古和云南有发现。这些都证明了大约三四千万年前，建水一带森林茂密，大型哺乳类动物遍地奔走，追逐觅食，一派生机盎然的景象。

约2300万~800万年前，在建水坝子里，河湖成因的砂石土层，由于地壳活动断裂影响，导致岩层由水平转倾斜，甚至直立，从而露出丰富的五色陶土，成为烧制紫陶产品的独特原料。

建水坝子东部边缘，丘陵山地绵延起伏，石

## 二、历史沿革

灰岩广泛分布,仅一丘之隔便是面甸坝子,这里有着著名的喀斯特地貌景观——燕子洞、颜洞景区,古时就有"南徼奇观数第一"和"西南第一洞天"之称。泸江河在建水坝子东边的一条盲谷流入颜洞,成为地下伏流,在山腹中穿行3500余米,于后洞流出面甸坝子,流经地面10余千米后,又在一山间盲谷进入燕子洞,再伏流4000余米,穿中、后洞而出,直泻开远,汇入南盘江,奔珠江入南海。燕子洞、颜洞洞群,堪称亚洲乃至世界级的巨大溶洞群,是地下岩溶景观之精华,大自然鬼斧神工的杰作,被国务院定为建水国家重点风景名胜区的主要景观之一。其成因源于2亿年前海里沉积的深厚石灰岩层,其主要成分为碳酸钙镁(即方解石、白云石),容易受到水的溶蚀作用而形成溶洞,因为雨水经过大气层时溶解了空气中的二氧化碳,这种含二氧化碳的水对石灰岩有很强的溶解能力。这种溶蚀作用在地面形成溶蚀沟、石芽、漏斗和落水洞等,落水洞又与暗河相连,水在暗河中的流动加强了对石灰岩的溶蚀,加上暗河顶部岩石塌陷,就造成各种溶洞,由于河流不断下切,又形成多层溶洞。燕子洞、颜洞洞群就是这样形成的，形成时间大约就在800万~300万年前。现在燕子洞内有一根高达34米的"擎天玉柱"，直插洞顶，犹如"定海神针"。据地质学家测算，石笋每千年仅增高4.1毫米，那么这根巨柱的生长年龄已约830万年。

## （二）远古的建水先民

1982年，在与建水东南边沿的阿土村接壤的个旧市阿邦村，出土了人头盖骨和4枚人牙化石经研究证实，距今5万~3万年前，红河北岸的个旧、建水一带，就有古人类活动。

1988年12月，在建水城东30千米的燕子洞水洞及洞内另一出口八哥洞里，均发现古人类活动遗址。水洞口出土打制石器13件，其中砍砸器2件、刮削器1件、硅质岩砾石石料10件，另有磨制石制品（砺石）1件、陶饰品和陶坠4件、陶弹丸1件、陶片7件，以及猪、牛、水鹿、亚洲象等动物牙齿若干，螺蚌壳若干，其他文化遗存有大量的炭屑、灰烬、红烧土等；八哥洞遗址出土玄武岩磨制石器1件（疑为石锛残段）、铁质砂岩砺石1件，以及猕猴、松鼠、水鹿、犬、猪、羊牙齿及鸟类骨骸、螺蚌壳若干，其他文化遗存

二、历史沿革

也有炭屑、灰烬、烧土等。经省博物馆古人类研究室主任张兴永现场考察,鉴定为距今3500多年前的新石器时代古人类洞穴遗址。此时建水的先民还在制造和使用石器、陶器,男子从事狩猎、捕鱼、防御野兽,妇女采集野果、树子,烧烤食物和烧制陶器,同时还饲养了家畜。这时的社会,处于原始公社阶段。

1982年,在东山坝乡干寨村旁发现石斧1具,石质坚硬,由砂岩砾石磨制而成,为不规则梯形,两头有刃口,两面均加工。上口稍窄,有多处劈裂纹钝口,由砍砸造成;下口较宽,刃口突出呈半圆形,也有明显的砍砸钝口。此石斧为距今3000多年前的器物。

此外,零星发现石斧的地点,还有红河北岸的雨尼、棉花地,龙岔河谷的米叠等地,表明3000多年前,建水境内自南部的红河北岸,到中部的燕子洞、颜洞,至北部的曲江盆地,都有人类活动的足迹。但由于这里山高箐深,交通闭塞,与外界交往不便,因而中原地区已经进入铁器时代,这里的先民还处于新石器时代。

青铜时代,介于石器时代和铁器时代之间。

我国的青铜器时代开始于夏朝,即公元前21世纪,距今已4100多年。此时,原始公社瓦解,奴隶社会形成了。

云南地处边疆,社会发展比中原为晚。滇池地区出土的年代最早的青铜器,经科学测定,相当于西周的昭王、穆王时期,即公元前8~7世纪,比中原地区晚1300多年。而建水目前发现的年代最早的青铜器,有一件是坡头乡米叠村附近出土的一字形铜剑,剑刃前锋已折断无存,剑柄呈喇叭形;另一件是坡头乡下白显村发现的双叉双刃铜锄。经专家考定,两件青铜器都是战国晚期遗物,可见建水地区的青铜器时代大约又比滇池地区为晚。

距建水城南约70千米的坡头乡下白显村龙岔河谷里,在一条高出河床50多米的小山梁上,分布着数十冢古墓,当地群众称为"摆衣坟"。1962年村民们在此开荒,挖出数件青铜器,以及陶制火葬罐残片和尸骨。1978年村民在附近兴建水电站,筑路中又挖出青铜器和火葬罐残片10余件。经文物工作人员调查,这里出土的青铜器有锄、剑、矛、三尖叉等物,并伴有陶碗、陶罐和兽骨等,

二、历史沿革

青铜器都散落在村民手中。从征集来的一字格铜斧看,斧刃内凹呈弧形,束腰有刃口并与斧刃相连,柄孔宽大,斧身有三条脊。

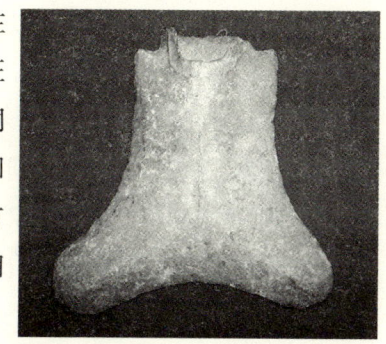

**龙岔河古墓葬出土的战国双叉刃铜锄**

此类器形的铜斧,造型独特,省内尚未见出土报道,具有建水的地方特点,是红河流域青铜文化中又一类型的代表。经考古专家鉴定,属于西汉以前当地先民制造,它对于研究和比较红河流域古老的土著民族、民俗及其历史文化的发展,具有重要价值。

1985年县城西南青龙乡王家庄一农民在建盖新房时,挖到青铜器4件,有蛇首形铜矛、尖叶形铜矛(残缺)、铜斧残柄等。蛇首形铜矛长29.5厘米,其刃部长19.5厘米,刃锋处弯曲,刃肩宽4.5厘米;中间有脊,饰形为蛇的双眼;柄呈圆形,长10厘米,中部铸有双系(扣),系的根处有穿孔,可系以缨络等饰物。经专家鉴定,为西汉时的遗物，定为国家三级文物。

另外，在青龙乡水塘寨边，亦出土半圆銎铜斧1件，长13.5厘米、口宽6厘米、銎宽4.5厘米，边沿有棱角至刃部，中部有禾形纹饰。经鉴定，亦为西汉时的遗物，已定为国家三级文物。

此外，在陈官镇新寨，也发现铜凿和无格剑。

从以上出土的青铜器以及西汉武帝时期就隶属益州郡（郡治滇池县，今晋宁）毋掇县地的历史沿革来看，建水既有中原文化的影响，又保有红河流域的特色，为中原文化与当地土著民族文化结合的产物，正式进入中国版图。

### （三）南诏国筑惠历城

唐代前期，云南西部洱海地区分布着六个小王国，当地少数民族称王为"诏"，所以叫"六诏"。其中的蒙舍诏，在诸诏之南，亦称南诏。开元年间，南诏在唐王朝的扶持下，吞并了其他五诏，统一了洱海地区。又因南诏驱逐吐蕃（今西藏）势力有功，唐王朝册封南诏王皮罗阁为云南王。以后，南诏的势力日益骄大，唐玄宗李隆基对云南错误地采取"以夷制夷"政策，导致南诏与唐王朝矛盾加深，以致爆发了持续数年的"天

## 二、历史沿革

宝战争"。天宝八年和十三年（749年和754年），唐朝先后两次派兵讨伐南诏，均全军覆没，元帅沉江，20多万士兵无一返还。于是，诞生了云南历史上第一个割据政权南诏国。

南诏叛唐以后，其势力便向东边滇池一带的东爨地区发展，在今昆明筑拓东城，并四出用兵，很快就"威慑步头，恩收曲靖"。不久，"东爨悉归，步头已成内境（南诏《德化碑》）"。"步头"是建水的古称，因而建水已在南诏辖境之内。

由于建水地近交趾（今越南），是云南南部边境的重要门户，南诏自然要在此设邑筑城，加意经营，以使之成为向东南扩张的桥头堡。《元史·地理志》在云南"临安路"条下记载："建水州，在本路之南，近接交趾，为云南极边。故治建水城，唐元和间蒙氏所筑。""每秋夏溪水涨溢如海，夷谓海为'惠'，'历'为大，故名'惠历'，汉语曰'建水'。"清嘉庆《临安府志》也说，建水"元和间南蒙窃据，筑惠历城于巴甸，译为'建水'"。这里的所谓"蒙氏""南蒙"，是后人对蒙舍诏也就是南诏的称谓，元和为唐代年号。可知，唐元和年间（806～820年），南诏国在建水筑惠历城，距今已有1200多年的历史。云南人习惯称湖泊为"海子"或"海"。古代建水盆地内水面广阔、湖泊相连，是个"大海子"，人们到此必须乘船摆渡，因而又有"步头"（即埠头，码头之意）之称。"大海子"为什么译为建水呢？查《辞海》："建"字古通"瀽"字，倾倒的意思，如"瀽水""建瓴水""高屋建瓴"，因之"建水"也可说是"建瓴水"的缩语，在高耸的屋脊上将瓶子里的水向下倾倒，比喻水势不可阻遏。这种水势在高原上的山间盆地比比皆是，而建水盆地以四周山势嵯峨，径流面积较大，"每夏秋溪水涨溢如海"而成为典型的代表。

### （四）大理国封巴甸侯

唐代末叶，云南割据政权南诏国灭亡，取而代之的是大长和国。20多年后，东川节度使杨干贞杀死国王郑隆亶，另立赵善政为王，改国号为大天兴国。可是才过了10个月，杨干贞就废掉赵善政，自立为王，称大义宁国。

杨干贞为政暴虐，国人怨恨。通海节度使段思平想起而推翻他，但苦于力量不足，而杨干贞已调集人马，进逼通海，必欲将其除掉而后快。

## 二、历史沿革

段思平不得已,只好暂时躲避到建水其外舅爨判的领地里。爨判是当时滇南一带的部族首领,居住在建水城南的判丈山。明代著名学者、四川新都状元杨慎被贬谪到云南后,在所著《云南山川志》中有这样记载:"判丈山,在临安城南二十里,高千余仞。中有三峰,削出如笔架。昔大理段思平外舅爨判居其上,因名。有祠在焉。"

段思平在建水避难达七八年之久,协助爨判联络并安抚这一带的彝族、哈尼族、傣族诸部落,努力发展生产,囤积粮草,练兵习武,为推翻杨干贞政权作准备。到了后晋天福二年(937年),段思平联络得滇西善巨(今永胜县)的地方官高方,并借得滇东、滇南黑爨、松爨三十七部十万兵马,向西打去。一路所向披靡,迅速攻占了大理,消灭了大义宁国,建立起大理国。

段思平封爨判为巴甸侯,建水一带成为其封邑。又封高方为岳侯。对三十七部首领也大加封赏,赐给珍宝,并免其徭役。此后,到了宋代,传说中有"宋挥玉斧"的故事,宋太祖赵匡胤在地图上用玉斧一划,以大渡河为界,说:"此外非吾所有也!"遂形成大理国继续割据云南300多年的局面。但是，宋朝与大理国间仍存在着贸易往来，著名的"市马古道"之一，就是由大理经昆明、建水、文山至今广西壮族自治区境内横山寨。比之其他市马道路，此路为坦途，属"官马大道"。

## （五）元置临安广西元江等处宣慰司

元至元十三年（1276年）设立建水州，隶临安路。元至元十七年（1280年），元朝廷在建水设置临安广西道军民宣抚司，为云南行省下的一级军事机构，统管临安路（路为行政机构，治所在通海县）、广西路（路治在泸西县）的军政事务。由此，建水开始成为滇南一带的军事、政治、经济和文化中心。元至元二十二年（1285年），宣抚使张立道创办庙学于建水，始开滇南文化教育的先河。至元年间，还在建水设立民屯和爨僰军屯，共有屯户788户，田5152双（1双合4亩），屯户中有一些江南迁来的汉族，带来了先进的生产技术，起到示范作用，推动了农业生产的发展。此外，还开驿路。设站赤（马站），临安路站赤6处，其中建水州站有马40匹，可北通宁海府站（设于通海，有马20匹）、东接矣马同站（设于开远，有马20匹），东南连八甸站（设于蒙自，有马30匹），还有娘甸站、落捉站（各有马10匹），形成以建水为中心的交通网。当时著名的意大利旅行家马可·波罗就是利用这些站赤畅游滇南一带的。元至顺二年（1331年）宣抚司升格为临安广西元江等处宣慰司兼管军万户府。

## （六）明设临安府和临安卫

明洪武十四年（1381年），太祖朱元璋调兵30万，以傅友德为统帅，蓝玉、沐英为副帅，进军云南。在曲靖白石江击败元兵10余万，随即占领中庆路。接着，分兵直指滇南、滇西。次年正月，明将金朝兴领兵直下通海、建水，元右丞兀卜台、元帅完者都投降。

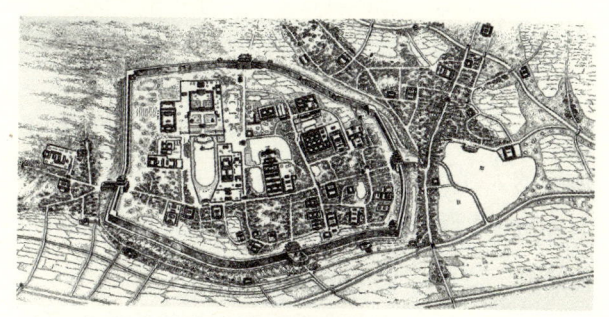

**临安古城图**

明代仍设建水州。洪武十五年（1382年）明军平定云南后，在建水设临安府，废除临安广西元江等处宣慰司，改临安路为临安府，府城设于建水，下辖4州5县9长官司，即建水州、石屏州、阿迷州（今开远市）、宁州（今华宁县），通海县、熠峨县（今峨山县）、河西县（今通海县河西镇）、蒙自县、新平县，纳楼茶甸长官司（今建水县官厅镇和元阳县大部）、思陀甸长官司、左能寨长官司、落恐甸长官司、亏容甸长官司、溪处甸长官司（以上6司均在今红河县境）、教化三部长官司、王弄山长官司（以上2司在今文山县境）、安南长官司（在今蒙自县东老寨）。明初尚辖新化州和宁远州，后均裁撤，新化州改新平县。9长官司均改为副长官司，即以少数民族上层人物为长官的"土司"。此外，还曾领辖一个八寨长官司（在今马关、西畴、麻栗坡县一带）。可见，临安府辖地包括今红河州、文山州和玉溪地区的大部，境域广阔，旧志上有"北抵澄江，西连楚雄""南邻交趾（今越南）""为滇上阃""边徼重地"之谓，而成为滇省巨郡。

同时，还在建水设立军事指挥机构临安卫，卫的长官称指挥使。临安卫设世袭指挥使5员、同知3员、佥事15员、镇抚1员。统领军队8个千户所,每个千户率领士卒1120名,其中5个千户所驻建水,2个千户所驻通海,1个千户所驻蒙自新安所。千户下辖百户,百户下为营,营下为伍。全卫共有士卒约9000名。

明代作为临安府首邑的建水州,交通便利,物产丰盛,是滇南一带的物资集散地。当时的情景,在谢肇淛所著的《滇略》一书中,这样记载:"临安之繁华富庶甲于滇中,谚曰'金临安,银大理',言其饶也。其地有高山大川,草木鱼螺之产,不可殚述。又有铜锡诸矿,辗转四方,商贾辐辏。其民习尚奢靡,好宴会,酒肴筐筥,殆无虚日。"

### (七)清代秀丽的文化名城

清顺治四年(1647年),西南农民起义军大西军将领李定国率部由江川、通海南攻临安。土司沙定洲部将汤嘉宾、李阿楚派兵在曲江、南庄抵御,均节节败退。李定国部直追至临安城下,城内防守严密,围攻10天不下,便挖掘地道,填塞火药五六桶,引爆火药,将城墙炸塌一个缺口,经过顽强拼杀,遂占领临安城。旧志记载,李定国为报复坚守城池的军民,屠杀10~20万人,可能夸大,但说明他带兵没有严明的纪律。

顺治十六年（1659年），清军入滇，降清明将吴三桂领兵攻临安，李定国部将贺九仪等败走，清军遂定临安。

清初仍袭明制，设建水州，隶临安府。府治仍设于建水城。府下辖4州4县：建水州、石屏州、宁州、阿迷州、通海县、嶍峨县、河西县、蒙自县，简称"临八属"。又有府属土司3司6舍：纳楼茶甸副长官司、纳更山巡检司、亏容甸副长官司、思陀乡土舍、落恐乡土舍、瓦渣乡土舍、左能乡土舍、溪处乡土舍、阿邦乡土舍。明代原属临安府的教化三部长官司、王弄山长官司和安南长官司，于康熙六年（1667年）划出，增设开化府（今文山壮族苗族自治州西部）。

此时的建水州，为临安府首邑，仍是滇南的军事重镇，旧有"滇南锁钥""日丽重城"牌坊便是明证。清廷于建水设立临安元江镇（简称"临元镇"）总兵官，为滇南的军事指挥机关和最高长官。于建水驻绿营兵左、中、右3营，共设游击3员、守备3员、千总6员、把总12员，统领兵卒2400名。"规制一新，军威远振。"后来，临元镇改为临元澄江镇，防区扩大至澄江府，辖

二、历史沿革

镇标及左、中、右、前4营（分驻建水），兼辖元新营（驻新平）和澄江营（驻澄江），共有马战兵223名、步战兵1809名、守兵2340名，合计4372名。主要武器有鸟枪、弓箭、子母炮和藤牌等。

各营又分别派出守备、千总、把总带领兵丁于要地设关、汛、哨、塘，缉盗匪，察奸宄，守驿道，护行人。驻建水的4个营，分设2关4汛28哨24塘。关有大关、箐口关；汛有建水汛、曲江汛、大石洞汛、簸岩汛；哨有沙坝哨、干沟哨、沙扎哨、南庄哨、黄土坡哨、阿卜关哨、石子坡哨、野马川哨、香木桥哨等；塘有栏头坡塘、马坊塘、谢家湾塘、面甸塘、梭罗庄塘、扳枝花塘等。所设的关、汛、哨、塘，后来均成为村落，对于开发和建设边疆，尤其是对山区的开发，起到良好的作用。

此后，直到光绪年间中法战争后，蒙自开为商埠，法国殖民主义者更加觊觎滇南，才将临元前营调驻蒙自城，临元澄江镇总兵也于秋冬移驻蒙自城，春夏仍在临安府城。

清代各府城所在地都只设县，而不设州。为

统一建制，于乾隆三十五年（1770年），改建水州为建水县，但是县域比明代的州域辽阔得多。清军占领临安后，就把江外（红河南岸）的明代沐氏勋庄地就近划归建水管辖。康熙六年（1667年），清廷圈拨建水江外沐氏勋庄地给吴三桂作庄田。二十四年（1685年），清军平定吴三桂叛乱后，又将其庄田所属的15勐地归回建水征收钱粮。各勐设掌寨1员，所以也称15掌寨，实际是15个羁縻小土司。掌寨名称是：勐梭、勐赖、勐蚌、勐丁、勐喇、茨通坝、者米、勐弄、五亩、五邦、马龙、宗哈瓦遮、水塘、斗岩、阿土。这15勐地，"东界开化，西界溪处、纳楼，南界越南，北界纳楼、纳更，纵横四百余里（光绪《云南地志》）。"因而建水县的境域"东至阿迷州界三十里，西至石屏州界四十里，南至越南新界六百五十里，北至通海县界一百六十里，东南至越南界六百七十五里，西南至车里界七百八十里，东北至宁州界一百五十里，西北至石屏州界三十里"（清《云南省府厅州县舆图》）。县域南部领有红河南岸广袤400余里的国土面积，直与越南相毗连。雍正《建水州志》也有"南邻交趾，

## 二、历史沿革

为云南极边"之谓,县域面积之广阔,在云南省仅次于腾冲,位居第二。

### (八)辛亥烽燧 临安举义

宣统三年(1911年)10月10日,辛亥革命武昌起义爆发,各省纷起响应。10月30日,云南省城昆明也爆发了"重九起义"。两日后的11月1日,驻临安府南校场的新军七十五标(团)教练官、同盟会员赵又新联合建水富绅、民团首领朱朝瑛,亦不失时机地发动了临安起义。这一日,是辛亥革命滇南临安起义的纪念日。

清朝末叶,原有的绿营兵已丧失战斗力,不得不另外编练新军。驻临安府南校场的新军第七十五标(团)里,有个教练官赵又新(复祥)是同盟会会员,与进步军官何海清、盛荣超、吴传声等,在官兵里秘密地做了些宣传工作。这年10月10日,武昌起义爆发后,便积极酝酿反清起义,但觉势力单薄,未敢轻动。适逢云南陆军讲武堂特班毕业生张绍楷等19人调来充实临安新军,赵复祥知讲武堂生具有革命思想,便于夜间与他们秘密谈话,他们都表示愿为革命效力。

这时,建水富绅朱朝瑛接受广东军阀、陆军

第二十五镇统制龙济光（原临安府江外稿吾卡哈尼族土司）之邀，招募得新兵400多名，编成3营，即将开拔广东补充龙军。临安巡官徐维新和由粤军请假回乡的伻致中，力劝朱朝瑛审时度势，勿去广东，应设法与新军中的革命党人取得联系，相机行事，响应革命。

10月31日，昆明"重九起义"成功的消息传到临安，赵又新、朱朝瑛都急于与对方联系。11月1日上午，朱朝瑛派徐维新到与新军往来较多的韩璋家中，与赵又新派去的吴传声接上头，双方商定当日晚上即发动起义，首先由驻南校场的新军一、二营发难，迅速开到南城门下，朱朝瑛派人开城门接应。

起义按计划顺利地进行着。晚8时，第一、二营的革命官兵同时行动，击毙二营管带（营长）张荣魁，一营管带闻风逃窜。何海清、盛荣超分别集合两营士兵，讲解反清起义的意义，士兵们群情振奋，高呼"共和万岁"！接着，荷枪实弹，直奔府城而来。朱朝瑛已派人打开南城门。起义军会合后，立即围攻城内的标本部和临安府署，标统（团长）罗鸿逵、知府吴昌祀仓皇出逃。次日，

## 二、历史沿革

驻北校场的新军第三营管带赵瑞寿（满族）见大势已去，带队前来投诚。

11月2日，召开临安各界人士会议，成立南防军政府，推朱朝瑛为都统，赵又新为副都统。随即发函至临安府属八州县和开广、思普、元郎（今元江、墨江）等地，劝谕反正。

蒙自关道龚心湛犹作挣扎，命督带孔繁琴带领数百清兵由个旧袭击临安。朱朝瑛当即派张禄、邓云广率民军两营协同新军一个排前往迎击。激战于大破丫口，相持数小时，孔繁琴中弹负伤，退回普雄。新军第二营也已赶来增援，追至普雄街，将孔繁琴击毙，其余清兵溃逃。

赵又新率新军开往蒙自，关道龚心湛悄然出逃，蒙自各界悬旗欢迎义军。

个旧厅的官警闻风逃散，自治会议长朱朝瑾宣布反正，招募民军3营维持治安。

朱朝瑛又派李家祺、刘凤祥带兵两哨，先后到石屏、河西、新兴（今玉溪）、宁州一带剿匪安民。至此，辛亥临安起义获得全胜。云南省军政府任命赵又新署理蒙自关道，朱朝瑛署理临元镇，郡绅王垂书任临安府府长。

# 三、史海钩沉

## (一) 阿土与步头路

《元史·地理志》说,建水"古称步头,亦名巴甸"。步头即埠头,是靠近水的地方,是停船的码头、渡口。在古代,相对于闭塞的陆路交通,水运显得便捷通畅,步头尽显繁忙又繁荣。关于步头景象,北宋诗人苏舜钦在《寄王几道同年》中说:"步头浴凫暖出没,石侧老松寒交加。"南宋诗人范成大在《虎牙滩》中说:"步头可檥船,安稳睡残夜。"南宋诗人陆游在《秋晚村舍杂咏》中说:"步头横画舫,柳外出朱桥。"三位宋时的著名诗人,都把诗情洒向步头,把步头画意融入诗中,可见宋时步头水运在社会生活中的地位之重要。三位诗人居官赋闲之处为江南水乡,水路多,步头多,步头情景自然就如诗如画了。而时称"南蛮之地"的建水,山高水险,步头何处,

三、史海钩沉

怎么冠名步头？著名历史学家尤中先生说，步头是今建水县南部之阿土。阿土是红河北岸的一个小村，海拔410米。阿土的低海拔，说明红河水从此流速舒缓，可以行舟水运。于是，唐天宝五至六年间，开通了自安南都护府溯红河水道而上，至步头（今建水县南部之阿土），舍舟陆行北上达戎州（今四川宜宾）的水陆交通要道。阿土作为一个步头，作为一个水陆交通的衔接点，南行至此无陆路，北上到此无舟船，当时阿土的繁忙和繁荣显而易见。当时的建水以"步头"而名，从安南至戎州冠之以"步头路"，足见步头在这一地区的影响和地位。

至于巴甸之意，不得而知。殷墟甲骨文中，有一片兽骨上刻着"巴甸"二字，这片兽骨和这两个字，把"巴甸"名的出现，推到三千多年前的殷商时代。《山海经·海内经》说："西南有巴国。"巴国称"巴方"，是诸侯国，殷商时称为"巴甸"，西周初期分封诸夏国，巴国为"子爵之国"，巴子或巴子国，后被秦所灭。据《尚书·禹贡》"甸侯绥要荒"各五百里的五服之说，这个"巴甸"为殷商"甸服"，离殷商首都安阳不远,指的是现在渝鄂交界的大巫山一带。这个"巴甸"非建水这个"巴甸",但建水这个"巴甸",定与三千多年前刻在兽骨上的那个"巴甸",有着丝丝缕缕的渊源。在这个中国的极边之地,出现一个五服说中离京城最近的甸服"巴甸",在建水的历史长河中,飘漫着一帘神秘的雾纱。由于看不透这层神秘的雾纱,人们从民族语言中去探求答案,说"巴甸"是彝语,"巴"为旱地,"甸"为水,"巴甸"是被水环抱的一块旱地,或者一个岛屿,这种说法,与建水坝子的地形地貌很不相符,建水坝子的地形地貌是四面环山,而不是被水环抱。不过,那也算是一种传说吧。

## (二)南宋攻袭建水州

南宋宝祐元年(1253年),忽必烈统率10万大军,从宁夏的六盘山出发,经甘肃、四川,分兵三路渡过金沙江,进攻大理国。大理城破,迅速平定了云南。蒙古军于建水设置千户(军事长官名),隶阿僰万户。随后建立行政组织建水州,隶南路总管府。

此后的20多年时间里,蒙古军在云南,南宋军在广西,形成长期对峙的局面,其间少不了互

三、史海钩沉

相摩擦和争战。南宋咸淳三年、蒙古至元四年（1267年），南宋知邕州（今广西南宁市）总统谭渊及李旺、周胜等，率领兵马经特磨道（今文山壮族苗族自治州）直达滇南，打到建水州，俘虏土知州阿㪯以下300余人，获马200余匹，并焚毁谷米、器甲、房舍而去。此事载于《宋史》卷44。这次军事行动的路线，正是沿着原来南宋与大理国间交易的"市马古道"进兵，才如此便捷的。

## （三）云南蒙古诸王秃坚等叛陷临安

元至顺元年（1330年）云南蒙古诸王秃坚等叛元，梁王兵败。秃坚自称云南王，以中庆路（今昆明）万户伯忽为丞相。伯忽遣兵攻陷临安广西宣抚司驻地建水城。石屏镇将千户朱宝翼、副千户亨佑力守石屏。宝翼率骁骑50余夜至宣抚司，袭击伪官，夺印符归。知叛军将攻石屏，宝翼、亨佑据异龙湖坚守。叛军果然乘战船300艘来攻，有人惧怕难保。亨佑对众歃血盟誓："我等战亦死，降亦死，当以死报国。有敢言降者斩！"众皆踊跃迎敌。待敌船稍近，发炮轰击，毁船数十艘。叛军进攻，击毙其300余人。石屏被围困70余日。待朝廷调川陕等省兵至，始讨平叛乱，夺回宣抚司。

接着，改宣抚司为宣慰司，增派兵员镇守，建水作为军事重镇的地位进一步加强。

## （四）红巾军聂千户坚守建水

元朝后期，以蒙古族贵族为主的统治阶级，对各族特别是汉族人民的掠夺和奴役十分残酷。元至正十一年（1351年），爆发了以韩山童、刘福通、徐寿辉等领导的元末农民大起义。因起义军头裹红巾，故称"红巾军"。元至正二十三年（1363年），活跃于四川的红巾军领袖明玉珍派部将万胜率兵袭云南，元梁王败走威楚（今楚雄）。玉珍军趁势挥师滇南，攻下临安等处宣慰司，以聂千户任建水元帅。后梁王得大理总管段功之助，击败红巾军，万胜部退回四川，但建水元帅聂千户仍坚守在滇南。元军多次攻之不克。只得将临安广西元江等处宣慰司移驻曲陀关（今属通海县）。

## （五）临安文风与韩王"二贤"

洪武年间，山西右布政使韩宜可和山西右参政王奎二人，因快口直谏，被贬谪至云南临安卫，同在建水戍边。当时临安府学（含卫学）正缺师资（元代的庙学需从四川聘请教师），二人便相

## 三、史海钩沉

与讲道于学庙之中,达十五六年之久。有碑文记载,两先生"行谊纯笃,能诗文,一时士大夫多尊礼之,使子弟受学","于是士习始变,人文始著,临安子弟殆无有不学焉者矣"!直到朱元璋去世,建文帝即位,经朝臣举荐,才起用韩宜可为云南参政,后调任左副都御史;王奎亦召还朝廷,任大学士。二人离去后10余年的永乐九年,建水就出现第一个举人,继后出现第一个进士。因而,郡人士认为:"临安文化之开,自韩都谏、王学士两先生谪戍始","临安文风实二公倡之"。

于是,明成化年间,临安人士就在文庙内两先生讲学处,构祠三间,祭祀二公,题匾"寄贤祠"于其上。嘉靖年间,又于祠前建"寄贤书院",延师授徒。清康熙年间重修后,于祠内绘塑二公像,改名"景贤祠"。雍正年间改题"二贤祠"。这是全国文庙内仅有的乡土祠祀建筑。

**文庙寄贤祠韩王二贤塑像**

## (六)状元杨慎寓建水

明代嘉靖年间,四川新都状元、翰林院编修杨慎因议朝政,得罪了皇帝,被流放云南永昌卫(今保山市)。居滇长达35年,度过了后半生,足迹遍及全滇山川名胜,写下了不少绝文佳诗,流传后世。

杨状元贬谪云南期间,三下滇南、六过建水,曾两次寓居建水,与临安府两个好友相聚。一个是与他同科的进士、建水州人叶瑞,一个是他同科的榜眼、阿迷州(今开远市)人王廷表。叶、王二人均在外地为官多年,相继告老还乡。三人难得相见,曾同宿于建水城朝阳楼外叶瑞住所叶家山址,同游福东寺,互相诗词唱和,相与慰藉。

杨状元在此开馆讲学,临安士子多所向学。清人吴大勋《滇南闻见录》称升庵先生"尝于临安教授生徒,多所造就,故临之文风甲于他郡"。他对滇南文教事业的影响是不可

**福东寺杨升庵晚年像**

三、史海钩沉

磨灭的。

他在此还撰写了《四贤祠记》《刘都谏阡表》等碑文,作了一些诗词,有《临安除夕》诗:"去年除夕叶榆泽,今年忽在临安城。斜看暮景飞腾意,正念天涯流滞情。寒梅判山我欲寄,烟草泸江谁唤生?邻墙儿女亦无睡,岁火天灯喧五更。"

这里流传着杨升庵与叶瑞、王廷表诗词往还、互相唱酬的故事。一日,适值朝廷钦差路过临安府建水州小住。叶瑞宴请钦差,并邀杨升庵、王廷表及建水州牧作陪。席间,行酒令助兴,以水为题,令中必带水字。升庵首先吟出:"有水也是溪,无水也是奚。去了溪边水,加鸟变成鸡。得时猫儿雄似虎,退毛鸾凤不如鸡。"接着,王廷表想奚落钦差,也吟道:"有水也是淇,无水也是其。去了淇边水,加欠变为欺。龙游浅水遭虾戏,虎落平阳被犬欺。"钦差听罢,十分尴尬,但不甘示弱,也回敬一首:"有水也是汪,无水也是王。去了汪边水,加人就成夫。量小非君子,无毒不丈夫。"图穷匕首见,相持不下。州牧慌了,连忙劝说道:"有水也是湘,无水也是相,去了湘边水,加雨即是霜。各人自扫门前雪,休管他人瓦上霜。"东道主叶瑞也跟着圆场解围："有水也是清,无水也是青,去了清边水,加心是个情。火烧纸马铺,落得做人情。"各自的心态,活灵活现,一览无遗。

### (七)徐霞客游颜洞

距建水城东10千米的石岩山(也称蒙山)下,有一处大型石灰岩洞群,叫颜洞。颜洞东距燕子洞仅10余千米,与之成为姊妹洞。明万历《云南通志》、天启《滇志》中对颜洞均有记载,《滇略》中称为"西南第一洞天",可知其古时知名度是高的。

明末我国著名旅行家、地理学家徐霞客曾慕名前来一游,并撰写《游颜洞记》专文一篇,收在《徐霞客游记》里,更使颜洞声名远播。

徐霞客在文中写道："临安府颜洞凡三,为典史颜姓者所开,名最著。余一至滇省,每饭未尝忘巨鹿也。""念此三洞,慕之数十年,趋走万里乃至。"他由建水城出发,向导带他经赛公桥,过金鸡哨,入山,而不能达颜洞前洞,只能遥望"洞顶石门双劈,如门对峙,洞正透其下,重岗回夹之"。他要向导一定带他到洞门一看,向导借口洞门有

三、史海钩沉

叛人出没,不能前去,他只得望山嗟叹。登上山顶,望洞门即在东峡下,"门尤为曲掩,但见峭壁西向,涌水东倾,捣穴吞流之势,已无隐形矣",总算遥遥一睹前洞的身影。舍前洞,越岭脊下山,在"如环半城"的一堵绝壁下,到达中洞。见洞门廓然,上大书"云津洞","游颜洞以云津为奇,从前门架桥入,出后门,约四五里,暗中傍水行,中忽辟门延景,其上又绝壁回环,故自奇绝。余不能入其前洞,而得之重峨绝巘间,且但知万象、南明,不复知有云津也,诚出余意外"。

徐霞客进洞至水边观察,见泸江伏流从西南穴中冒出,复流入东南穴中去。水直逼外壁,非架桥燃炬莫能入,只能隔水眺望:出水的西穴低矮阴暗,不可远窥;入水的东穴稍开阔,洞顶垂列无数钟乳石,缤纷窈窕,很是出奇。他流连良久,丈量了洞高、水阔后,乃出洞来。

随后,上岭东行约三里,抵南崖下,又见一洞东向,高四丈。泸江水从中涌出,破峡而下,势极雄壮,就是水洞后门万象洞了。再东行二里,至老鼠村(本彝语地名,今音译为老楚鲊)。询问当地人,方知后洞附近还有一旱洞叫南明洞,在西北岭上，洞很深，历降而下，底与水洞通。他还想去寻这个旱洞，但天色已晚，去宿馆尚有十里之遥，只得作罢。他叹道："生平游屐，斯为最厄矣！"但他还是运笔写下游记专篇。

## （八）李定国破袭临安城

清代开国之初，云南全境还在明朝守将世袭黔国公沐天波的统治下，而滇南土司沙定洲却与之展开了争权夺利之战，沙定洲控制了临安、曲靖、昆明等地。西南农民起义军张献忠大西军部将孙可望、李定国等也由四川率部转战云南。

顺治四年（1647年），农民军攻占曲靖，进入昆明后，随即分兵向滇南、滇西进发。孙可望深知临安为滇南大郡，若不速定，是为心腹患，乃派李定国、刘文秀带兵去平定。农民军进至江川，与沙定洲兵战，沙兵败。通海不战而胜。沙定洲令李阿楚领兵数百据守临安城。李定国部直趋曲江、南庄，与沙兵再战，皆获胜。直追至临安城下。李阿楚紧闭四城门，凭着坚固的城防，与农民军对抗。农民军多次攻城，无奈城上枪子如雨点般飞来，久攻不下。

一连围困了10日。眼看强攻不克，李定国令

## 三、史海钩沉

各营挑选精壮健儿,于城东北角土稍软处,挖掘明壕,明壕上用棺材板砌成挡墙,以搪枪炮。

掘至距城墙约两箭远的地方,李定国命兵士改挖地道,地道口以板材筑墙,并令每兵以布袋装土,在地道前垒起一座土堡。不二日,土堡已高丈余,宽十余丈,城上枪炮不能伤,地道内士卒挖土运土如蚁。城内不知土堡后在干什么。土司兵见城外停止进攻,以为城防坚固无虞,只顾向百姓索取酒食,抱枪而守。

挖到第五天,李定国估量地道已至城墙之下。令手下人将一只瓮紧贴地道上方,用耳静听瓮内声响。听得已有杂沓的脚步声,断定已是城内。又于夜间命士卒用麻绳丈量长短,确知已在城墙之下,便装火药五六桶在地道内,并以白布数匹,内裹火药,扭为引线,其外再用筒瓦相合,使之不为潮气所湿。用土石将火药四周及整条地道填塞坚实,直到洞门口,再倒火药数升于引线头处。

一切准备完成之后,李定国、刘文秀于次日拂晓下令攻城。一声巨响,火光闪耀,烟尘弥漫,山崩地裂,"固若金汤"的城墙被炸开一个缺口,农民军趁势从缺口一拥而入,临安城遂被攻破。

## (九)鄂尔泰督修临安三河

清雍正年间,有个名叫鄂尔泰的满族人担任云贵总督。他在任期间,除掌管"厘治军民,综制文武,察举官吏,修饬封疆"等军政要务外,对督修滇省的水利工程也有重要贡献,这在他给皇帝写的奏章《兴修水利疏》中,都有详细记载。仅就建水一地而言,他亲自督修的治水工程,就有治理泸江、塌冲、象冲三河和开挖李浩寨水渠两件。

城东10千米的建水盆地边缘,有个山间溶洞叫颜洞,是泸江河汇合塌冲河、象冲河等支流后的唯一伏流泻水口子。因洞前的河道上有阻水的

**鄂尔泰少保祠遗址**

三、史海钩沉

13道石埂，使水不能畅泻。每逢雨季，建水盆地即成泽国，居民的房屋田地常遭淹没。

鄂尔泰经过一番视察，命临安知府征召民夫，伐石凿埂开颜洞之塞。不一月，13重石埂尽皆除去，自此河宽丈余，水涌沙流，颜洞遂不为患。河水去路虽开，但府城一带的水患仍未免除。鄂尔泰对泸江及塌冲、象冲三条河作了实地勘察后，亲自写下《临安修河教》一文，对三河的治理提出切实可行的方案：何处打桩填石，何处培宽加固，何处挖浅挑远，尽去浮沙。在他的督修下，泸江河堤810丈，塌冲、象冲河堤4375丈得到打桩挖浅、培厚加固。之后，为解决此三河的常年岁修费用，他在呈给皇帝的奏折里，建议从云南盐道衙门的收入里，每年拨给白银300两，得到允准。

此外，又令建水知州查得李浩寨山腹内过泉的流向，开凿地道，伐木为厢，导出地下泉水，并开沟引水，使南庄十六营一带田亩得水灌溉，粮食获得增产。

鄂尔泰离任后，升保和殿大学士、兵部尚书。临安官民怀念他治水之功，在颜洞山修了个少保祠，立碑塑像祭祀他。

### （十）漏泽园与泽园路

有关人士分析，建水漏泽园有三处，即《续修建水县志》所说城北的"漏泽园"，《建水州志.卷六古迹篇》记述的北厂沙河岸的"漏泽园"和北山寺左的"漏泽园"。后二者不知详情，城北"漏泽园"就是现在建水县残疾人联合会办公大楼前与泽园路隔街相望的漏泽园。也有人猜测，所谓北山寺左的漏泽园，实际就是城北漏泽园。

城北漏泽园俗称"大坟堆"，出北城门沿北正路向北至建水大道左拐约300米红绿灯西南角即是。

大坟高出地面约2.5米，周长约60米，四周青石围砌，墓碑为三孔牌坊式组合，正中碑高约2.3米，碑额呈瓦屋顶状，可惜正中碑额已不知去向。

墓碑正中是颜体楷书"漏泽园"三个大字，上款是"同治十三年冬月初二日穀旦"，下款为"文武官绅士庶人等立石"，两侧为碑文，字体有颜筋柳骨。右侧碑文为时任建水知县朱坦能撰写，主要写漏泽园来由及建园的时间、经过。左侧碑文主要叙述天灾人祸给灾民造成的惨状，同时记录主要捐资建园者名录。碑柱刻有两副对联，内柱联曰："竖碑十三载，经营三冬甫就；同冢数千人，魂魄千古相依。"外柱联曰："磅礴庚山转到冈间开吉壤，蜿蜒甲向朝来坐外慰灵魂。"

何谓漏泽园？《辞源》如是说："官设的丛葬地。因战乱死亡尸体无人认领或家贫无葬地者，由官家丛葬，其地称为漏泽园……汉书六四上吾丘寿王传称周之德泽'上昭天，下漏泉'，漏泽园得名于此。"《漏泽园碑记》验证了此说："古圣王之治天下，为民谋者至深且切，为之制恒产以兴其养，为之立学校以明其教，仰事俯畜，人给家足，使民熙熙然，井里相安，养生送死，而无所余憾，此时无所谓道殣，也无所谓野莩也。即间有之，而掩骼有时，史称文王泽及枯骨是也。"

碑文记载，漏泽园建于清咸丰年间的1859年初春，"以葬浩劫中之所殁"。1856年（丙辰岁）以来，因民族纠纷，全临安城"惊恐之气塞胸，悲然之声盈耳，又况烽烟屡起，饥馑频臻，流离者卧于街衢以待毙，拯济者施以米粥而伤怀，以故，病多不起，因之棺难徧及，戊午岁（1858年）尤甚。"经地方绅耆申请，建水知县王栋转禀时任临元总兵申有谋、临安知府方俊批准，除设饭局拯济之外，又设漏泽园。先购得距城北里许李姓地基，嫌窄，后又求得黄、杨二姓土地数弓（1.6米为一弓，240方弓为一亩），挖坑三个，专葬道殣饿殍，中坑葬耆老，左坑葬妇女，右坑葬男儿（朱坦能所撰碑文记为：'左厝妇女，右厝婴儿，中厝壮老'）。计五千余人。当时迫于战乱，死者甚多，仅草草掩埋，加之主事者王公等调走，漏泽园续建之事延搁。13年后（1872年，庚午岁）重拾"白骨之念"，得各方尽力，始成大冢，但未围石竖碑，"然不围石，牛羊得以躁之，不为竖碑，则合郡无以识之"。直到1876年（甲戌岁），地方再次申请，得时任总兵何秀林、知府李应华等各官绅捐资，由时任建水知县朱坦能撰文立传，方"遂围石立碑之愿"。

漏泽园从建园到围石竖碑，历时17年之久，其间之艰难，民心之所望，父母官之行责，于此可见一斑。

漏泽园所葬道殣饿殍皆因1856年以来地方民族纠纷、烽烟屡起所致。民族纠纷、战乱给民众带来的痛苦不堪言状，其从反面告诉后人，安定团结，邻里相安任何时候都至关重要，今天的平

安盛世来之不易，极须珍惜。值得一提的是，墓碑书法颇有鉴赏价值，如"漏泽园"三字，与临安府衙所立的"孝道""廉洁"碑风格相似，圆润劲挺，堪为书法至宝。

如今，漏泽园已辟为公园，四周荒地已高楼林立，阡陌纵横。大坟得到修整，四周种有花木青藤，郁郁葱葱，胜似青冢（王昭君墓）。从清晨至黄昏，园内游人熙熙然，歌者、舞者、弈者、憩者……错杂其间，各得其乐，真可谓"井里相安，养生送死，无所余憾"，较之当年，实乃天壤之别。今之盛世，即便所谓文王盛世，也不能与之颉颃。

那条南北走向、紧邻漏泽园西沿的大道被取名为"泽园路"，可谓实至名归，既是对漏泽园"泽及枯骨"善举的纪念和推崇，更是对于历史教训的警醒和昭示。

## （十一）周云祥反清仇洋起义

光绪二十九年（1903年）春，建水西庄荒地村人周云祥在个旧矿山花扎口，带领矿工伏击清兵，并乘胜攻占个旧。接着以"抗官仇洋""阻洋占厂""阻洋修路（滇越铁路）"为口号，率起义军直捣临安府，里应外合占领府城，临安知府、建水知县被活捉。起义军以天君庙为大本营，树起"官逼民反、除暴安良"的旗帜，迅速发展到万余人。

随后，义军分兵，西取石屏，北攻曲江，东由面甸向蒙自方向发展，声威浩大，河西、江川、宁州(今华宁县)、元江等10余县农民亦纷起响应。清王朝被震慑，惊呼："省城大震，各属鼎沸"，"大局摇动"。法国侵略势力以保护其勘测滇越铁路为名，调集殖民军数千人于老街，声言要"助剿"。

清廷忙派按察使刘春霖为总统，从各地调集清兵50营，辅以滇东南的地方民团，对起义军实行大规模围剿。由广南调来的王子彬、白金柱官兵2000余人，由蒙自渐逼临安，在东山寨、庄子河一带烧杀抢掠，近郊农民纷纷进城避难。

周云祥一面派义军分三路出击，同时森严壁垒，坚守城池；一面安抚避难民众，设平粜局于玉皇阁，以赈济避兵难民。

义军坚持斗争两个多月，寡不敌众，弹尽援绝，周云祥被诱杀，起义失败。

周云祥起义虽然失败了，但它打击了帝国主义的侵略气焰，揭露了清政府的卖国行径，迫使

《滇越铁路章程》推迟签字。这次起义是继光绪十年（1884年）香港工人大罢工揭开中国工人阶级大规模的反帝斗争序幕后，首次发生的以矿工为主体的反帝反封建武装起义。个旧、建水一带曾经流传着一支《周云祥点兵歌》，老幼妇孺有口皆唱，歌颂英勇的起义领袖周云祥。

事后，某御史曾向清廷上书弹劾官兵烧杀抢掠行径。五年后，孙中山派黄兴等人发动的河口起义，还曾提出联络周云祥余部的计划，可见周云祥起义影响之深远。

### （十二）个碧临屏铁路与建水

宣统二年（1910年）滇越铁路通车后，与个旧锡矿经营密切相关的建水、石屏等地的绅商，上书提出用个旧锡矿所出的滇蜀铁路公司的锡炭股基金，作为修筑个碧临屏铁路之费用。在云南都督蔡锷的鼎力支持下，由省政府滇蜀铁路公司与滇南绅商共同合资修筑。民国2年（1913年），个碧临屏铁路公司成立。民国4年（1915年）5月开工，民国25年（1936年）10月10日全线通车，历时21年，是中国铁路修建史上耗时最多的铁路。

个碧临屏铁路177千米的线路分为三段施工。

最先修的是个旧至蒙自碧色寨一段，称个碧铁路，主要解决个旧大锡的外运和贸易。从鸡街到临安城一段，称为鸡临铁路。鸡临铁路动工之前，民国6年（1917年）省政府收回所投股金，个碧临屏铁路由官商合办彻底变为了商办民营。鸡街到建水这一段的修建，也就完全依靠滇南绅商自己的力量完成了。鸡临铁路于民国7年（1918年）10月开工，民国17年（1928年）10月竣工通车，耗时10年之久。之后，民国18年（1929年）又从临安城延修到石屏，民国25年（1936年）10月竣工通车，称为临屏铁路，耗时8年。

因为不懂技术，国内人才奇缺，最先修的个碧铁路是法国人勘测设计的。为了阻止滇越铁路法国人的米轨机车驶入，也为了省钱，按0.6米的寸轨设计，速度慢，运力小，不能满足需要。鸡临铁路的线路勘测吸取个碧铁路段的教训，请中国人设计勘测。留美福建人萨福钧和广东人李国钧分别出任正副总工程师，为长远计，在米轨路基上铺设寸轨铁道，便于将来时机合适时改造。

建水在个旧经营锡矿的商人不少，西庄一带团山、新房就出了许多著名的矿主。建水股东多，

三、史海钩沉

股份最多,铁路公司董事会会长的位置就归了建水人,还分得两名董事一名监事的名额。新房人黄凤祥、沈均章任过会长。沈河清(西庄高营人)、郭思楷任过总经理。朱朝瑛任过协理,其弟弟朱朝瑾也是大股东。偣鸥任过工程师。何思贤是修筑鸡临段和临屏段的主要工程技术人员之一。

民国17年(1928年)10月10日,临安城举行了隆重的通车纪念大会。建水境内58千米铁路沿线,由东到西,分布着大小8个车站:麻栗树、大田山、面甸、五里冲、南营寨、临安、乡会桥、下坡处,最长的站点相距9千米,最短的仅5千米。

1957年,个碧临屏铁路收归国有,彻底结束了民营的历史。1970年,鸡街到石屏的寸轨改为米轨。2003年,个碧临屏铁路客车停运,2010年货运也停运。2015年4月30日,云南米轨保护与开发利用示范性项目建水古城旅游观光列车正式通车,开通了临安站、双龙桥站、乡会桥站、团山站四个站点。

## (十三)青年朱德临安剿匪

朱德青年时期,由四川来到昆明,考入云南陆军讲武堂,学习期间加入同盟会,即从事反清革命斗争。毕业后参加辛亥革命昆明"重九起义",带队攻打总督衙门。民国2年(1913年)夏,27岁的朱德在滇军第一师第三旅第二团第一营任营长,驻防蒙自、开远一带。次年,移驻临安县(辛亥革命后废除临安府,建水改称临安县,后因与浙江临安县同名,复称建水县)南校场(遗址在陈官屯平山顶)。民国3至4年(1914至1915年)约一年半的时间里,朱德带领自己所在的营和团队(1915年朱德升任第二团副团长),就在建水一带围剿由法帝国主义支持的政治土匪。

当时一批被打散的清兵逃到这里,与土匪势力结合,并得到占领越南的法帝国主义支持,形

红井街朱德故居

三、史海钩沉

成有相当战斗力的匪群,打家劫舍,无恶不作。法帝也妄图借口保护滇越铁路安全入侵云南。匪首方位,盘踞在建水城北数十里的李浩寨一带,骚扰百姓,杀害良民,学校被迫停课,群众要求派兵剿除。第三旅旅长刘云峰将剿匪任务交给营长朱德。土匪出没无常,来去无踪。朱德侦知匪首方位当夜住在冷水沟村时,立即回营房带队前去围剿。

天刚亮时部队包围了村子,朱德下令发起攻击。土匪被围在街边上的一间店铺中,双方开枪射击,各有伤亡。打了三个多小时,土匪不支,挖开墙洞逃跑,被击毙数名。余者窜进街下边的黄喜店中。到下午时分,土匪还在顽抗,朱德只好下令用火攻,除少数匪徒漏网外,其余均被歼灭。战斗结束后,查明匪首方位已被击毙。事后,朱德营长报告,被烧的店家应给予赈恤。建水县知事杨与新派人查实,给其赔偿金300元花银。

此后的一年时间里,朱德带领他的部队在红河南北两岸打了大小好几仗,消灭了几股土匪,保卫了滇越铁路一带的安全。民国4年(1915年),朱德被晋升为副团长。

民国4年（1915年）9月间，匪首白万、莫卜部攻打建水南部山区的渣腊寨，焚烧民房12间，残杀无辜百姓数十人。驻军营长唐淮源带兵两连会同建水县知事带警备队前去进剿。经过激烈战斗，土匪往山上逃跑。这时，副团长朱德亲率士兵两连前来增援。朱德立即作了部署，分头进攻土匪隐蔽的村寨。他亲自指挥炮班向松岭岗的土匪轰击，匪徒惊慌地由寨内奔出逃命，当即被击毙六七人。唐营长带兵进攻普古渣村，也击毙匪徒10余名。其余匪徒拼命向山林里四散逃逸。

正当朱德准备再次给这股土匪以歼灭性打击之时，袁世凯居然黄袍加身，当起"洪宪皇帝"来。朱德以"倾心为国志无违"的襟怀，于12月中旬带队至蒙自，按照蔡锷将军的手谕行事。25日举行护国起义，部队改编为护国军，开赴四川讨伐袁世凯。

朱德在建水剿匪的时间虽然不长，但在这里积累的战斗经验使他获益不小。抗日战争期间，身为八路军总司令的朱德在延安对美国女记者韦尔斯讲过："我用以攻击敌军而获得绝大胜利的战术，是流动的游击战术，这种战术是我从驻在

三、史海钩沉

中法边界时跟蛮子和匪徒作战的经验中得来的。我从跟匪兵的流动集群作战的艰苦经验中获得的战术,是特别有价值的战术。"(斯诺《西行漫记》第十章《关于朱德》)

### (十四)滇南护国保卫战

北洋军阀袁世凯窃夺辛亥革命果实后,贪得无厌,竟于民国4年(1915年)12月黄袍加身,当起"洪宪"皇帝来。云南首先反对帝制,发动护国起义,组建护国军,开赴四川前线讨袁。

袁世凯慌忙调动北洋军,一路由四川,一路由湖南经贵州,再一路由广东经广西,三路围攻云南。其中的第三路由袁世凯任命广东军阀龙济光之兄龙觐光为"云南查办使",率领粤军一部,经广西进军云南,直抄护国军的后方,妄图打乱护国军的全盘作战计划。

龙济光、龙觐光兄弟,原是云南临安府江外稿吾卡(今元阳县逢春岭)的封建土司。龙济光带了土司兵到广西投靠袁世凯,后来当上了广东都督。龙觐光也当了广东陆军第一师师长。

龙觐光接受袁世凯的命令后,派黄恩锡、李文富各带领数百人马,进至广西南宁、百色一带,大肆招兵买马，将其军队扩充为两个旅。接着，龙觐光派李文富旅由百色正面进攻由桂入滇的门户剥隘，进而占领广南县城。又派黄恩锡领兵3000人，避开滇军防守的关隘，绕道八达（今广西西林县）进入滇境，经邱北、竹园、巡检司直扑曲江、建水，准备与滇南的叛乱武装会合，进扰建水、个旧、蒙自。辛亥起义时有功的建水大绅朱朝瑛这时已投靠了龙济光，任第三路军司令，也率军1700余人，驻百色一带作后援。

在龙军进扰滇南前，龙济光派他的儿子龙体乾从广东潜回老家稿吾卡，与在位土司龙毓乾（龙济光之侄）策划武装叛乱，进攻个旧、蒙自。与此同时，朱朝瑛之子朱映桂、纳楼土司（驻建水官厅）普钧堂之子普少堂亦先后潜回建水，策动土司兵及莫卜、白万土匪武装围攻建水城。

民国5年（1916年）3月间，进占广南的李文富旅，与护国军第二军第一、二梯团遭遇，激战八天九夜，李文富旅被迫投降。朱朝瑛部进至滇桂边境的黄南田，被护国军杨杰纵队包围，朱军每排树一面旗，插遍山谷间，掘壕据守。杨杰亲率前卫第一营，附炮4门，近抵朱军前哨阵地，

三、史海钩沉

先以炮射,退其前进哨。至夜,增调第二营轮番进攻。天明后,第三营附炮2门增援侧翼,全线发起猛攻,朱军大溃,残部逃回百色。随即,龙觐光的百色总部被宣布倒袁的桂军包围缴械。龙觐光被迫通电宣布:"当辞云南查办使责任,赞助共和,以谢天下。"朱朝瑛只身逃回广东。

滇南这边,龙体乾、龙毓乾率领数千名土司兵与马用卿(建水人,个旧矿商)的武装配合,攻占了个旧。接着,袭击蒙自城,被驻蒙自的第二卫戍司令刘祖武率军打退。朱映桂联合白万、莫卜的土匪武装以及纳楼的土司兵攻打建水城,也被驻建水的护国军旅长李修家指挥军队打退。云南都督唐继尧亦急派蒋兴亮支队、赵世铭支队的护国军增援蒙自,直将土司兵赶出个旧。令马为麟、邓埙支队增援建水,与守城的李修家旅又在建水城外重创黄恩锡部,黄恩锡只好率领残部由官厅渡过红河南逃,最后走投无路,只得投降。

接着,护国军由斗姆阁、官厅、蛮耗渡过红河,进军逢春岭,扫荡犏吾卡土司的老窝。护国军的滇南保卫战,获得了全胜。

战后,省府勒令龙毓乾赔重金赎罪,纳楼土

司普钧堂被抄没家产，革职改流，省府派官厅行政委员（次年改为建水县官厅县佐）管理其地。建水朱朝瑛、朱朝玟的家产亦被抄没。

## （十五）中共临安支部建立

民国 16 年（1927 年），建水籍青年邱晓崧由建水县立中学考入新创办的昆明市立中学。同年 8 月，他加入了共青团。民国 17 年（1928 年）1 月，为贯彻"八七会议"精神，统一全党思想，省"临委"举办党员训练班，邱晓崧参加了党训班的学习。党训班结束后，组织上研究决定让邱晓崧转为正式党员，继续做团的工作。

民国 17 年（1928 年）2 月，省"临委"派邱晓松随一名省特派员回建水开展建党工作。特派员住东林寺街邱晓崧家，在建水工作了一年左右的时间。邱晓松回到建水后，通过党组织的安排，到建水县立中学初十一班插班读书，搞学运工作，在学生中秘密从事革命活动，联系群众，进行革命宣传，发展吴玉夫、曾允铣等入团，介绍中所小学教员司居北和县立中学职员刘澍培入党。司居北入党后，白天在中所小学教书，夜晚办民众夜校，教群众读写算，讲政治时事。同年春，在

## 三、史海钩沉

省"临委"的领导下,中共临安支部在崇正书院成立,由迤南区委委员吴少默负责。临安支部的建立,在建水点燃了革命的火种,她的光焰,开始向四周辐射。

地处边疆的建水消息闭塞,群众思想保守落后,对外面世界的新形势新思想认识不多,加上受反动宣传的蒙蔽欺骗,对共产党无正确认识。在建水开展党的工作,困难和阻力都很大,有少数学生甚至讽刺说"参加共产党能得多少钱"。面对重重困难和阻力,临安支部的党员没有退缩,为党的事业不顾个人安危,努力斗争,每周坚持过组织生活一次,传达上级的文件精神和指示,分析形势,作时事政治的报告和讨论。

民国19年(1930年),在白色恐怖笼罩之下,建水党组织与上级党组织失去联系,党组织的活动停顿。这期间年轻的建水党组织在宣传马克思列宁主义、组织发动群众、开展武装斗争等方面进行了努力和探索,共产党人为人民谋幸福的坚定信念和英勇献身的精神得到充分体现。更为重要的是,它开创了中国共产党在建水的历史,为建水历史写下了新的一笔,为以后建水党组织的恢复重建和发展壮大积累了经验和教训。

## （十六）建水抗日救亡运动

民国26年（1937年）7月7日，抗日战争爆发，出现第二次国共合作的局面，全国各地热血青年纷纷奔赴中国共产党中央所在地延安，寻求抗日救国的真理和办法。民国27年（1938年）春，建水籍青年邱晓崧、吴毅夫、郭启芳、关建文等前往延安抗日军政大学学习，结业后于年底先后回到云南。共产党员吴毅夫以经商为掩护，来往于昆明、个旧、建水、蒙自之间，开展抗日救亡宣传活动，在个旧组织"南钟业余剧社"，编演抗日救亡节目，出壁报《大家看》，并为出版《曙光日报》奔走呼号。在建水民众教育馆的郭启芳，与刘宝云等出壁报《大家看》，辟有时事评论、新道理、诗歌等栏目，宣传抗日，并且组织歌咏队，教唱救亡歌曲。

留日学生、云南大学讲师刘宝煊，怀着对振兴家乡教育事业的热忱，回建水担任教育局长和县立师范学校（后改为私立建民中学）校长。民国29年（1940年）在师生中组织抗日救亡团体"丹心社"，入社师生学习毛泽东《论持久战》等著作，

### 三、史海钩沉

并学习军事知识和战术技术,准备滇南一旦沦入敌手,就地开展抗日游击战。

民国30年(1941年),县立师范学校学生自治会在教师、中共党员马元明、刘尚的指导下,组织宣传组、军事组、民运组,每周利用课余时间,学习研究"抗日的战略战术""抗日的军政工作""抗日的民运工作"等。

同年秋,滇军第二路军指挥部移驻建水,其内有中共党员张子斋、方文彬、张士民等,也积极为滇南一旦沦陷就在红河两岸发动游击战作准备。他们出版油印的《泸江小报》,刊登新华社电讯和评论,宣传抗日救国道理,散发给驻地军民和外地民众。冬初,著名爱国"七君子"之一的李公朴来建水,向建民中学和临安中学师生发表演说,热情讴歌华北敌后抗日军民的英勇对敌斗争事迹,鼓动抗日,坚定了师生们的抗日必胜信念。

曾在延安抗日军政大学学习过的中共党员方仲伯来建民中学担任教务主任,在师生中组织"抗日救国读书会"。他带来一些进步书刊,交给学生会秘密借阅,并竭力协助校长刘宝煊将抗大"团结、紧张、严肃、活泼"的优良作风作为建民校风来培养,还聘请一大批中共党员和进步教师来校任教。在这些教师的指导下,学生中的读书会像雨后春笋般涌现,中共中央南方局在重庆发行的《新华日报》《群众周刊》在校园中广为流传,争民主、为人民求解放的新思潮,在大多数师生的脑海中奔涌澎湃,为抗日战争胜利后中共地下组织的迅速壮大以至滇南人民革命武装的建立和发展,作了充分的思想和理论准备,因而建民中学享有"滇南小抗大""滇南陕北公学"的声誉。

抗日战争期间,建水各族人民先后送出子弟6565名,参加抗日军队,开赴前线作战,其中阵亡347名。

## (十七)滇南"小抗大"——建民中学

民国27年(1938年)初,刘宝煊辞去云大讲师职务回家乡办学,就任建水县教育局长。8月,刘宝煊创办建水县立简易师范学校,并兼任校长。民国30年(1941年)9月,曾在延安抗大学习的中共地下党员方仲伯来到建水,出任师范学校教务主任,把抗大精神带到学校,贯彻于学校的教学实践中。到民国31年(1942年)春,为了使

## 三、史海钩沉

学校尽可能摆脱国民党当局的束缚,在教学、行政管理和聘任教师上有更大的自主权,坚持把教育和革命实践结合起来,刘宝煊、方仲伯决定,将师范学校改办成一所独立自主的私立中学,取名为"建民中学",仍由刘宝煊任校长。"建民"的真正含义是建设民主,培养新中国的人才。此举得到地方士绅的广泛支持。借助于刘宝煊的社会地位,并经过刘宝煊的积极努力,建民中学成立了校董会,马亦眉任董事长,黄美之、邵连义等为董事。校董大都是地方上的头面实力人物,有工商业民族资本家,也有掌握地方实权的乡镇长、县参议会议长、县商会会长。由他们出面支持学校办学,不仅解决了办学经费的困难,在政治上也有利于掩护党在学校中的革命活动,为党组织的隐蔽与革命活动的开展创

**建民中学遗址**

造了极为有利的条件。建民中学以独特的教学活动和社会活动,贯彻执行共产党的政治纲领,在同国民党顽固派的斗争中巩固和发展。学校十分重视校风的培育,结合当时的实际情况,制定了"笃学力行,科学、务实、爱群、整肃、活动"的校训,巧妙注入了延安抗大"团结、紧张、严肃、活泼"的精神。学校提倡用新的革命的世界观作为教育学生的根本指导思想,与封建主义的旧传统思想决裂;提倡男女平等,反对轻视、歧视妇女;提倡读活书,反对读死书、死读书;强调知行统一,学用一致,重视社会实践和教学经验;提倡艰苦朴素,身体力行。刘宝煊和隐蔽在建民中学的中共地下党员及进步教师,以不同的方式,不遗余力地做了许多有益于学校的发展建设、有益于地下党隐蔽发展、有益于抗日救亡活动开展的工作,使建民中学成为滇南地区一所颇有影响的学校,被誉为"滇南小抗大",成为党宣传抗日民族统一战线、开展统战工作的核心,成为滇南培养革命青年、隐蔽积蓄革命力量、开展抗日救亡活动的摇篮。

民国38年(1949年)9月9日,国民党军警

三、史海钩沉

在昆明大肆逮捕爱国民主人士,查封进步报馆,实行"九·九整肃"。国民党云南省政府下令解散建水建民中学。1949年10月5日(农历八月十四日),建水地方当局出动军警包围、封锁了建民中学,宣读了解散建民中学的命令,将建民中学查封。至此,建民中学走完了办学11年的坎坷而辉煌的历程。建民中学办学11年间,先后有48名中共地下党员到建民中学工作,师生中先后发展党员105人,民青成员167人,有30余名师生为人民解放事业献出了生命。

1983年9月,建水建民中学在原址上恢复重办,命名为建水县第十三中学。1987年5月恢复原名"建民中学"。2009年8月,建民中学校史馆及烈士纪念碑被命名为云南省爱国主义教育基地。

## (十八)国际主义战士柯烈然在建水

抗日战争期间,白求恩式的国际主义战士、罗马尼亚共产党员柯烈然·布库尔大夫和他的妻子柯芝兰,曾在驻建水的滇军第二十师担任医疗队长和助理护士,为驻地军民防治疾病,救死扶伤,深受建水军民的爱戴。

柯烈然来中国之前,就作为国际主义战士参

加国际纵队志愿军,战斗在西班牙。西班牙由共产党、社会党等组成的联合政府因法西斯头目佛朗哥发动军事政变而失败后,他被囚禁于集中营里。获释后,得悉中国的抗日将士急需医护人员和药品援助,便毅然报名参加国际援华医疗队,于民国28年(1939年)8月携带国际进步团体募捐的大批药品和医疗器械,由英国利物浦乘海船抵达香港,准备转赴延安。但是,得到重庆中共代表团周恩来的指示,由于国民党阻挠他们去延安,他们得就近到各个抗日前线的战斗部队,去医治伤病员。

柯烈然被先后派到湖南、湖北的军队工作。他看到中国医务人员奇缺,就写信给罗马尼亚的妻子基泽娜·柯烈然,动员她到中国来参加救护工作。妻子接信后,毅然奔赴中国。民国30年(1941年)初,柯烈然在广东一座未沦陷的城市与妻子相会。他给妻子取了个中国名字叫柯芝兰。

民国32年(1943年)他俩调到驻云南建水的滇军第二十师师部工作。柯烈然在柯芝兰的帮助下,为部队增加医疗器械,添制药品,使部队医疗条件大为改善,并为驻地群众防病治病。当

三、史海钩沉

时士兵中疥疮流行,柯烈然大夫经过多次试验,用硫磺和石灰制成疥疮膏,疗效显著。这种药膏迅速推广到各地,治愈的患者无以数计。他们还有效地防治当地肆虐的疟疾、斑疹伤寒、回归热、霍乱等病症。柯大夫还一度为临安中学一女学生治好过精神病。

不料,柯芝兰染上回归热,加上心脏极度衰弱,医治无效,不幸于民国33年(1944年)3月14日病逝,年仅36岁。二十师官兵庄严地给她布置灵堂,用花圈装点她的灵柩,在她的遗像两边贴上一副挽联:"淋惠遽云亡,南国同声失慈母;伤残未尽起,西方何处觅美人。"官兵们像殡葬一名壮烈牺牲的战士那样,把她安葬于建水城北门外普庵寺附近。

抗日战争胜利后,柯烈然继续留在联合国驻中国的善后救济总署,以联合国医务官员的身份,与国民党当局作斗争,使部分救济物资得以运抵解放区。民国37年(1948年)回国,1976年逝世。

## (十九)中共建水县委成立

抗战胜利后,建水的地下党组织在滇南党组织的领导下,以学校为主要阵地,积极开展革命活动，组织进步青年教师和进步学生加入党组织和党的外围组织民主青年联盟。并以学生党员为骨干，积极深入到农村的田间地头，访贫问苦，在群众中成立农民翻身会、妇女会、民兵等组织，并吸收积极分子加入到党组织中来。到民国36年（1947年）初，全县已建立了建民党支部、临安支部、惠民中学支部、西区妇女支部等多个党支部，有100多名党员。

随着建水党组织的不断发展壮大、学生运动和农村工作的不断深入，迫切需要加强对全县党的工作的统一领导，加强组织建设。民国36年（1947年）3月，中共滇南党组织负责人张华俊主持会议，在西庄棠梨冲地下党员黄源昌家，宣布成立中共建水县委员会，廖学民任书记，黄源昌、夏林为委员。会议提出了中共建水县委员会的任务：一是把党的工作重点由城镇转到农村，进一步发动群众，积极发展党的组织；二是巩固和发展党的统一战线，巩固统战组织，发展统战对象，壮大统战力量，以掩护和支持党的工作和武装斗争；三是打入国民党乡镇保甲，掌握其基层武装，做好武装斗争的准备。会议决定要利用各种社会关系，占领农村小学，以此为据点，大力开展农村的群众工作，并具体研究了可以通过哪些社会关系，派什么人，到哪所小学的措施。会上，张华俊具体布置了对国民党的党政机关进行调查摸底研究，进一步了解敌我友的情况。

中共建水县委成立后，统一领导全县党的建设、武装斗争和统一战线工作。从此，党在建水的各项工作进入蓬勃发展的崭新时期。

## （二十）中共云南省工委建水会议

解放战争时期，随着革命形势的发展，中共中央加强了对国民党统治区党组织的领导，加大了对开展反蒋武装斗争工作的重视力度。为响应中共中央的号召，中共云南地方组织积极做好开展武装斗争的准备工作。民国36年（1947年）11月，中共云南省工委书记郑伯克到上海，向中共中央上海局汇报云南发动武装斗争的准备情况。上海局指出，云南已具备在全省大规模开展敌后游击战争的条件，为配合解放军胜利反攻，钳制在云南的蒋系部队，应在全省放手发动游击战争，建立根据地。

为贯彻中共中央上海局的指示精神，民国36

年（1947年）12月，中共云南省工委在建水西林寺召开会议，研究在云南开展武装斗争的问题，部署在全省范围内发动反蒋武装斗争。省工委书记郑伯克，委员侯方岳、张华俊出席会议，旅缅支部回国汇报工作的王子近列席会议。会议传达了中共中央和上海局的指示，分析了形势和云南敌我友的情况，检查了各地发动武装斗争的准备工作，估量了发动反蒋武装斗争的有利条件和困难，认为在云南发动大规模游击战争、建立游击根据地、准备迎接与配合人民解放军南下的条件已经成熟。不失时机地在云南发动大规模的游击战争，是钳制在云南的蒋系部队、配合人民解放军反攻的需要，是加速解放云南的需要。会议从云南地处边疆、民族众多、山川纵横、交通不便、地方实力派与国民党中央的矛盾加剧等实际出发，对在云南发动大规模的游击战争的战略部署、策略思想、行动计划等问题做出了全面部署。

这次关系到全省武装斗争全局的重要会议在建水召开，临安中学党组织承担了掩护参会人员的任务。省工委委员、滇南党组织负责人张华俊安排临安中学党员龙庆华为参加会议的省工委负

三、史海钩沉

责人找了一个僻静的住处,外地同志由张华俊通过有关党员安排在临安中学住宿。会议在城西西林寺召开,保证了安全。

会议的召开,擂响了反蒋武装斗争的战鼓,是党的工作的一个重大的转折点,标志着党领导的云南人民武装斗争全面展开,中共云南地方组织领导的革命斗争从此由地下斗争逐步转为配合人民解放军全面反攻的公开的人民游击战争。

## (二十一)统一战线组织"九人团"

民国37年(1948年)秋,随着解放战争的深入,中共建水县委为了争取地方开明豪绅和民族资本家对革命的支持,团结一切可以团结的力量支持党领导的武装斗争,按照省工委的指示,积极开展对敌统战工作。建水县所辖的20个乡镇中,有9个属于江外(红河南岸)民族地区,红河北岸有11个。经过建水党组织不间断的工作,在红河北岸争取团结了8个乡镇的乡镇长,他们是复盛乡(官厅)乡长普家仁,乡会镇(西庄一部)镇长邹希孟,平安乡(西庄一部)乡长张汉庭、副乡长苏家兴,青龙乡乡长李振泽、副乡长邵连义,珍珠乡(临安镇东坝)乡长田宝玉,云和乡(李浩寨)乡长聂绍康,桂林乡(临安镇狗街一带)乡长孙国文,金碧镇(临安镇东门外)镇长吴耀卿,另外江外六合乡(元阳多衣树)乡长普国梁等都是党组织的统战对象。开远县西靖乡乡长汤自成、禄丰乡乡长杨家仁也被争取过来,支持党的工作。

经过上级党组织同意,民国37年(1948年)冬,在中共建水地下县委的组织领导下,在团山村张家花园成立了反蒋统一战线核心组织"九人团",由刘宝煊任团长,实际工作由县委分管统战工作的刘朝义负责。"九人团"的宗旨是:为了消灭腐败透顶的蒋家王朝,支援正义的革命斗争,团结一致,做出贡献。参加"九人团"的成员还有:黄源昌、李振泽、张汉庭、邵连义、聂绍康、苏家兴、韩子旺。"九人团"的活动比较多,以组织成员为主,并有选择地吸收一些统战人士参加学习《新民主主义论》《论联合政府》,座谈分析解放战争的形势等。活动地点有西庄团山张汉庭家,城内马市街张汉庭商号,燃灯寺街聂绍康家,个旧云庙李振泽家,个旧天君阁外吴献廷住处,上河沟刘福五(刘宝煊的二哥)炉房,下河沟美丰炉房等。通过学习,他们对新中国、新社

三、史海钩沉

会满怀信心,在掩护党组织的活动,提供敌人军事情报,以武器、钱财和药品支援党领导的武装斗争方面,做了大量工作。经过"九人团"频繁的活动,党的统战工作的影响不断扩大,开创了统战人士为党做统战工作的先例。平安乡乡长张汉庭在乡会桥武装起义中,支援游击队机枪一挺、医药、棉被等重要作战物资,中华人民共和国成立后任县人民政府第二县长;韩进之向游击队先后提供了手枪一支、步枪10支、银圆半开16万块,黄金313两。其它民主人士均给予了游击队资金和物质上的大力支持。

## (二十二)乡会桥武装起义和建水解放

抗日战争胜利后,在中国共产党第七次全国代表大会路线指引下,为迎接新的革命斗争,中共建水县组织迅速发展壮大起来。民国36年(1947年)3月,中共建水县委员会成立后,便竭力把工作重点由城市向农村转移,逐步在各乡镇建立党的组织,并秘密组织发展"弟兄会""翻身团"。随着解放战争的深入发展,开展武装斗争日益提到党组织的议事日程上来。到民国38年(1949年)9月,全县已发展共产党员549名,新民主主义青年团团员254名，工会会员132名，农民翻身团团员1950名，暗民兵和游击小组成员1278名，为在本县发动武装斗争作了充分的思想和组织准备。

10月14日，中共建水县委于西区乡会桥发动农民翻身团成员和暗民兵100余人，夺取乡会镇公所的轻机枪2挺、长短枪35支、手榴弹40多箱、子弹3万多发，向山区高老坡新寨开进。沿途又会合各区参加起义的人员，共计215人（其中妇女10人），共有机枪3挺、长短枪115支。次日凌晨，与前来接应的游击队主力四十六团汇合，宣布武装起义成功，建立滇南人民护乡第五团第一大队，配属中国人民解放军滇桂黔边纵队第十支队，开赴元江县根据地整训。随后，回建水、石屏边境一带活动。12月3日，奔袭青龙乡公所，缴获步枪20多支、手榴弹8

**乡会桥武装起义纪念地**

箱,建立起第一个乡人民政府。月内又先后组建第二、第三大队,全团发展到800多人,并于12月18日配合主力十支队首次解放建水县城。月底国民党第八军在解放大军第二野战军的进逼下,由昆明溃逃至建水。护乡第五团与之在大坡头和县城堵击一日后,主动撤离。1950年1月19日解放军第二野战军第三十七师和边纵十支队及护五团会师,再度解放建水。

## (二十三)剿灭匪患靖建水

建水县和曲溪县有史以来匪乱频繁,是滇南地区匪患较严重的地区。中华人民共和国成立初期,建水县还有土匪头目44人,合计31股1200余人。曲溪县境内有叛匪及惯匪7股,匪首22名,匪众500余人。这些土匪显著的特点,是政治土匪、惯匪、地主恶霸相合一。有的是国民党的残余和旧职员,他们妄图东山再起,恢复反动统治,是一股极其反动、狡猾、残暴的政治武装;有的是占山为王的惯匪,他们是打家劫舍、拦路抢劫的经济土匪;有的是地主恶霸,他们是反对减租退押、土地改革等一系列民主改革的新起匪。一般土匪多数是被匪首利用、蛊惑、胁迫的落后群众,匪首对匪众控制严格,对有所动摇的土匪严密监视。

人民政府建立后,部分土匪恶霸迫于形势,混入基层人民政权,表面上拥护新生人民政权,暗中与人民政权对抗,反对建政征粮、减租退押、土地改革等一系列社会民主改革措施。有些土匪占山为王,打家劫舍,抢劫火车,与地主恶霸相勾结,伺机蛊惑、煽动群众抗粮,杀害征粮工作队员、人民解放军和农村积极分子,穷凶极恶,心狠手辣,手段残忍,并组织反革命武装暴动,公开与人民政权为敌,严重威胁到人民群众和新政府的安全。

根据上级指示,1950年4月,建水和曲溪成立了剿匪委员会。

活动在建水、曲溪一带的土匪行动诡诈、变化多端,时而相互勾结袭击区乡人民政府,时而分散活动,伏击解放军战士、地方工作人员和群众。他们大多盘踞在山高林密的山区和少数民族地区,一般不离本土,主要靠打劫和匪属供给。人民政权集中力量搜剿时,他们化整为零隐蔽在深山老林、箐沟、山洞里,或化装为百姓潜伏,剿匪斗争极为艰苦、复杂,历时四年之久。

建水、曲溪的剿匪斗争分为进剿、清剿、净

三、史海钩沉

化三个阶段。1950年4月至1950年12月是进剿阶段。这一阶段采取军事进剿为主,政治攻势为辅的方针,平息了官厅土匪的镇江寺阴谋暴动,俘获匪众百余人;平息南庄土匪暴动,击毙匪首2人,俘获匪徒50余名,解放军战士牺牲9人,区政府干部牺牲1人,基干队员牺牲1人,损失粮食2000余斤;粉碎乌梅土匪暴动;成功保卫普雄乡政府;捕获官厅四大匪首;击溃盘踞曲溪清暮区老丁庄的"反共救国军"五支队十五团,基本平息了清暮山区匪患。在军事打击的同时,展开政治攻势,宣传"首恶必办、胁从不问、立功受奖"的政策,参与南庄和普雄暴乱的匪徒400余人向人民政府登记自新,交出武器。到1950年底建水歼灭土匪700余人,曲溪也歼灭数百人,基本打垮了成群结队的股匪,土匪的嚣张气焰被打下去,由疯狂的进攻区乡政府转为流动分散活动,由公开活动变为隐蔽躲藏,由股匪变成难以聚众的散匪,剿匪斗争取得决定性胜利。

1951年开始至1952年底止,剿匪斗争进入清剿散匪阶段。通过镇压反革命、土地改革摧毁了封建旧体制,群众为保卫胜利果实,纷纷建立农民协会和民兵组织,形成党政军民相配合、声势浩大的清匪运动。群众被发动起来,积极参与剿匪斗争,有的规劝为匪的亲属回来,有的设卡立岗监视匪情,有的直接参与搜山剿匪。经过这一阶段的军民联合清剿,建水大部分散匪被剿灭,仅余三股70余人的散匪还在活动,曲溪仅余4人。

从1953年初至1954年上半年是净化阶段,对残余的土匪进行净化。此阶段剿匪以政治攻势为主,军事打击为辅,主要是贯彻西南清匪会议精神"摸清匪底、划分类型、确定对策、净化土匪",通过摸清土匪及家属之底,分析研究可以争取和不可争取的对象。大力宣传"首恶必办、胁从不问、立功受奖"的政策,召开匪属座谈会,有重点地争取匪众,孤立匪首。改变战术,采取敌变我变,分散集中的灵活办法。

经过三个阶段的剿匪斗争,建水、曲溪境内的土匪被彻底消灭,结束了匪群祸患的历史,保卫了新生的人民政权,保证了社会秩序的稳定,给人民群众以和平安定的生产生活环境,为各项生产建设和社会改革的顺利进行扫清了一个巨大的障碍。

三、史海钩沉

## （二十四）曲江大地震

1970年1月5日凌晨0时0分37秒，云南通海以南发生7.7级强烈地震，震源深度13千米，震中烈度10度强，波及峨山、通海、建水、华宁4个县。宏观震中位置在通海县高大区五街附近，距建水曲江、东山两区最近。而建水的曲江盆地正处在一条古老的地震断裂带上，这条断裂带呈狭长形，破坏烈度高达10度至11度，属于极震区，加之盆地里村庄密布，人口众多，损失最为惨重，人民生命财产受到极大损失。

这里地面开裂，冒水喷沙，山体滑坡，水渠坍塌，河道阻塞，农田严重破坏。地面形变以余家河坎村为最烈，长200米、宽20米的地段下陷约10米，盆口粗的大树被掀倒，整个村子滑坡，将16家农户房屋推出100多米倒塌。盆地边缘的曲江河峡谷大滑坡，堵河而成积水100多万立方米的地震湖，使盆地内的曲江河水位猛升4米，淹没农田4000多亩。通（海）建（水）公路马脖子段山崩，塌方170多万立方米，交通中断。处于盆地极震区内的曲江、东山两区，村庄房屋全部倒塌，仅剩残垣断壁，偶有木结构的房架尚存，也已七歪八斜。曲溪糖厂厂房倒塌90%，20多米高铸铁制的酒精塔折断，25米和30米高的两座烟囱出现裂纹，以后又经过几次余震，贴根倒平。极震区边缘的李浩寨、铁所、利民、岔科4个区的部分村寨灾情也较严重，地震烈度9度。建水城震感也较强烈，但只有轻微损失。全县灾区共死亡7479人（其中曲江区4571人，东山区2345人，其他区565人），死亡大牲畜5899头，倒塌房屋10.2万间，财产损失无以数计。

地震发生后，县党政机关组织全县干部、民兵和群众，连夜前往救灾。解放军某部星夜出动万余人奔赴灾区，抢救群众。空军派来飞机空投熟食。来自卫生部、北京、贵阳、昆明、曲靖、文山和红河州各市县的医疗队47支2152人，精心救治伤员。全县抽调民兵1440人组成民兵团，石屏、弥勒、泸西县也派来民兵营，帮助灾民建盖简易房屋，抢修公路和沟渠，发展生产，重建家园。军民奋战5天，排除了马脖子地段的大塌方，修复了通海至建水的公路。解放军工兵和民兵冒着曲江峡谷山体滑落的危险，在刺骨的冷水里连续作业9天，炸开堵塞河道的大面积土石方，

使曲江河水得以下泄,解除了曲江盆地的水患。民兵和群众很快修复了灌溉两万亩农田的6条输水大沟。曲溪糖厂职工在解放军部队、省轻工局、云南锡业公司等单位的支援下,经过18昼夜的抢修,使刚投入榨季生产即被毁坏的机制糖厂又恢复了运行。省、州拨来大批木材、钢材、圆钉、土木工具,至春节前建盖起简易住房1038间,并发放大量救济物资。在各方的支援下,灾区群众逐步恢复和发展了生产。

## (二十五)建水被列为中国历史文化名城、国家重点风景名胜区

建水由于历史上是边郡重镇,加之经济繁荣,

建水荣列中国历史文化名城、国家重点风景名胜区庆典大会

文教昌盛，因而古迹众多，文物荟萃，成为闻名遐迩的文化名城。全县有古寺庙近百座，仅城区著名的就有七寺八庙之多，有古桥50多座。著名的文物古迹有规模仅次于山东曲阜孔庙的文庙，有屹立700多年的元代古建筑指林寺大殿，有明洪武年间建造的东城门朝阳楼，有保存完好的三所书院和学政考棚，有国内屈指可数的清代17孔连拱石桥双龙桥，有造型独特被誉为"中华宝塔古今无"的文笔塔，有被称为"边陲大观园"的大型民居朱家花园，有青年朱德驻兵临安时的故居等。自然景观方面，有奇异的岩溶风景名胜燕子洞、颜洞，南部有深切割的红河大峡谷，风物秀丽又壮观。经全国政协历史文化名城考察组的专家实地查考，1994年先后被国务院列为中国历史文化名城和国家重点风景名胜区。

## （二十六）建水荣获"全国双拥模范县"殊荣

1991年，建水县被列为云南省三个拥军优属、拥政爱民工作社会化试点县（市）之一。县委、县政府高度重视，部署开展全县的双拥工作。到2008年近20年的时间内，双拥年年有创新、届

三、史海钩沉

届有亮点，逐步建立巩固和不断健全完善了行之有效的双拥工作长效机制。从加强领导机构到开展国防教育，从落实政策法规到军民共建，从拥军优属到拥政爱民，制定了一系列的政策规章和工作制度，出台了《拥军优属若干规定》《拥政爱民若干规定》《十五期间重点优抚对象抚恤补助标准自然增长机制》，以及议军会议、军（警）民联防会议、过国防日、鸣放防空警报等等。依托长效工作机制，双拥工作始终如一，按照既定的目标完成既定的任务，斗志不松，锐气不减，脚步不停，奋勇向前，取得光辉成绩，收获了边疆稳定、军民团结和谐、经济发展、部队战斗力提高的双赢业绩。《中央电视台》《人民日报》《解放军报》《中国社会报》《新华日报》等8家新闻媒体的记者先后到建水采访，撰写了动人心魄的新闻作品，使建水的双拥在全国产生了强烈反响。因双拥工作成绩突出，建水县6次被全国双拥办、国家民政部、中国人民解放军总政治部命名为"全国双拥模范县"。

# 四、历史人物

## (一) 廉明知府张隆

张隆,字伯兴。生卒年月不详,明代建水州人。明正统年间(1436~1449年)临安府学生员,由贡生入国子监读书,出任杭州府知事,以谦虚能干被荐升为知府。在任期间,浚西湖,维修白堤(唐代白居易任杭州刺史时在西湖内筑白堤)、苏堤(宋代苏东坡任杭州知府时在西湖内筑苏堤),治理彰河水,治绩优异,清正廉明,得以觐见皇帝。后因母亲病逝,回乡守墓。明代嘉靖年间(1522~1572年),建水文庙始设四贤祠,张隆居四贤之首。状元杨升庵谪居建水时,应地方官绅之邀,撰写《临安府四乡贤碑记》。碑文称,张公"官处脂膏不自肥,润西湖广其利,彰水安其锸,考绩三年,最于全浙,是杭州公之行也"。旧志称其"继美白、苏"。

## 四、历史人物

### （二）直言谏官刘洙

刘洙（1475～1547年），字道源，号三贞，明代建水人。11岁入临安府学为弟子员，23岁考中举人，33岁考中进士，任刑科给事中，侍从皇帝，以进谏言为己任。武宗皇帝喜狩猎游乐，荒于朝政，刘洙犯颜疏谏"绝游乐以终敬天，以防人事"等五事，斗胆地问皇帝，郊礼未成，而贪于田猎，"何以敬天？何以法祖？""何以承大业、保大命？"太史唐皋称赞他敢于直谏。后升户科左给事中、刑科都给事中。伶官臧贤勾结豪强，为非作歹，刘洙上疏历数其罪，而得以严惩。

在任十余年间，刘洙努力针砭时弊，不避忌讳，敢于谏净，快口直言。他的施政主张载入史录，对于后世有借鉴作用，留有《奏疏》三卷、《参驳》五卷。终因仗义执言，得罪了吏部尚书陆完，遭谗言而调离谏职。他说："我任谏官，为贯彻自己的政治主张而不怕挫折，更不能图眼前利禄而向人屈膝折腰。"毅然辞官归里。

回乡后，在建水城南三里泸江乡建六柳庄，深居简出，每日吟咏其间，士大夫相与唱和。开办家塾一所，教子弟学于其中，远近学子多来求教。

疫病流行时，购买药物施给乡民治病。对族人中的贫困者，买义宅供他们住，买田地给他们耕种，贫死者买棺木安葬。逝年七十有三。四川新都状元杨慎为他作《刘都谏阡表》，刻碑立于建水城东的町畸寨后。杨门七子之一的阿迷人王廷表为他撰写《刑科给事中刘公墓志铭》，立碑于杨家庄青莲寺旁。

## （三）琉球使臣萧崇业

萧崇业（？~1588年），字允修，号乾养，明代建水州人。洪武年间，其祖先随明军入滇，驻守临安卫（今建水城）。五传至崇业。崇业幼时聪明好学，每日背诵文章千余言。老师出题属对，数他思路敏捷，对答如流。岁科考试，他的学习成绩都在一等前列，受到提督学政的夸奖，准他为廪膳生（领取膳食津贴的生员）。嘉靖四十年（1561年）考中举人。10年后考中进士，选入翰林院为庶吉士。后任

**萧崇业画像**

四、历史人物

兵科给事中、工科右给事中、户科左给事中等职,极力上书言事,犯颜直谏。皖军发生骚乱,巡抚上状失实,崇业揭发其欺蒙行为,朝廷内外震惊。

万历四年(1576年),琉球(今日本冲绳)中山王死,其子尚永请求袭爵,神宗皇帝拟派给事中一名渡海前去册封。因海峡多飓风,凶多吉少,六科给事中都互相观望,无人肯应,独崇业慨然挺身承担这一危险差使。有人问他为何敢冒此大风险。他回答说:"男子汉应该挽弓悬矢,志在四方,为国效劳。要是惧怕那茫茫大海,就不是大丈夫了。"

他携带皇帝赐封中山王的冠冕、朝服和玉圭等物,与行人(官名)谢杰同往福建,建造海船,设法节约造船费用十分之四五,减轻了福建人民的负担。

船队驶入海中,果然遇到狂风巨浪,颠簸震颤,倾侧复起,令人揪心掏肝般难受,连许多久经风浪的水军官兵都五色无主,失魂落魄。独崇业手挥拂尘,啸吟自如,旁若无事。经过一番搏击,顺利驶抵琉球。

中山王得到加冕,很是高兴,以重金酬谢使者,崇业和谢杰都婉言谢绝了。中山王派遣陪臣随崇业等回朝答谢，陪臣又当着皇帝的面提出赠金的事，崇业回答："臣无私交，不宜受金，也不能亵污天朝。"皇帝对他如此廉洁自持，十分赞赏，让陪臣收回赠金。

事后，崇业作有《却金行》诗一首，此诗载入地方志中；并有《航海赋》《南游漫稿》《使琉球录》等诗文，对琉球的山川风物作了详细记载。他的这次远航，也载入史册，是继郑和之后，"云南航海第二人"。

《却金行》一诗，铿锵有力、掷地有声，对于我们今天加强思想修养、廉政自律，仍不失为一篇警世之作。他在诗中运用大量历史典故，来表白自己决心以历史上为官清廉的贤人为榜样，绝不为金钱所驱使，而乐于廉洁自律的心志。比如：祖荣一钱犹为多，清献琴鹤良自足。赵轨饮水范甑尘，羊续悬鱼苗留犊。余诚不能比德于数子，区区窃慕古人之芳躅。这里接连列举了古代七个廉吏的故事：后汉"一钱太守"刘宠（字祖荣），任会稽太守有政声，山阴县有五六老叟以百钱送他，他以父老勤苦，仅选一钱收下；宋代赵抃（谥

四、历史人物

号清献）任龙图阁学士知成都，匹马入蜀，以一琴一鹤自随，居官清廉；隋代人赵轨任齐州别驾，临别时父老知其为政廉明，不敢以壶酒相送，谓公廉洁如水，就请饮一杯清水饯行；后汉人范冉，为莱芜长，遭党人禁锢，草室而居，有时断炊，甑中生尘，而穷居自若，言貌勿改；后汉人羊续任南阳太守，常敝衣薄食，乘破车瘦马，府丞送鲜鱼给他，他收下后悬挂于庭，以示拒收礼物；三国时魏人时苗，任寿春县令，乘牛车上任，居官年余，牛生一犊，离任时留犊于寿春，说"我来时本无此犊，犊是此地所生"，后人以"留犊"比喻为官清正、纤介不取。他还赞扬了"鲍叔让金交谊笃，仲翁分金乐宗族"，前者不计较金钱得失、以友谊为重，后者不遗金给子孙的远见卓识。春秋时齐国大夫鲍叔牙，曾与管仲一同做过买卖，分取盈利时管仲多要一些，叔牙却不说他贪得，乐意让他多拿；东汉人仲翁，官至太子太傅，老迈归里时，皇帝和皇太子赐给黄金70斤，归里后尽将所得黄金分给族人故旧，有人劝他将黄金留给子孙，他说："子孙已有田产，教他们勤恳耕作，就足供衣食，若多给他们金银，犹如教子孙怠惰啊。"

崇业后累官至都察院右佥都御史，告老归里时，仍两袖清风，淡泊自若。去世后葬于建水城北白鹤铺其祖坟处。万历皇帝赐给祭葬文，祭葬文碑刻原存永善街。

### （四）一代名臣包见捷

包见捷（？~1621年），字汝钝，号太瀛。明代临安卫（建水）人。父包万化，庠生，因屡次入省乡试不中，便不再赴试，闭门读书。每见奇书必购，购不得亦借来手抄，致家有藏书数千卷。并设家塾一所，教诲子弟读书。在城南马鞍山建五云斋，教儿子包见捷和谭继统静心苦读。见捷幼时聪慧过人，八岁时知府钱邦偶曾试之以七言诗，能应声而出，知府称奇，故有"神童"之誉。万历年间与谭继统（官至贵州副使）同中举人，被赞为"双璧"。后中进士，入翰林院为庶吉士。历任礼科给事中、户科都给事中等职。奸人李本立请采珠广东，见捷上疏言其害，皇帝不听。又上疏罢矿税，弹劾税使马堂、鲁保等的不法行为，皇帝亦不采纳。见捷率诸谏官再次上疏，论临清税使扰民必致生变，又论辽东临危矿

四、历史人物

税为患尤烈。一月三疏,皇帝动怒,贬见捷为贵州布政司都事,其余谏官停俸一年。不久,见捷称病辞官归田。不几年,山东临清果然发生民变,市民揪住税使马堂,轰动全城,继而商民罢市,群起打死马堂的爪牙37人,火烧税署。又过几年,辽东军士反对税使高淮克扣军饷,发生兵变,迫使高淮撤出辽东。他的谏言终归应验了,史称"见捷言如左券"。

见捷回乡后,潜心读书,研究历朝典宪。应都御史云南巡抚陈用宾之聘,纂修《滇志草》22卷。脱稿后,因所载事与巡抚意见不合而未能刊印,今已不传。但后来刘文征所修天启《滇志》,即以《滇志草》为底本,现在有学者从《滇志》中辑录出《缅略》《赋役志》《兵食志》等篇,即是包氏原作。

万历三十四年(1606年)复起为兴业知县,又改任太仆寺少卿。后以都察院右佥都御史巡抚江西。神宗死,光宗即位,按神宗遗诏起建言得罪诸臣,改见捷为吏部左侍郎。见捷辞官未允。天启元年入京都。未几,去世。

据民国《建水县志稿》记载,城东北迎恩寺

为见捷所修,前有"文献名邦"坊。旧有碑刻记述:某次神宗皇帝举某朝典宪询问廷臣,众皆缄口,唯见捷能原原本本敷陈无遗。皇帝欣喜地说:"中原文献尽在卿矣!"赐"文献名邦"匾额,命有司建坊于其故乡。后临安知府金节遵旨建坊于城东北永善街。今牌坊旧址尚存。

病卒,归葬建水城东北白鹤山。熹宗皇帝诏赠工部尚书,赐祭葬。城内原有为包见捷建造的牌坊8座,上刻"名世天卿""同玺近臣""南宫首选""金马黄门"等。雍正《建水州志》称:"少宰公见捷,讲圣道,明经学及子史源流,宵吟夕讽,考订精详。既而历参大政,事业文章,为一代名臣,南邦文献,汲引后学。"

### (五)明代高僧温成禅师

指林寺所以被誉为临安首寺,除了其久远的历史以及美丽的传说,还跟明代高僧温成禅师有关。故讲述建水寺庙绕不开指林寺,讲述指林寺绕不开温成禅师。

温成禅师的身世扑朔迷离。《滇释纪卷》说:"温成,号大机,鲁人也,出家清苦,参禅见性,居临安指林寺,道化昭彰,未悉详其后,百二十岁无疾坐化。"

民间传说,有个老道叫"僧温成",号大机,曾是指林寺、香林寺的住持,活到120岁。他悟心性,参禅理、研仙鹤长寿之道,都是年少时在云龙山修炼的。

《香林寺常住田碑记》记载:国朝永乐年间,渤东僧温成禅师很有名望,被当权者器重,任命为指林寺主持,从此指林寺"宗风拓振",120岁时去世。

《重修指林寺碑记》记载:指林寺住持温成师祖籍山东,自幼出家,住扬州净海寺,后泛游滇中,经地方官绅力荐,为黔国公沐氏赏识,任命为指林寺住持。

以上说法大同小异,异者,温城禅师不是清僧,而是明代高僧,有两点可以证明。其一,《重修指林寺碑记》的作者郭登是明朝锦衣卫勋卫,他于明正统癸亥年(公元1443年)随兵部尚书靖远伯王冀西征麓川(今德宏州一带),率数千人镇守临安,暂住指林寺,受温城禅师之托,写了《重修指林寺碑记》。此碑立于明景泰元年(1450年),此时温成禅师已年逾六十,按其寿辰120岁计算,大约于明正德年间仙化。其二,《香林寺常住田碑记》的作者包见捷是明代进士,他写此碑时温城禅师已仙化多年,写碑文的依据仅仅是温城禅师生前的"自为龛偈"及其弟子的讲述。故可肯定,温城禅师是明代高僧而不是"清僧",明朝人写清朝人,不合历史逻辑。

各种资料显示,温成禅师名气很大,备受地方官绅士庶敬重,所以如此,除了才能,主要基于温城禅师的美德。

他"不戚其所无,不私其所有","凡所赢余即以兴废补弊为事,苟有一毫贪痴留滞于中者能若此哉?"用今天的话说就是他一身正气,创业、敬业、奉献和进取精神都很强,无私寡欲,有作为,敢担当。

《重修指林寺碑记》记载:指林寺自元朝元贞年间(1295—1297年)邑人何昌明始建一殿二塔,绘塑菩萨大士像作为修息之所,取名"指林"以来,年久失修,"复就倾圮",虽然僧纲司都纲德海大师曾"奋志葺之",但"其功未半而殁"。温成禅师继任指林寺住持后,"始谋大之,于是竭精神殚智虑,储财计费,期必底于完美",经

四、历史人物

数年苦心经营,才彻底改变了指林寺"殿宇湫隘,不足以竦人之敬仰"的窘境,使之"焕然一新",形成"正殿两旁复构二小殿,左立经藏法轮,右塑地藏及冥官十人者像,创天王殿,周垣廊庑,无不具备,幡幢杂沓,钟鼓震荡,几若十方大禅刹之风校"。今天我们看到的指林寺高阔而又稀世的覆斗式抬梁大殿、精美的壁画、古老的石碑等等,都是温成禅师当年惨淡经营的成果。之后他又倾其所有,修建与指林寺同居奥区的香林寺,并置田若干亩,收入作为香林寺焚香修斋醮的费用。从此,香林寺蔚起山林,与指林寺遥遥相望,同为菩提道场。如今,虽然香林寺已不复存在,但包见捷所撰《香林寺常住田碑记》还记载着温城禅师的功绩。

郭登说,温成禅师终日粗茶淡饭,清心寡欲,一言一行都类似得道者。温成禅师请郭登为指林寺写碑记时讲,指林寺"始于宋,成于元而兴于今,实为一郡瞻依之所。自是以来曾无片言只字记其始末,惧夫后者远日终必至于泯没。不有钜笔雄文铭诸坚石,其何以示方来。愿不吝余光以照丛林,庸敢布其衷焉"。郭登听其言,观其行,深为感动。他认为佛教是以行善积德即有好报来吸引人的,并以明心见性之说讨人喜欢,因此贤愚皆信,僧徒益增。佛之道,除物欲,求空虚。但有些僧徒却有违佛心,追求富贵,竭尽私欲,甚至强民为奴,不达大富大贵的目的不罢休,佛之初心哪里是这样啊!这些僧徒较之温成禅师,不免低俗。温成禅师每天都率众徒弟拳拳为"圣寿无穷"和"生民长乐"而恭祝祈祷,"此固秉彝好德之良心"。所以,他慨然受托,写了《重修指林寺碑记》,以记指林寺的前因后果和温成禅师的美德善举,以免"邈然与世相忘……欲托之言以垂不朽"。

### (六)"百里甘棠"王立宪

王立宪(1664~1739年),字德之,号象山,清康熙年间建水人。32岁中举人,屡考进士未中。直到51岁才出任广宁(今辽宁省北镇市)县令。

他一到任,就四出体察民情,制定了一些改革弊政的措施。如赋役方面,不准里长甲长苛派勒索;不准以大斗进小斗出收取租谷;借贷不许高利盘剥;禁止有权势的人利用三站役使贫困村民等。穷苦百姓拍手称颂。有个满族豪强占田夺地,把持行市,立宪查明实情,即以法绳之。

## 四、历史人物

广宁一带九个州县遭逢水灾，发生饥馑，奸商趁机高抬物价，哀鸿遍野。广宁有官谷15万担，分贮于39个地窖中，派民轮流看守。地窖潮湿，粮食常常霉变，则又责令民众补偿。王立宪请求开窖借粮给饥民，朝廷不准，只许卖。王立宪一面令以平价卖粮，一面以腾窖建仓为由，冒着风险开窖借粮。附近州县的灾民听说广宁独行仁政，相邀前来告借。衙吏恐隔州隔县的不易收回而不借给。王立宪叹道："不独广宁的人是人，隔州隔县者也是人。借吧，责任我来担待！"于是，不论远近，凡来借贷者，无不欢喜而回，感叹幸遇再生父母。广宁的粮窖腾空见底，好心人为他担忧，恐朝廷追究，他却处之泰然。

天公总算作美，灾荒之后竟获得好收成。府尹催令广宁火速收回所借谷豆，限定10日内完成，将有户部钦差前来盘查。广宁和邻近州县的借粮民众都说："多亏仁君救活了我们，我们绝不能有负于仁君！"多的用牛车装载，少的肩挑背负，纷纷相率前来还粮。不出10日，谷仓俱满，待到钦差前来盘查，殷实甲于各属，受到钦差赞许。

王立宪认为，粮食窖藏是害民的一大弊端。

他当机立断,将那些不合祀典的寺庙改建为粮仓,共得数百间,谷豆分贮,免除了容易霉变之害,并将历年来百姓因霉坏认赔认欠而又无力偿还的那些字据尽数销毁,人心大快。

广宁革窨建仓的事传到内务府,内务府便下令将巨流河以西的数十万石官谷,统统移交给广宁县管理。王立宪认为这样又将使广宁人民陷入苦境,就一再上书内务府,言明已无窨可改,无仓可贮。内务府不允,只得转奏皇上,皇上敕令巴颜盖仓收贮河西之谷,才算了结此事。

王立宪治理广宁的政绩不胫而走,传进朝廷,康熙皇帝特地书写了"百里甘棠"四个大字赏赐他。"百里甘棠",是古人称颂官吏德政的美誉。康熙六十年(1721年),垂老的皇帝亲自召见他,留他在工部任职,但年已63岁的王立宪以年迈体弱为由,致仕归里。建水城旧有"百里甘棠"石坊一座,上有"御赐"二字。著名文人倪蜕撰有《王象山广宁政绩记》,记载其事迹甚详。

### (七)申法御史傅为詝

傅为詝(1700～1770年),字岩溪,生于清康熙三十九年,建水人。25岁中举人,33岁中

## 四、历史人物

进士,历任翰林院检讨、贵州道监察御史、都察院左副都御史等职。多次直谏,累有政声。著有《明儒四家纂》《藏密诗钞》《藏密文钞》等。滇省著名学者袁嘉谷将他的书法与著名书法家钱南园相比,夸他的书法"不让南园"。

傅为詝在家乡建的书斋叫"藏密斋",是清代滇南最大的私人藏书馆。他写有《藏书引》一文,记述了购买图书的经过,教导儿孙爱惜书籍,还总结了保管图书的经验。他说,建水僻处滇南,贩书者只售科举应试所需的书,其它如经书、史书、儒书、子书都没有。出外做官,居京城20年,购得各种书籍2万余卷,两次万里迢迢载归云南,途中的周折自不待言。归家后,朝夕诵读,爱不释手。又怕丧失零落,乃次第编为六类:一经、二史、三理学、四诗文、五杂集、六名帖。书斋题名为"藏密",一来自视为珍奇少得的物品,妥为收藏;二来也是作为赠送给儿孙的礼物。

文中告诫儿孙说:"你们若是不念我二十年搜集之苦心、千万里载归之雅意,不珍惜我录残补缺、点校批注、评定次第的手迹,致使这些书遭受火焚的厄运,或是任其散佚他处,则是最大的不孝。又若你们仅是单纯收藏，终年不去翻阅，使书籍与尘埃虫鼠共蔽于旧箱破箧之中，以致被蛀蚀而不可收拾，也是同样的不孝。"文末还总结了藏书的具体方法。

建水县文物管理所馆藏文物中，有一幅作于清乾隆年间的人物肖像画《来鹤堂图》，经有关专家鉴定为国家三级文物。图上以较大的空间绘出傅为詝在京城的官邸来鹤堂前的一片园林，有绿树、碧草、奇石，将巨大的奇石安排在画幅正中，以显示人物刚强的性格。紧挨在奇石的左前方，主人公斜倚苍劲的古柏坐于石上，面容慈祥，长髯及胸，一手拈髯，一手抚膝。奇石左下方画一丹顶白鹤，面对主人躬身贴首作拜揖状。图上题写了跋文，读来妙趣横生：傅为詝65岁在朝廷任鸿胪寺卿时，一日凌晨五更天，忽有一白鹤降临其官邸门前，随秉烛者穿堂入室，对他戛然长鸣不已，与城阙钟鼓争鸣。四邻震动，鸡犬噤声。后来这只鹤留在家里喂养了八个多月，病死了。鹤死后，他很伤感，妥为埋葬，并写了一篇《瘗鹤铭》，以表哀思。此事传为佳话。

## （八）泰山北斗陈世烈

陈世烈（1707～1789年），字允文，号啸泸，先世为四川巴县人。明末，祖父陈仲举迁居云南建水，遂为建水人。父陈天武于清康熙年间任临元镇标右营游击，赠昭勇将军，娶夏氏，生二子。世烈为次子，生于康熙四十六年。康熙五十三年农民李天极、朱六飞等密谋暴动，未遂，朱六飞潜进深山，被世烈父派兵捕获。经过拷问获得一批同谋者的名单，正要照单搜捕，年仅七岁的陈世烈知道了，吃惊地说：这么多人要遭殃，如果不是乱党虚张声势，就是拷打逼供出来的；即使都参与谋乱，多数也是被蒙蔽的无辜人。他父亲听了这番话，认为有道理，对被牵连者都未予追究。对这件事，人们都称赞陈世烈人小见识高。

8岁父逝，母亲勉励他刻苦求学。25岁中举人。次年进京赶考，未中。当年适逢大挑，世烈名列一等，按例可以被挑选担任知县。曾经当过云贵广西总督的鄂尔泰，这时是内阁大学士，特意把他召到官邸里，劝他不要急于去做官，鼓励他回去继续求学，争取远大前程，并赠给他回乡的路费。四年后世烈果然考中进士，时年30岁。

入翰林院任检讨，后任国子监司业、广西乡试正考官，继升翰林院侍读学士、日讲起居注官，再后担任大理寺少卿、中岳及诸帝陵祭告使等职务，官至内阁学士兼礼部侍郎。

乾隆十五年（1750年），世烈因事受牵连，降二级补用。后因母亲去世，回滇服丧。服丧毕，进京继续任职。此时他已患有痰疾，在祭南岳衡山回到江夏时，病至垂危，数日不省人事。湖北巡抚奏明他的病况，并替他治病。病愈，呈准回乡调理。后来虽然病体有所好转，但每逢夏天仍旧发作，因而不敢再出远门。

云贵总督爱必达聘请他主持昆明五华书院，前后讲学六年之久，育材甚众，对云南的教育事业作出很大贡献。如后来的翰林院编修施应培、布政使周樽、检讨李松龄、知府杨焯和通政司副使钱沣（号南园）等，都是他的学生。在云南教育史上，他是五华书院著名山长之一。嘉庆《临安府志》称：三迤（清代云南曾设迤东、迤西、迤南道，合称三迤）人士对陈世烈皆"仰若山斗"（泰山、北斗的合称，意为世人所钦仰的人）。卒于乾隆五十四年（1789年），高寿八十有四。人称"廋

四、历史人物

马御使"的钱沣为他撰写《内阁学士兼礼部侍郎衔陈啸泸先生墓志铭》,铭文中流露出对恩师人品的高度评价和深切怀念:"呜呼!古所称盛德君子,诚何以过师耶!"

### (九)文官"老将军"杨楷

杨楷(1740~?年),字桂林,又字士标。清代建水县狗街人。历任山东文登、利津等县知县,广东佛山、肇庆等府知府,在外为官30载,73岁告老还乡。留有纪事诗96首,后人将其编为《杨桂林太守历官纪事诗》一册,民国10年(1921年)前后在武汉付梓,建水、个旧一带购者踊跃,供不应求。著名白族文人赵藩阅后,嫌编次凌杂,加以厘定,并作序一篇,由云南新文石印馆重印。其诗虽属旧体,但全用白话写成,读来朗朗上口。五四运动提

再试韶州胡明府以诗寄之因和元韵二首

试院曾经两度临诿误矣士过情欲愧无识见衔文字惟有勤劳尽我心爱惜人才原部意维持风教待知音承君雅意频揪奖不揣迁疎港烟忱

几回吉退几回留宦撤何时是尽头富贵两途无过望由胸陕襟西东西金编钡报语功名二字有何求众勤会值画此时绕苦又出讲趣

君恩宪德如山重士悦民欢到处週愧我为官三十载故乡亲友

难别悉

重修韶州府书院及难感五首

**杨楷诗**

倡写白话诗文,而杨楷的白话诗作于新文化运动之前100多年。民国年间有人读这册诗后,在书中写有批语:"今人喜作白话诗,不知古已有人也!"

纪事诗从杨楷幼时蹉跎写起,先讲他登上仕途的经过。他在省城参加科举考试落榜后,遇到一个叫郑德谦的福建商人,被盗贼抢光钱财。杨楷同情他的遭遇,赠给他旅费,他才得返还故乡。事隔多年,杨楷功不成名不就,只得去广东给一个地方官做幕僚。此时郑德谦已移居广州,并成为富商。两人相遇,喜出望外。郑邀杨至家,畅叙离情,留宿月余,尽情款待,情投意合,竟成莫逆之交。郑说他面相端庄,品貌不凡,将来必有三品四品的官位,劝他出去捐个官做。清代有纳资买官的规定,叫捐官。郑德谦慨然送他白银三千两,催他雇船进京,报捐府经历的官职。因府经历官额满员,便先分发到山东候补。

山东巡抚见他写得一手好字,暂留他在抚台衙门书写奏折。随后,派他到历城担任县丞。后历任文登、利津、章邱和单县知县。在单县清理了十年积案,弥补了前任的七万元亏空,并四出缉捕盗匪,受到巡抚长龄的器重,提拔他担任兖州府同知。

不料,在兖州患了重病,只得告假前往广东就医。痊愈后,正要回归故乡,恰好山东巡抚长龄调任两广总督。长龄念旧情,留他暂在盐务缉私馆任职。答应他如能捕获要犯,就保举他继续任府同知。半年之内,果然拿获多年在逃案犯黄亚基,并捕捉海盗多名。于是得以出任佛山府同知。任内剪除抢劫民财的巨匪何德广,又往长安远道解运军粮,继而率船队出洋捕盗,驶至大金岛遇飓风,16条船被海浪击破12条,壮丁漂没过半,他也船破落水,幸被救起。以后他又多次带领乡兵捕盗缉匪,屡建奇功。新任两广总督那彦成很敬重他,有一次见面就称他"老将军",于是老将军的称号就不胫而走,成为人们对他的尊称。

再后升任惠州府知府,继任雷州、兼州、高州、肇庆、韶州府知府,屡有政声。这时他已年逾七旬,思乡心切,三次辞官而未允。直到嘉庆十八年(1813年)才获准致仕归里。还乡后,耕读教子孙,过着节俭清贫的生活,在《家居写怀》诗中吟道:"告致归来计数年,囊中空乏讨人嫌。明知利是于今重,我纵无钱胜有钱。""问余何事告休归,只为年高力量微。荣禄二千非愿弃,一心要顾锦衣回。"

### (十)慈惠吏儒张履程

张履程(?~?年),字柏轩,建水人。乾隆年间举人,出任陕西大荔、吴堡、华阴等县知县。居官以慈惠为心,有政声,每去任老稚泣送。嘉庆二十二年(1817年),华阴大雨连绵40余日,河流暴涨,田庐淹没,饿殍盈野,履程开仓出麦,做蒸饼,亲自乘筏载往各高地,分发给灾民。邻县灾民也来乞食,衙吏不给,履程说:"都是饥民,不用管是何处人。"因此救活饥民万余。潼关同知以擅开仓廪告发他,等朝廷派人来查验,履程已买补了所出粮食。又督工开挖方山河,根除了水患。去任时,士民争相为其饯别,有的甚至焚香跪送,以致路途堵塞。

还乡时,唯有几箱书籍而已。归里后,主讲崇正书院,教徒先德行而后文章。著述甚丰,有《道学集要》《淑身要编》《滇南志遗》《彩云百咏》《彩云续咏》《四库全书简明目录序》等。其《彩云百咏》,取滇志中汉代至清中叶的滇人滇事,包括乡贤、宦迹、忠烈、孝义、文学、隐逸、烈女等,

四、历史人物

用长短句作成乐府诗歌。诗以三字为题,有一题记一人事,也有一题记数人事的,如"四文学"(记盛览、张叔、许叔、尹珍四人)、"两太首"(记吕凯、李恢二人)、"媿子仪"(记杨一清一人)。题下先记其事迹,后咏以诗,共得百首。后来,又将外籍的名宦、忠烈、流寓等,诸如诸葛亮、赛典赤、沐英、杨慎、邓子龙等,续咏以诗,而成《彩云续咏》。嘉庆年间两书均有省城会文堂刻本传世。民国年间收入《云南丛书》。书前附有一些文人学士读后题记,如武进陆耀桔赞其诗:"前追元次山、白香山,后接李西涯、尤西堂,诗以人传,人以诗传,并堪。"民国《新纂云南通志》谓:此二书"使人读之可歌可泣,有裨于世道人心者,良非浅鲜。"所咏史事,可补志乘之缺,为云南方志界所推重。

有保山人袁文典、袁文揆二兄弟,积十余年之艰辛,收集滇人诗歌,集得《滇南诗略》数卷,为滇诗的流传作出很大贡献。但他们尚觉所选欠详尽,遗漏甚多,嘱张履程继续搜罗选编。履程经过数年努力,合袁氏二兄弟前选,共得明诗188首,编为2卷;清诗696首,编为6卷。书名《滇南诗选》,自作序言,并付刊印。

《新纂云南通志》有他的传略,称其"可谓出为名吏、处为名儒者矣。""出为名吏、处为名儒"八个字,是他的人品的最好、最本真的写照。

### (十一)滇中名士曾彬

建水地区至今仍流传着曾解元机敏善对,借对对子为民请命、仗义执言的故事。这位清朝咸丰年间省试名列第一的解元公曾彬,为文敏捷,锦心绣口,诗书画称"三绝",被誉为滇中名士。

曾彬于清朝道光年间出生在一个书香门第,自幼天资颖迈、明敏好学。十三岁那年,曾彬参加了考秀才的童子试,成绩优异,成为生员。十六岁那年,曾彬参加乡试预考,成绩居首。咸丰五年(1855年),二十岁的曾彬到省城参加乡试,从云南众多学子中脱颖而出,夺得头名。第二年,曾彬到北京参加会试,未能考中进士。曾彬回乡不久,云南就发生了延续十多年的战乱,全滇沸腾,道路阻塞。曾彬因此无法再到北京参加会试,滞留家乡与官绅一道运筹帷幄,帮助办理地方军务。偶有空闲,或手不释卷、勤学苦研,或与友人饮酒赋诗对对子。曾彬所作的诗词、题跋、楹联等,

## 四、历史人物

书稿大多在兵乱之中散失了,遗留下来的收集在《香南馆诗集》《环翠山房诗稿》等诗集中。

有一年,建水地区遭遇大旱,地方官绅乡士、和尚、道师选定了日子,组织浩浩荡荡的"童子大军"到黑龙潭、黄龙寺求雨,并请曾彬写一副对联贴在城隍庙大门口以壮声势。曾彬恨贪官污吏可恶,也不推辞,提笔写下了"一堂赃官污吏吃尽风云雪雨,几个和尚道士求出日月星辰"的对子。对子一经贴出,便引来了无数百姓围观,纷纷咒骂声讨赃官污吏,官绅吃了哑巴亏又不能发作,求雨的闹剧只好草草收场了。

又有一个姓陈的老头,因独生女被衙役奸污后投水自杀,含冤到县衙门告状,却遭到守门官的勒索而无法递进状子。曾彬知道了,便亲自带陈老头进府衙鸣冤告状,守门官拗不过,就出一上联刁难曾彬:"吏户礼兵刑工堂堂老典",曾彬立即回敬道:"牛马羊猪犬鸡圈圈畜牲"。羞愧难当的守门官不敢得罪曾彬,只好乖乖让路。

战乱平息后,曾彬与同学黄汝祥绕道四川进京赶考,不幸病逝于叙州府,年仅三十一岁。

曾彬英年早逝,令人痛惜。邑人马肇成在《曾小林香南馆诗集》中开篇即慨叹:"谓造物忌才,先生何以生?谓造物爱才,先生何以死?"曾彬的诗是"清新俊逸、至性至情"的天籁之音,书法的妙处在今天的珂里楼还可以欣赏到,至于画则恐已难得见到。对于这样的奇才,马肇成叹息"惜天不假年,三十一岁即归道山,何寿之不永也!……余生也晚,前不见古人,读《香南馆诗集》而慕其才,虽不能至,而心向往之。略述数言,作高山仰止云尔"。前人心意如斯,今天我们又何尝不是如此!

### (十二)乐善好施席永春

席永春(? ~ ? 年),字茂之,约生于清道光年间(1821—1850年),建水县西湖村人。父席佐,忠实厚道,凡修桥补路事均乐于捐资助成。永春幼时就读于私塾,当塾师讲《论语》至"君子周急不继富"一句时,颇有感悟,慨然顿足说道:"今天我知用财之道了!"

青年时,家境贫穷,便弃学经商。由于诚实待人,童叟无欺,加之精打细算,善于经营管理,不几年渐至小康。随着经营不断扩大,便欲谋求向外发展,将奉养双亲的事托付其弟,自己远去

四、历史人物

四川经商,备尝艰辛,终于站稳脚跟,设立起分号。

事业有了很大起色,便与弥勒十八寨(今虹溪)王炽合伙创立"同庆丰""天顺祥"汇号,先后在云南、四川、贵州、武汉、南京、上海广设商号,以后更增设至江西、广东等地。"不数年富至巨万,大江南北咸知有建水席公焉!"(王宪斌《乐善好施坊记》)此后,营业愈扩展,用财愈慷慨,凡亲戚朋友或老弱孤苦、患病者、伤残人等,多所馈赠,或给予救济,一年之中,无以数计。对于家乡公益事业的赞助,更是不胜枚举。如给社仓捐赠积谷;在西湖村兴办义学;捐赠银两助修"文献名邦"坊;还购买了一部《古今图书集成》,惠赠家乡藏书楼。这部书是我国现存规模最大、体例最完善的类书,共有一万卷,6190部,不失为内容宏富的古代百科全书,因而更受人们啧啧称赞。现在这部书藏于县图书馆。

光绪年间(1875—1908年),江浙一带发生大水灾,人民多流离失所,饿殍遍野,永春当时正在上海,目睹惨景,毅然捐巨款赈济,保全了很多灾民。巡抚唐鄂生上奏朝廷,席永春获赠"中议大夫"的褒奖,并赐给"乐善好施"匾额,准其在家乡建立牌坊。但是他终年在外乡,一直未能回乡。永春逝世于上海,灵柩归葬云南省城。而过继的儿子席之翰,被委到桂林为官,未能立坊。之翰在桂林病逝后,其妇求告于建水地方官绅,终在东城外大水塘建成"乐善好施"坊。

### (十三)妙笔知府王垂书

王垂书,字柄文,号著臣,生于清同治三年(1864年)。1897年他与建水著名乡绅朱渭卿同时参加全省乡试,被同科录取。第二年再进京参加会试,亦以优秀成绩被录取,随即到贵州任职。

当时的贵州一带,兵荒马乱,灾民遍野,土匪横行,黑帮欺压百姓,刚刚上任的王垂书面临诸多考验。王垂书一边废寝忘食清理如山的积案,一边开仓赈粮、接济灾民,很快便赢得了当地百姓的爱戴。在调任威宁县期间,一名当地土司为笼络王垂书,不惜以重金行贿,遭到王垂书的严词拒绝;当地黑帮"哥老会"四处扰民,无所不为,王垂书无所畏惧,给予了毫不留情的打击,最终消灭了"哥老会",一时民心大快。

王垂书先后在印江、威宁、贵阳、仁怀等地任职。他每到一地,均以百姓生命安危为己任,

四、历史人物

抚慰冤民,兴修水利,惩恶扬善,清理政治恶弊,社会秩序得到极大稳定,受到了朝廷的表彰。在贵州更是政声显著,当地百姓感念他的功德,赠给他"惠政"之匾,并立"去思碑"以表示对他的怀念。

辛亥年(1911年)初夏,已在贵州任职10余年的王垂书奉母亲之命,辞官回家。就在这年十月,由孙中山先生领导的湖北革命党人发动了武昌起义,这给具有反帝爱国传统的云南人民带来了极大的鼓舞。武昌起义成功后昆明即爆发了著名的"重九起义"。"重九起义"的战火尚未完全熄灭,"临安"起义又紧随其后爆发。建水乡绅朱渭卿等人积极响应,清军被打得丢盔弃甲,起义军很快光复了临安城,清军滇南总兵兼临安知府吴昌祀见大势已去,落荒溃逃。王垂书随即被推举为临安

王垂书草书中堂

知府兼建水县事,担当起了建水政务大任,第二年又调任文山,以致"治范远彰,贤声迭播"。

之后,王垂书又任临安富滇银行经理、参议会议长等职。怀着一颗仁慈之心及爱乡之念,王垂书积极为建水政事建言献策,倡导发展实业,巩固城防,减轻地方重苛。生平行事则"事亲则孝,交友则信,持身则谨,临事则知,牧民则仁,见义则勇",有着旷达的胸怀,深受地方士庶景仰。

辛亥革命后不久,云南爆发了以反对袁世凯称帝捍卫民国的轰轰烈烈的护国运动。王垂书在运动结束后谢绝了云南都督唐继尧的委任,并于1926年辞去了各种职务,隐居于昆明湖畔,潜心于书法研究。

10余年的潜心研究,成就了王垂书深厚的书法修养。他的书法字体上兼容各家,楷、隶、行、草各体皆通。其草书更是飘逸秀美,变化无穷。也许是大自然所赋予的神韵,也许是情感的由衷抒发,让人在欣赏之余,获得无尽的美感;而其晚年的蝇头小楷,精细工整,俊秀雅致,更是人们争相收藏的精品。

说起书法艺术,最让建水人津津乐道的,莫

四、历史人物

过于朝阳楼上的"飞霞流云"四字狂草。其形体洒脱奔放,行如流水,传为唐代草圣张旭所书,作于开元九年(721年)。至于为什么会悬于朝阳楼上,则与王垂书有关。

光绪二十五年(1899年),王垂书由贵州威宁返乡。路经曲靖时,无意中看到了刻于曲靖城上的"飞霞流云"四字。相传这四字是清代嘉庆进士、著名书法家广东人宋湘任曲靖知府时,由外省拓印来的。狂放的字体,非凡的神韵,深深吸引了王垂书的目光。他当即在随从的帮助下,顾不上旅途劳累,亲自将它拓印下来。回到建水后,王垂书请建水制匾名家刘凤将其刻制在了四块方形木匾上。光绪辛丑年(1901年),他亲自率领建水乡绅士官,将四块匾悬挂于朝阳楼西面顶檐之下。直到现在,"飞霞流云"仍是建水著名的人文景观之一。

今天,建水部分老房子中仍存有王垂书书法遗迹。如清光绪二十三年(1897年)书写的建水诸葛庙白衣楼西侧的石碑,还有王知府自家大门木刻联"北国恩光荣两晋,南都春色映三槐",建水城内东林寺街曾家大院前厅屏门联"拔贡三贤,沂水春风狂老志""薪传一贯,尼山时雨圣人施"等,均是他楷、行草的代表之作。而保存王垂书书法作品最多的,当数建水茭瓜塘住户李三银匠家,其收藏的作品隶、楷、行、草俱全,可谓琳琅满目。随着时间的推移,这些作品越加显示出其珍贵的价值。

## (十四)紫陶双先:张好、潘金怀

说到建水紫陶的制陶历史,有两个人是不能不说的:张好、潘金怀。

建水制陶的历史非常古远,但直到明代,也还是粗陶制品。清代,建水陶制品多是些日常生活器皿,粗笨朴实。到了道光年间(1821—1850年),帝国主义入侵中国,鸦片也随之进入中国,吸食鸦片的人逐渐多起来。根据需要,建水窑匠烧制出专门吸食鸦片用的陶烟斗。起初的烟斗只是些粗陶制品,仅只作为一种实用工具而存在。由于吸鸦片的多是殷实人家,对这种日日看在眼里端在嘴边的物件渐渐提出了更高的要求。于是,根据顾客的需要,又出现了细白陶的烟斗。建水城郊碗窑村人,几乎家家烧制烟斗,竞争十分激烈,谁家能推陈出新,谁家竞争能力就强,生意

四、历史人物

就好。

当时碗窑村有个叫潘金怀的窑工,正日日为自家生意发愁,做梦都想着怎样烧出一只不同寻常的烟斗。一天,他在制作白陶烟斗时,由于思想不集中,无意中弄上去一小块红色黏土,烧制成后,竟发现上面的那块红色非常漂亮,别具一格。他灵机一动,为什么不能烧成红色烟斗呢?受此启发,他将碗窑村特有的红、白、黄、青、紫五色黏土混合,泡水搅浆过滤成紫红色陶泥,在车盘上制坯后,烧制成了紫红色烟斗。这就是建水的第一代紫陶产品,是建水制陶史上一次具有里程碑性质的创新。这些红色烟斗一出窑,让见惯了白色烟斗的人耳目一新,争相购买。一时间,碗窑村家家户户都烧制这种红色的烟斗。从此建水制陶业进入了紫陶时代。

一向喜欢琢磨的潘金怀为了继续保持自家产品的强劲竞争力,又思虑着如何让红色烟斗更上一层楼。他发现,紫红色烟斗在颜色上比白陶烟斗漂亮,但手感不太好,摸上去有些粗糙,且暗哑无光。他试着用几种方法进行打磨刨光,但效果都不理想。最后用一种很硬的白色鹅卵石进行打磨，磨出的烟斗手感细腻，闪烁出自然的光泽，比先前的产品雅致精美许多。这一磨，又磨出了一道建水紫陶与其他陶种不一样的工艺——无釉磨光，这也是建水紫陶迥异于其他陶瓷之处。

别小看这小小的烟斗，它几乎成了当时男人们身份地位的象征，如同人们随身佩戴的饰品，其外形、质地、工艺等都很有讲究。红色的烟斗比之前虽有很大进步，但通体紫红，未免单调了些。为提高其身价，潘金怀又考虑作一些修饰。他根据人们的不同喜好，在陶坯上画上花卉翎毛、山水人物，书写名人诗句，照迹雕刻后，填以白色或黑色等不同颜色的陶泥烧制，成品更加精致典雅，装饰性和观赏性都大为提高，越来越受人欢迎。

说到对紫陶产品的修饰，又不能不提到一个叫张好的窑工。张好也是碗窑村人，生于清同治八年（1869年），大概比潘金怀小一些，从小玩泥巴长大，耳濡目染，是车盘上的一把好手。早期主要从事粗陶生产，善于制作各种造型的陶器，对建盖庙宇的琉璃瓦、葫芦、龙头、龙尾、鸟兽头等装饰陶尤其拿手，产品灵动自然，栩栩如生。由于具备了深厚的陶艺功底，紫陶产品出现后，

四、历史人物

他潜心研究对紫陶的进一步美化,以提高其档次。建水虽处边地,但汉文化较发达,人们的心理普遍对书法字画这些传统的中国文化比较推崇。又由于有能力吸食鸦片的多是些家境较好的、有一定文化的人,对烟斗在文化品位上的要求自是不一般。张好是个有心人,经过认真思考和细心观察,基本掌握了人们的心理,请建水书画名家对烟斗进行装饰。受烟斗形状和大小的制约,不可能在方寸之地展现太多的内容,于是截取字画的一小部分,如断简残篇一般,雕填于烟斗陶坯上烧制。这又是建水紫陶装饰上的一大创新——断简残贴。正是由于它的断、它的残,反而显出一种残缺美,真可谓是匠心独运,别具一格,让人从中品味出非同一般的深远意蕴。

当时的烟斗,以"八家斗"最有声誉,"八家斗"就是取泥制坯、写字绘画、刊刻雕填、烧造磨光等制作烟斗的八道工序,分别由八家陶户来完成。由于是手工制作,几乎找不出两个完全相同的烟斗,不同造型、不同残贴、不同图案,以其特有的韵味传递出制作者的气息,引人遐想,摄人心神,成为一种芳馨古朴的收藏品,很受上层人士的珍重,把它作为馈赠亲友的礼品而流传外地,受到人们的青睐。

作为紫陶的创始人,潘金怀和张好开创了建水陶器制作的一个新时代,是应该、也值得让我们记住的。

## (十五)"断简残篇"王永清

美誉远扬的建水紫陶,散发着古雅名贵的气息,这股浓浓的文化气息得益于陶器上清新淡雅的诗书绘画装饰,尤其是"断简残篇"的装饰风格,在全国独具一格。使建水紫陶"断简残篇"装饰进一步发展的便是建水光绪年间(1875—1908年)的著名书法家王永清。

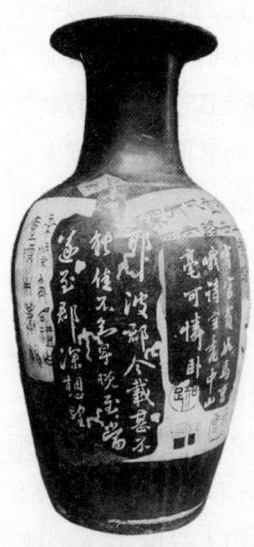

王永清"残帖"装饰黑陶花瓶

王永清,字定一,号老农,幼时聪慧,尤其对断书识字有着天生的潜质,在同龄人中书法别具一格,得到了长辈们的称赞。参加科举考试后,被选为贡

四、历史人物

生。自此后,王永清就将更多的精力和时间花在了书法上,勤练不辍,并对书法变化无穷的章法展开了钻研,形成了自己的风骨。才情兼备的王永清,书艺日渐精湛,求书者络绎不绝,成了建水知名书法家。他悉心将书法展现在纸面的同时,还通过刊刻将书法艺术展示在各类实体上,让原本普通的物品变成了熠熠生辉的珍品。他流传至今的绫本楷书横批、隶书册页,写得雅趣迭出,格调高古。其刊刻作品流传至今,篇幅较长的是刻于石缸上的《白玉蟾涌翠亭记》,笔法古朴厚重,凝练秀润,得汉隶之神采。

王永清在刊刻方面做出的最大贡献,就是紫陶器上"断简残篇"的发展。光绪年间,外国侵略者大肆向中国倾销鸦片,一时间吸食鸦片的工具生产随之兴起,建水也因大量生产烟斗而促进了紫陶生产工艺的兴盛。文人墨客将自己满腔的情怀抒发于紫陶器上,或绘画或题诗;工匠们也因题上文人诗画的紫陶价值更高、更畅销,特地聘请有名的文人在陶胚上作画、题字。碗窑村的紫陶技师张好制作好紫泥陶器后,王永清便在胚胎上刊刻书法,并不断创新紫陶装饰艺术。王永清将一页页纸张残缺的诗页刊刻在紫陶器上，或成重叠或成翻卷，动态地呈现在光洁、古雅的紫陶器上，使建水紫陶形成了清新淡雅的文人风格。此后，王永清将毕生的精力都沉潜在镌石制陶上，其自创的"断简残篇"装饰，不管是用篆、隶，还是用楷书撰摹，都美观逼真，刊刻技艺达到了出神入化的境地。他所创造的装饰风格，吸引了建水众多制陶人自觉向他靠拢。建水有名的制陶艺人向逢春便是跟随王永清专门学习紫陶装饰，将王永清"断简残篇"的装饰风格继承下来，并在传承中使其愈加完善，紫陶制作技艺和作书绘画由此珠联璧合，建水紫陶一时身价百倍，并走出了国门。

"断简残篇"不但是王永清的独创，也是建水的独创，建水紫陶因浸染文化气息变得更有灵气，它不仅是生活的日用品，更是文化的一部分。

### （十六）农民起义英雄马敏功

马敏功（？~1872年），回族，建水县曲江馆驿村人，生于清道光年间。青年时曾与村中亲族组建马帮，往广西百色等地经商。为保护马帮安全，便自备武器，常邀约百余人赶二三百匹马

四、历史人物

同行。敏功聪明机灵,武艺超群,成为商队领头人。马敏功更努力习武练功,考中武举。次年春进省城,准备赴京考武进士。

这时,在太平天国革命影响下,云南境内形成滇西以大理杜文秀为首领、滇南以建水回龙马德新、马如龙为首领的两个回民起义中心。但是,滇南的马如龙等"只图报仇",不敢反清,于同治元年(1862年)受清廷招安,反成为朝廷"以夷制夷"镇压各地回民的工具。而马敏功提出"联汉联夷,消灭满清,建立中华"的正确口号,高举反清义旗,在馆驿筑城布防,同时联络曲江、东山坝和相邻的宁州(今华宁县)、婆兮(今盘溪)一带五山八十余寨的汉、彝等族人民,组织武装起义,并在馆驿高筑城,深挖洞,储粮米,造火药,制地雷,共同抗清。马敏功被推举为统帅,金亮采为副统帅。

他们坚持斗争10余年,使馆驿和大理同时成为云南各族人民反清起义的两个中心。直到同治十年(1871年),云南巡抚岑毓英采取各个击破的办法,集中清兵万余人,先攻馆驿,再破大理。首先分化回、汉、彝族的团结,声言专剿回人,不问汉彝。在重兵压境之下,五山八十余寨人民被迫放下刀枪,但仍暗中援助馆驿。清军在馆驿城外筑炮台,发射开花炮弹,摧毁房屋无数。义军和群众挖洞穴居,并因此凿成蚁穴蜂窝般的地道,上开天窗,密布枪炮眼,与敌军殊死决战。之后在中法战争中,滇军以地道战闻名,并获得胜利,就是在这场持久战斗中学到的对方的战法。义军将清军射来未曾爆炸的炮弹,铸成两尊铁炮和实心炮弹,还击清军。并在每个堡垒附近都埋有不少地雷,清军每夺取一个堡垒,都要被炸死许多人,以至清军不敢再去强行攻占堡垒,改用挖地道埋火药的办法,逐段炸毁城墙。而义军侦得清军挖掘的隧道50多处,一一加以破毁。敏功率领孤军困守危城,浴血苦斗达14个月之久。

义军弹尽粮绝之际,岑毓英派人劝降,提出只要献出敏功一人,即可罢兵停战。敏功慷慨激昂地说:"为了免除男女老幼的痛苦,我甘愿一人去死!"于是,他口嚼槟榔,前往通海去见岑毓英。岑毓英翘起大拇指说:"马敏功,你真是一条好英雄。"随即对敏功施以滚钉板酷刑。纳善、

四、历史人物

马国政等数十人甘愿同往赴义,皆不屈而死。

## (十七)近代滇省实业家蒋楦

蒋楦(？~1919年),字范卿,建水县曲江龙街人,约生于清光绪初年。幼读书习文,成年后逢停止科举考试,改而从商。游历上海等地,接触到西方传来的一些科学技术,感到十分新奇,便热心学习,立志回乡创办实业。光绪三十年(1904年),在昆明翠湖内开设"水月轩"照相馆。在此之前云南也有个别流动的和露天的照相业,但都没有铺面,水月轩可说是全省首家正式照相馆。同时还出售照相机、映相药料、留声机、测量绘图仪器、学生用品等物,一时声名大噪。

民国初年,蒋楦由上海聘请美术师将小照片用炭精绘成大幅人像,刊登广告称:此种绘像"皆精神毕肖,须眉如生,较之摄影法有过之而无不及,以故京、沪、直省风行一时,真中国创见之美术也。"民国3年(1914年),蒋楦宣告:"今由沪上又办到新发明一种电光机器,专以夜间拍照外,能用电光放大",并"特聘上海修相专家,加工改良修理"。同时,更"添设镶牙一科,系留学欧美牙科医士,先治牙齿之病毒,后方镶补其缺憾",

"精工绝伦,稳健异常,不惟边地操觚家无此艺术,即沪、港各商埠亦望而却步,洵绝技也!"如此说来,当时蒋楦附设的镶牙所,也是滇省绝无仅有第一家。

蒋楦还开创了全省第一家营业性电影院。光绪三十二年(1906年)他在《滇南钞报》上刊登启事称:"本轩现放之奇巧活动电影,今又由西洋添办更奇数十场,其中火车、轮船、人物、鸟兽,生动活泼。又有日俄战景,枪炮轰击,烟雾腾天,恍如身入战场,令人惊心动魄。"可见他放映电影的时间应该更早。这比被认为全国第一家电影院的上海虹口大戏院还早开业一年。这时的电影用手摇木架单机放映无声影片,以煤石灯为光源,放映场地就在水月轩客厅里。

宣统二年(1910年),蒋楦在昆明办起第一家股份制戏园——云华茶园,他任协理,主持茶园业务。除上演滇剧、川剧外,亲自从京沪聘请京剧演员来昆献艺,之前昆明人只能从留声机里听到京剧。还远道请来艺人上演大鼓和"奇巧戏法"(魔术),使昆明人眼界大开,耳目一新。

辛亥革命后,云南都督府实业司接管了清朝

四、历史人物

的劝工局,改为模范工艺厂,委派蒋楦任总理(经理)。利用原有的简陋设备,恢复生产,发展地方实业。当时积压了很多滞销产品,蒋楦采用在上海看到的发行彩票办法,很快推销完陈年积货,发展了生产。

民国2年(1913年),蒋楦出任官商合办的滇济轮船公司总经理,购回小火轮一艘,并聘得机械师和驾驶员,滇池上的第一艘轮船正式开航。航行路线是大观楼至西山,以后开至昆阳,每日往返一次。

由于蒋楦常常来往于昆明和上海间,次年在上海四马路开设坐庄商号"停云馆",后层有楼房,寝室数十间,供食宿,并设阅报室、会客室,古玩名画陈列其间,自称"开市以来,中外伟人、南北志士、行商坐贾咸称便宜"。

然而,好景不长,蒋楦被人告发在模范工厂任内"挪亏公款甚巨",官府追缴,家业逐渐零落,继而又告发他"回曲江勾结匪类自为首领",并伪造假钞,因而被捉拿归案,未经审讯即遭枪决,当时公众认为这是某当权者巧取豪夺其所获稀世珍宝炮制的一桩大冤案。

## （十八）宦海沉浮朱朝瑛

朱朝瑛（1869～1929年），字渭卿。光绪二十三年（1897年）乡试副榜，授广东补用道。光绪二十九年（1903年）滇南爆发周云祥"反清仇洋"起义，朱朝瑛因资助起义以"通匪"罪名被通缉，出逃至日本学习矿业。回国后到广西开采锡矿。继而投靠安徽巡抚、云南人朱家宝任幕僚。宣统二年（1910年）回建水，为广东军阀、原云南临安府哈尼族土司龙济光招募民团三营。次年辛亥革命爆发，利用民团的力量，联合新军第七十五标（团）教练官、同盟会员赵复祥等革命党人，在建水举义响应，令人开城迎接新军起义队伍，围攻标本部和府署，占领临安城。成立南防军政府，被推为都统。派遣义军在大破丫口击败清军的进攻，通电临安府各属并元江、开化（今文山州）等府，劝谕反正，并派出小分队至邻近州县剿匪安民，滇南遂告光复。云南

**朱朝瑛戎装像**

四、历史人物

省军政府委朱朝瑛为临元镇总兵,授三等嘉禾勋章、陆军中将,并任国民党迤南支部部长,被选为中华民国首届众议院议员。后众议院和国民党均被袁世凯解散,国民党议员被逐。朱朝瑛至广东任江门河补。

护国战争期间,朱朝瑛追随广东军阀龙济光、龙觐光兄弟,拥护袁世凯称帝。龙觐光以粤军一部扩充为两个旅,由广西百色分道进袭滇南,包抄云南首义护国军的后方,并以朱朝瑛为第三路军司令,率军一部为后援。第三路军进至百色附近的黄南田被护国军杨杰支队击败,朱朝瑛只身逃回广东。其余两个旅进至云南先后被护国军消灭。事后朱朝瑛家产被抄没。以后朱朝瑛又担任陆军部咨议等职。1922年回滇,滇督唐继尧与其尽释前嫌,发还其家产,委其任第五军参谋长。1927年因事入狱,后以病保释出狱,不久忧愤而逝。

### (十九)矢志工商为故土的徐仲铭

徐仲铭(1874~1932年),原名又新,建水城马市街人。生于清同治十三年(1874年),卒于民国21年(1932年)。幼年丧父。入私塾读书，学习勤苦。学成受聘为马坊村塾师，授徒有方。余暇研习书画，大有长进。26岁弃教从商，到蒙自与友人合资创办"大吉昌"商号，众股东推举他为香港分号经理，采办香港、上海的新奇货物运回滇南销售，获利颇丰。1903年与同乡丁荫堂等结伴，押货由越南河内沿红河水运回滇，至河口境之水田，与保商营管带（营长）发生争执，夺枪将其击毙，被收监关押。在解往昆明途中逃逸，化名乞讨至四川峨眉山为僧。再至成都白塔寺，研习佛学，画扇赠僧。市人见其画艺精湛，纷来求画，得笔资银百余两。遂得以远渡日本学习火柴制造和药品配制。加入孙中山组织的同盟会，从事反清救国活动，寄递秘密信件至滇中，互通信息，中山先生视为知己。

徐仲铭在日本与友人创立"恩义成"火柴公司，运回国内，销路甚好。但后来国内抵制日货，因而停业。随即创立"丹成医药公司"，研制出千金丹、醒狮丹、健胃粉等药品，驰名中外。时逢辛亥革命成功，云南省当政者电邀其回国，襄办企业。他于是回滇，对创办富滇银行及个碧临屏铁路公司做出了贡献。

四、历史人物

以后，得友人助以资金，前往上海接办神州医药房，继续研制药品和化妆品。不久，因资金周转不灵停办。继而与友人在香港创办富隆云锡公司，他出任上海分公司经理，运锡至沪销售。1927年欧亚锡价大跌，公司因而停业。此后，仲铭在上海静养，不再从商。

1932年秋，仲铭肺病胃炎俱发，日益加重，自知不久于人世，乃从遗产中拿出6000两白银，赞助家乡发展文化事业。同年9月病逝，终年58岁。其生前友好按其遗愿委托家乡知友邱梦崧创办一所图书馆。馆址几经选择，定在诸葛庙和白衣楼。这白衣楼原为白衣菩萨殿，有楼三层，高四丈有余（14米），三重檐歇山顶，规制宏敞，琉璃黄瓦，四面开窗，气象峥嵘，但因年深日久，多所破损。经一年零十个月兴工修葺，焕然一新，于1939年落成开馆。楼间有付对联云：

"一楼何奇？图左陈，史右列，纵横九万里，雅可罗胸，愿教观者盈门，多识将如管子仲；诸君试看，书并蓄，报兼收，上下五千年，宛然在目，莫慢束之高阁，日新当效汤盘铭。"（上下联末字嵌'仲铭'二字）

馆内藏书已达10万余册，重要的有《四库全书》珍本、《丛书集成》初编、《万有文库》1～2集、《滇文丛录》等，此外还有各种小丛书、学生读物等等。

抗日战争期间，日本飞机在馆外投下炸弹一枚，窗上玻璃震碎，幸未殃及图书。后来，军队驻扎馆内，几经搬迁，书籍多有丢失。中华人民共和国成立后，图书移交县文化馆，现由县图书馆收藏。

### （二十）书画名家沈河清

沈河清（1887—1936年），字曙秋，号恒斋，建水西庄高营人。17岁应府考为秀才，19岁考入临安师范传习所，21岁就读于云南省立政法学堂。毕业后任云南省咨议局秘书。1910年入京，进筹边大学学习。民国元年（1912年），回云南任富滇银行内务管理。次年被选为众议院议员，赴京任宪法起草委员。又一年任国务院咨议官。后返滇任富滇银行个旧分行经理。1916年复入京任议员职。次年孙中山在广州函聘他任大元帅府顾问，因事回滇，未到职。1920年在个旧任个碧临屏铁路银行总经理，后任靖国军总司令部财政顾

四、历史人物

问、云南省政府顾问、个碧临屏铁路公司协理、总理等职。病逝后,归葬建水西湖,年仅49岁。

沈河清自幼喜习国画、书法,入京后广交艺友,纵览古迹名画,书画技艺大进,乐此不疲,终其一生。书法初学苏东坡、黄庭坚,并汉魏碑帖,肆意临摹,沉着浑古,博采众长,自成一格。今留有"泸江烟柳"四字及个旧"宝华门"匾额,字体苍劲古茂,气势浑宏,有东坡笔意,为众人所称道。又好镌刻印章,有《恒斋印谱》数册。他兼擅山水、墨竹、花鸟、鱼龙画,墨竹学郑板桥亦常以郑诗题画,力作几可乱真,劲拔飞动又自有灵机。其书画、篆刻,生前即为艺林推重。所作《滇越铁路人字桥》《西山纪游图》及大幅鲤鱼等作品,技艺精湛。他的艺术业迹,曾列入民国《续云南通志长编·人物》内,其书画篆刻上的造诣,在当时可称得上是滇中冠冕。

《西山纪游图》遗作,长7米余。画面上昆明西山华亭寺、太华寺、三清阁、龙门等景物,历历在目,滇池浩渺,碧波荡漾,气势磅礴,堪称佳构。画面上缀满了清末民初云南名家周钟岳、由云龙、袁嘉谷、陈荣昌、顾仰山等人所书的题跋和诗文。整幅画卷,不论从章法布局、意境内涵、行态仪表,还是韵味神采、气势力感、风度格调,都已达到上乘境地。

## (二十一)陶艺大师向逢春

清末民初,建水紫陶书画界流行这么一种说法:"城内三王,不如碗窑一向。""三王"即王永清、王受之、王式稷,"碗窑一向"则是指后来居上、青出于蓝、建水紫陶书画集大成者向逢春。向逢春为罕见的全才,集烧制、绘画、书法、雕刻于一身,将建水紫陶书画艺术提升到至今无人超越的新高度。

向逢春(1895~1964年),建水县碗窑村人,自幼聪颖,11岁读旧学,13岁开始随父亲向汝生制作粗陶器皿,14岁学做紫陶。他刻苦钻研,敢于创新,在汽锅、花瓶、茶具、文具等在造型上作革新,邀请县城喜爱书画的绅士名人萧茂园、王勉旃、李月桥等在坯体上装饰书画。为了更好地掌握绘画、书法技巧,向逢春购置前人字帖、名家书画,日夜刻苦临摹,书画技艺有了较深造诣。在紫陶制作中,他将诗文、书画装饰于汽锅、烟斗、花瓶、茶具、文具等器型上,在无釉半成品上进行书画雕镂，然后填入红、白、黄、蓝各色粘土，制成残帖断简作品，古朴典雅，更胜一筹。他的产品，刻画雕填很注意书画家的运笔气势，刀法刚劲，抑扬顿挫，很是优美，诗情画意，耐人寻味。尤其是长期精心研究改进了汽锅的制作工艺，使紫陶汽锅成为驰名中外的烹饪器具。他设计制作的各类茶具、酒具、花瓶、花盆、笔筒、水盂等，丰富了建水紫陶品种。

1954年向逢春残帖《菊石图》双耳兽头博古瓶

1954年12月，向逢春出席北京全国民间工艺美术展览会，所制汽锅、花瓶、直口瓶、美女瓶、文具等80余件产品，送京展览，受到专家和观众的赞誉。1955年，向逢春任云南省首届政协委员。1956年加入陶器生产合作社，社里设美术陶生产小组，与何本金、徐家元等人积极发展紫陶工艺品。当年8月和年底，两次选送产品至中央手工业合作总社参加出国展览。同年12月任建水县手工业联合社主任,并被选为建水县人民代表。1957年7月出席北京全国工艺美术艺人代表会,因产品参加出国展览获得纪念章和奖金,受到朱德委员长的亲切接见。10月,任建水县工交局副局长。12月,建水紫陶参加中央文化部在北京举行的全国民间工艺品展览,与江苏宜兴陶、广东石湾陶等并列为全国名陶。1958年被错划为右派(1979年4月平反,恢复政治名誉)。1959年2月在家养病。1964年6月病故,享年69岁。

向逢春的紫陶产品,以造型优美、书画精湛、磨光工艺精细而被誉为"向氏三绝"。当时建水制陶名家辈出,但以向逢春制作的陶器最为精美,故有"向氏紫陶,价同黄金"之称。建水紫陶能够与江苏宜兴陶、广西钦州陶、四川荣昌陶共享我国"四大名陶"的美誉,向逢春对建水紫陶的传承、创新、超越功不可没。

## (二十二)万卷楼主梁之相

梁之相(1902~1964年),号励亭,又号书农,别号二十万卷楼主人,建水县城人。19岁专程赴香港学习英语,返滇后考入东陆大学国文预科,24岁考入北京中国大学法学专科。课余跟

## 四、历史人物

随着名教授黄侃学习诗词及音韵学,并与宋君方、杨仲子等成立北平艺社。32岁赴日本留学,先后在东亚日文专科学校、早稻田大学研究院攻读国际法和版本目录学,获硕士学位。回国返滇后,历任云南省政府秘书、《云南行政纪实》编纂委员会常务委员、《新纂云南通志》校印处处长、云南省文物保管委员会委员、云南省图书馆顾问、云南文史馆馆员。精于版本学和目录学,著有《云南经籍考》《云南地方志解题简编》《云南丛书提要》《诗集》《文集》《丹青琐言》等,是云南近现代文化学术史上一位有贡献的学者。

梁之相自幼嗜书如命,在北京就读期间,就着力收购珍善本古籍,先后收藏了明代成化十二年(1477年)刻本《续资治通鉴》、明成化内府刻本《贞观政要》、明嘉靖刻本《太平广记》和《文选》、元正统

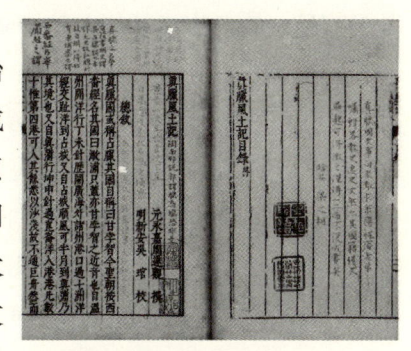

梁之相批注《真腊风土记》

刻本《元文类》、明万历刻本《大明一统志》等珍贵的善本书。日本帝国主义发动侵华的卢沟桥事变后,梁之相将自己所藏的典籍文献从北京辗转千里,运回云南,备尝艰辛。云南知名学者于乃义知道后,赠诗褒扬:"万卷一身突围走,金碧文物增光辉。琅嬛学山不足数,君是天南第一人。"梁之相藏书极富,自题书斋名"二十万卷楼",著有《二十万卷楼善本书志》。

梁之相自幼酷爱书法绘画,从日本留学归国后,在北平加入"四宜轩画会",其作品曾多次与名家一起展出。他的画受萧谦中影响较深,后来又吸收了日本画家雪舟等画风,最后汇诸家之长形成自己浑厚、秀美、舒展的独特风格。书画篆刻均精,所画山水花卉,技法兼工带写,苍劲厚朴,用墨用色厚重,构图严谨,题跋、用印讲究章法,诗书画印,融为一体。其书法师法金农而不落窠臼;其篆刻直追秦汉古玺印,功力深厚。1938年、1963年,曾与夫人、女画家李智清两次在昆明合办书画展,深得美术界好评。

梁之相是云南省最早的中国美术家协会会员,并任中国美协云南分会理事。其绘画作品曾参加西南美展和全国画展,现存省文联的巨幅《祖国万岁》,画有山茶、松、玉兰、红太阳等,为其代表作。

### (二十三)教育名家刘宝煊

刘宝煊(1909~1953年),建水西庄新房人。民国16年(1927年)赴日本留学。回国后在云南省立昆华中学、云南大学任教。民国27年(1938年)回乡办学,先后任私立建民中学和省立临安中学校

1941年,李公朴在建民中学演讲
(左一刘宝煊、左四李公朴)

长、建水县教育局长等职。在校内组织"丹心社",积极开展抗日救亡活动。提倡读活书,反对读死书;强调知行统一,学用一致;提倡艰苦朴素,笃学力行;培养"团结、紧张、严肃、活泼"的校风。聘请一大批进步学者(其中有不少是中共地下党员)来校任教,秘密宣传革命思想,为革命事业培养出大批人才。民国33年(1944年)加入中国民主同盟。次年创办昆明建民中学,这

所学校成为昆明学生民主运动的中坚力量之一。李公朴、闻一多在昆明被特务杀害后,他也成为被国民党通缉的对象,被迫潜去重庆任民主同盟西南总支部秘书主任。民国37年(1948年)到香港接受中共华南分局负责人方方之托,回滇发动革命武装斗争。同年3月在昆明加入中国共产党,化名李伯雄,往滇南元江一带发动群众,组织武装斗争。6月任中共滇南工委委员。7月正式建军,翌年2月任云南人民讨蒋自救军第二纵队司令员、思普地区临时人民行政委员会主任。1950年后,任昆明市文教局长、昆明市政协副主席、民主同盟云南省委副主任委员等职。1953年病逝。

### (二十四)伲氏六杰:一个家族的荣耀

在建水的历史上,伲氏家族一门出了1位总工程师、1位处长、3位将军、1位红军。他们在自己的人生舞台上,演绎着不同的人生故事,书写着不同的人生历史。他们就是个碧临屏铁路公司总工程师伲少斋和女儿伲如竹(曾任中华全国妇女联合会国际部处长)、曾任黄埔要塞少将司令的伲鸣岗、曾任昆明警备司令部司令的伲晓

四、历史人物

清、曾任昆明行营少将高参的佴玉麟、奔赴远方参加革命的红军佴鸣岐。

1. **淡泊如云佴少斋**

在滇南的崇山峻岭中,睡卧着我国中华人民共和国成立前主权最完整的也是第一条民办的个碧临屏铁路。佴少斋即为个碧临屏铁路公司的总工程师。

佴鹏,字少斋,于1884年4月出生于建水。幼年在家乡攻读,聪颖过人。16岁时,为建水科举考试的榜首,考中秀才第一名。随后,怀着建设祖国的满腔热忱,奔赴昆明。他积极投入当时的新思想运动,第一批带头剪辫子,后来又以优异的成绩,考取云南第一批留日公费生。

在与佴少斋一起赴日留学的同学中,有后来成为云南督军的唐继尧、任过云南讲武堂教育长的李根源、后任滇军军长的顾品珍等。这些人都进了日本的陆军大学学习军事,唯独佴少斋一个人进入日本早稻田大学主攻铁道建设。受日本明治维新思想的影响,佴少斋迫切想使自己的国家维新富强,欲效法日本发展工业之路建设祖国。在日本,他积极参加了孙中山先生的同盟会,并就自己所学专业，出版了《最新实地测量术》一书。石屏丁兆冠（后为云南省主席龙云秘书长）在序言中赞其"可为当时铁道建设之指南"。

俤少斋学成归国后，清政府已被推翻，正值民国建国伊始，百废待兴，正是用人之际，也是他大展宏图之时。他一心想能为中华的腾飞做出自己的贡献。年轻的血液、年轻的心灵、年轻的憧憬，这一切不断地激活着他那个富国强民的梦想。然而，生性耿直孤高、痛恨吹嘘拍马、贪污腐化等丑恶现象的俤少斋，在自己的祖国却到处碰壁，找不到工作。为实现自己的理想，他走遍了大半个中国，考察祖国建设，以待报效国家。当时新疆的杨增新督军，也是他留日的同学，曾邀请他去新疆任职，并委以重任。这期间俤少斋赴苏俄西伯利亚考察铁道建设技术，并被新疆推为中华民国首届国会议员。但不久后，终因痛恨和不满当时的官场腐败成风，不愿同流合污，即回家赋闲。从此俤少斋失业，到处漂泊，不能舒展报国志向。

40岁时，俤少斋回到云南，正值唐继尧当上云南督军。一些军长、师长、厅长之类的官僚，

四、历史人物

都是他的同学和朋友,只有他一事无成。但他宁愿承受失业之苦和生活的煎熬,也不愿去求他人。他只想凭真才实学去做事,不愿吹吹拍拍,阿谀奉承。后来唐继尧问到佴少斋的情况,主动找他委以一个专县税率官之职,亲友都为他道贺。他上任第一天,就遇上一个来交税的白发老人,肩负一小袋米,蹒跚地走到他面前跪下,口称:"大老爷!这是我全家仅有的一点口粮……"说完即叩头不已。此事对佴少斋触动很大,他感到满心凄凉,连忙扶起老人说道:"老人家,拿回去吧,这税免了!"从此事他认为:所谓税政,就是向老百姓勒索钱财。当晚,就卷起铺盖回家。并对家人说:"我能从这些穷人口中抢夺他们仅有的一小口饭吗?这种事情,我宁愿饿死也不愿干!"从此,佴少斋又过上失业与借贷度日的日子。数年间,他仅临时性地被邀请参加昆明环城马路的设计和修建工作。

个碧临屏铁路开工后,云南个碧临屏铁路公司董事长沈曙秋先生,特慕名邀请他出山担任该公司总工程师。佴少斋终于有了一份能发挥所学专长的工作,有了施展才华的机会。

· 147 ·

在修建个碧临屏铁路的10年里，俤少斋兢兢业业，一丝不苟，忠于职守，廉洁奉公，对铁路事业倾尽心血。由于这条铁路是商办铁路，担负着将个旧大锡运往越南出口的繁重任务，许多商人为了赶早抢运大锡出口，纷纷托人请他帮忙，给予运输方便。他总是回答："我只能秉公办事！"有一个巨商亲自登门商求：只要每天能给他一个车兜，即可按车皮分成付俤少斋一笔酬金。他严词拒绝说："这条铁路是家乡父老委托来管理的，我不能做任何一点对不起家乡父老的事，就是搬座金山来也不行。"后来谣传铁路公司要换俤少斋，事后查明并无此事，纯属一个忌妒者的造谣中伤。为此，俤少斋提出辞职。虽经公司领导、同事与下属多方劝留，但都没有挽留下他。辞职后的俤少斋除领取微薄的退职金外，一身清贫，两袖清风。不久，生活又陷入困境。虽有二子一女，但两个儿子尚幼，靠大女儿俤如竹在富滇银行供职维持一家人的生活。

俤少斋一生待人以恕，宽厚仁慈。刚从日本学成归来时，他的独子才七八岁，有一天被寄住的一个15岁左右的女孩往胸口猛击一拳，当晚即吐血不止，数日后身亡。亲友为之打抱不平，少斋却认为：人死不能复生，即使将此女偿命，也不过多死一人，无济于事。终未向女孩家长提出任何要求，一场人命风波就此了结。

佴少斋生性清高，不善交际言谈，一派儒雅风度。他一生爱书如命，并爱好围棋及小提琴。晚年闲居在家，终日闭门不出，以看书、围棋、拉小提琴消遣度日。与留日同学也交往不多，故在一本留日同学录中，竟把佴少斋误注为"已故"，佴少斋见后，付之一笑。他在自己的一首诗中写道："四十五十而无为，人生在世亦如死"，实为其一生淡泊的真实写照。1950年8月，佴少斋病逝于昆明，终年67岁。

### 2. 黄埔名将佴鸣岗

昆明翠湖西侧叫承华圃，其中有一幢米黄色两层砖木结构的走马转角楼式的建筑物格外引人注目。它由四座各长120米的楼房围成一个方形四合院，院内成为操场。这就是培养出中国现代史上许多叱咤风云人物的云南陆军讲武堂。建水佴氏一门出了3个将军，他们都毕业于这所学校。

佴鸣岗，1893年10月出生在云南建水。

1917年考入云南陆军讲武学堂，在第十二期步兵科学习。三兄弟中，伢鸣岗是最早考入这所学校的。他的弟弟伢晓清后来考入这所学校，也与他的影响分不开。

讲武堂的管理和教育训练非常严格，不仅有完善的培养计划，而且有一大批高水平、军事素养好、能够以身作则、言传身教的教官，教学效果非常突出。军事学课程系统全面。学校以正直与忠诚的爱国主义精神熏陶影响学生。1917年考入讲武堂的，还有赫赫有名的叶剑英元帅。他与伢鸣岗是同班同学，并且关系密切。在这所革命的熔炉里，他们怀着尚武报国的忠诚，勤奋学习，刻苦训练，勇往直前。讲武堂的学习、锻造，让他们不仅具有新的军事理论知识，熟知战术战法，而且在后来的军事生涯中，经受住了战火的考验。

伢鸣岗1920年毕业后，在滇军任职，先后任第三军六师少校参谋、中校团副、第八师参谋处长。后来伢鸣岗调驻广东并参加北伐。

1926年7月1日，广东革命政府在广州誓师北伐。1926年7月9日，北伐战争在"打倒列强，

四、历史人物

除军阀"的口号声中正式开始,北伐军沿途受到热烈欢迎。北伐战争中,伢鸣岗英勇善战,与其他北伐军将士一起并肩作战。国民革命军挥师北伐后,短短3个月内,就以秋风扫落叶之势击败了曾经不可一世的吴佩孚、孙传芳,席卷湖南、湖北两省。在不到10个月的时间里,从广州打到武汉、上海、南京,打垮两大军阀,歼敌数十万。伢鸣岗因为在北伐中的出色表现,被升为国民革命军新编第二师参谋长。

1927年4月12日,以蒋介石为代表的国民党新军阀背叛革命,发动反革命政变,使反帝反封建的北伐战争中途夭折,轰轰烈烈的大革命归于失败。广东大革命失败后,伢鸣岗在香港闲居了一段时间。1932年后在广东陈济棠部任职。在此之前,先后任第25师参谋长,黄埔要塞少将司令。1937年回云南任行政人员训练大队长。

1940年,伢鸣岗担任云南省华宁县县长;1942年,任巍山县县长。他为人正派耿直,有经世济民之心。任职期间,为当地社会事业与经济发展作出了不少贡献。

1955年佴鸣岗任云南省人民政府参事室参事,1969年1月病逝于昆明。

### 3. 骁勇善战佴鸢

佴鸢,字玉麟,号凌虚,1898年2月出生,6岁随家庭迁居昆明。1919年考入云南陆军讲武学堂,在十五期工兵科学习,1922年毕业。

1923年至1925年间,佴玉麟任黄埔军校工兵科教官、广东滇军第三军二十四团营长。他先后参加了平定广州"商团"叛乱及讨伐广东军阀陈炯明部的北伐战争和两次东征,骁勇善战,屡建奇功。1926年由叶剑英推荐调任粤军第四军二十五师七十五团副团长。1927年广州大革命失败后闲居香港。

1930年佴玉麟任广东燕塘军校工兵科教官、大队长、办公厅主任。1935年以中国军事代表团的身份到埃及、法国、瑞士、比利时、德国、意大利等欧洲十多个国家考察军事,并在德国工兵学校学习。在此期间,他学习了外国军队的管理方法、先进的战略战法、战斗技能等,使得军事素质得到了极大提高。1937年回国后,任广东防空处第一科科长、广西行营上校联络参

四、历史人物

谋。1942年任滇黔绥靖公署自愿大队大队长，训练学兵补充各军做班长。他呕心沥血拟定教学计划、编写讲义、指导授课，勉励学生刻苦锻炼，认真学习，尽快参加抗日救国，收回失地。1943年佴玉麟任昆明行营少将高参，积极为抗击日寇献计献策。

抗日战争胜利后，佴玉麟眼见内战烽烟将起，毅然退役，赋闲在家，以帮人做一些临时性粗活为收入，借以维持生活。1974年11月病逝于昆明。

佴玉麟戎马一生，经历过炮火硝烟与枪林弹雨。他为人廉洁清正，去世后只有一根古铜色的教鞭是他留给后代的全部遗产。尽管后半生留给历史一些遗憾，佴玉麟仍不失为一名革命骁将。

### 4. 坚韧不拔佴鸣岐

佴鸣岐1904年10月出生，原名佴凤，字来仪，取"有凤来仪，凤鸣岐山"之意。佴鸣岐出生后未满月母亲便病逝了，而父亲远在广东文昌、临高两县任县令，他是由继母带大的。1921年在昆明省立第一中学毕业后，考入越南河内法国人办的雅内朗化工专科学校留学，专攻临床医学。1924年8月，因家中经济困难，只差一年就毕业的俥鸣岐不得不离开他挚爱的医学，辍学回家，后到个旧的一个锡矿厂当了一名医生。

1925年6月俥鸣岐离开云南到广州参加大革命，当年7月考入黄埔第三军（滇军）军官学校炮训班。毕业后分配到国民革命军第六军炮兵团山炮第四连当排长，参加北伐战争。北伐战争胜利后，蒋介石发动了"4·12"反革命政变，大肆屠杀共产党人和进步人士。俥鸣岐看到蒋介石背叛了孙中山先生的三民主义和北伐大业，深感失望，于1928年春离开军队，同年9月到广州市立师范学校教书。

叶剑英元帅参加广州起义失败后，曾在香港俥元卿家中住过一段时间。在这段时间里，俥鸣岐也常去七叔父俥元卿家里住宿，认识了叶剑英。在叶剑英的影响与开导下，他逐步明白了共产党人的奋斗目标和崇高理想，并向叶剑英表明了愿意跟随其进行革命的决心。

1929年9月，俥鸣岐离开师范学校，到粤军第一集团军炮兵团一营二连任连长，参加了反对蒋介石独裁政权的斗争。后来因为蒋介石分化了军队上层领导，反蒋失败。1933年下半年，俥鸣

## 四、历史人物

岐所在军队被蒋介石调往江西参加对红军的第三次围剿。在江西赣州，倪鸣岐得知叶剑英在中央红军中任职的消息后，于7月带领部下起义参加红军。之后，被组织安排到设在江西瑞金的中央工农红军特科学校担任炮兵教员。在军校一年多的时间里，为红军培养了不少优秀炮兵指挥员。

1934年10月红军开始长征时，倪鸣岐得了疟疾，不能跟随部队行动。叶剑英找他谈话，说组织上安排他利用黄埔三期学员的身份，重新回到白区去长期潜伏，组织上留有名册，需要时会派人找他联系，条件成熟时再次起义参加红军。倪鸣岐接受了组织的安排，但在游击队送他过敌人封锁线的途中，不幸遭遇敌人，受伤被俘。在敌军审问时，倪鸣岐利用自己在越南学过医学这一身份，不管敌人如何拷问，坚持说自己仅仅是一个医生，巧妙地躲过了敌人一次又一次的拷问。敌人见他确实会帮人看病打针，相信了他。关押六个月后，将他释放。出狱后，倪鸣岐与叶剑英的弟弟叶道英取得联系，并由叶道英暂时安排到广州市真光中学任教。1937年3月，倪鸣岐离开真光中学到粤军第四路军机炮教导大队任炮兵上尉助教。

1938年12月，佴鸣岐加入桂系军队，在第五路军军官教育团迫击炮队担任炮兵上尉助教。1939年5月调到十六集团军46军188师564团任迫击炮连连长。1939年12月日军侵略广西南宁，佴鸣岐所在部队参加了历史上有名的昆仑关战役。在激烈的炮战中，佴鸣岐英勇杀敌，不幸中弹受伤。伤愈出院后提升为少校，1940年9月调到干部训练班任教官并升为中校。1942年8月调46军参谋处任中校参谋。

1943年佴鸣岐调离了军队，在广西桂林中学任少校军训教官。1944年12月，日军再次侵入广西，侵占了桂林，佴鸣岐随即参加了灵川县政府组织的抗日游击队，担任上尉分队长。积极组织游击队参战，一直坚持到抗日战争胜利。1947年2月，佴鸣岐到柳州市大道中学当教师，半年后又转回到临桂县第一中学任教师。1949年4月，在广西保安司令部教导大队担任炮兵少校教员。

1949年12月中国人民解放军解放广西，佴鸣岐立即与驻军首长联系，表明自己是红军派出

## 四、历史人物

的人员身份,驻军首长景伯承安排他到百色地委干训班学习并于1950年3月分配到万岗县中学(后改名叫东兰县二中、东兰民族师范)任教。1959年广西东兰县成立拔群师范学校,他调到该校工作。不久,就碰上了三年困难时期,生活物资严重不足。他利用当地盛产桐油的有利条件,帮助学校搞勤工俭学办肥皂厂。办工厂期间,他从未为自己谋取任何私利,一心一意地办好工厂。

1962年9月,师范学校搬到巴马县,侔鸣岐再次调回东兰中学,不久当选为政协委员。尽管解放初期叶剑英元帅就来证明了他当过红军的身份,但侔鸣岐除了向县组织部有关人员说明情况外,学校的领导和职工,包括他的子女在内,都不知道他的老红军经历。他平静地做一个普通教师,勤勤恳恳、任劳任怨地工作在平凡岗位上,淡泊名利,不计较任何得失。

"文化大革命"中,侔鸣岐因为历史上曾当过国民党军官受到了打击,他被打成"右派",定为所谓的"牛鬼蛇神",受尽了磨难。尽管一生遇到多次磨难,道路坎坷,但侔鸣岐对子女们都严格要求。他一直教育孩子们,一定要学会忍耐、学会坚强。"文化大革命"后，佴鸣岐得到彻底平反，重新加入东兰县政协，担任政协委员，直到1980年退休回桂林。

几十年来，佴鸣歧不论做什么工作都非常认真，甚至连看病吃药，时间都分秒不差。80多岁时还每天重温法语，子女们问他学了干什么，他说改革开放了，要和外国人交往，组织上需要我时可以发挥余热，当当翻译嘛。

1996年下半年，佴鸣岐病重，但他很乐观地说，亲眼见到香港和澳门回归祖国，是他们老一辈人的心愿，他有信心坚持到那一天。1997年7月1日，他如愿以偿，看到了香港回归祖国的全过程，激动得流下了眼泪。1997年10月后他病情加重，但他以顽强的毅力，乐观的心态面对这一切。他说他看到了香港回归，他一定要坚持到澳门回归那一天。1999年11月23日，在离澳门回归不到一个月的时候，佴鸣岐因为严重肾功能不足去世，临终他头脑还很清醒，嘱咐子女不要给组织上增添麻烦，死后骨灰撒入漓江和住宅边的桃花江，有空回建水老家看看。他的子女遵照他的遗愿把他的骨灰伴着鲜花撒入了漓江和桃花

四、历史人物

江,让江水带着他去看看香港、澳门以及他所眷恋的故乡。

### 5. 追求正义俰晓清

俰晓清,1906年生于建水县城,后随家庭迁居昆明。

俰晓清的父亲在昆明、香港等地经商。他7岁入昆明西区小学读书,自幼喜读中外名将史略,尤其对法国军事家拿破仑传特别有兴趣,反复地阅读。他还常听长辈讲述辛亥革命后,滇军兵威黄河、长江、珠江三大流域的动人事迹,立下了当军人的志向。

俰晓清在香港生活的这段时间,眼界大开,开始探索人生的道路。"志不立,天下无可成之事"。毕业后,他在香港富滇银行分行担任助理员。然而"当军人去"的声音却时常在他耳畔回响,挥之不去。加之其两个兄长均毕业于云南讲武学校,成了威风凛凛的报效祖国的军人。受他们的影响,俰晓清毅然放弃了银行的工作。于1923年报名并考取云南讲武学校18期炮兵科。

1925年毕业后,俰晓清任滇军靖卫36团少尉排长。1926年8月在广州黄埔军校入伍生团任中尉副连长。1927年,广州大革命失败后,与叶剑英相识。佴晓清介绍叶剑英偕夫人曾宪植到香港,住在佴晓清父母亲家中,以佴家亲属的名义作掩护,继续开展党的地下活动。曾宪植在佴家住了数年。叶剑英曾对佴晓清说过:"将来我们一定会异途同归"。1928年起,佴晓清先后在黄埔军校、上海交通大学任少校区队长、军事教导团副官、军训教官、副教授等。

1931年至1938年,佴晓清先后在广东陈济棠部队、独立一师、四路军、186师等部任少校参谋、中校团副、上校参谋。1939年调回云南绥靖公署任一科科长,并于1941年入陆军大学特别班学习,1944年回昆明行营滇黔绥靖公署任少将科长,后任滇军182师副师长、184师参谋长。抗日战争时期,佴晓清继承和发扬滇军"吃苦耐劳,强悍骁勇"的精神,参加抗击日本侵华的战斗,为抗日战争献计献策。

抗日战争胜利后,佴晓清任滇军60军参谋长,他随滇军到越南接受日本投降,后又奉命调东北参加反人民的内战。当时任60军参谋长的佴晓清,目睹云南三迤子弟远离家乡,被人民解放

四、历史人物

军打得七零八落的惨状,认为滇军在东北等于被国民党钉在十字架上当"活靶",是为反动派作牺牲品。1946年5月,又看到潘朔军将军率领部属3000余人在海城起义,投向人民解放军受到重用。一件件事实,在佴晓清思想上引起了强烈震动,对国民党发动内战、国民党中央军的尔虞我诈和贪污腐败等现象深感不满,在东北只待了几个月时间,遂于1947年初愤然回到昆明,赋闲在家。

1947年3月,佴晓清任云南省主席卢汉办公厅参议。1948年底,随着辽沈、平津、淮海三大战役的节节胜利,全国革命形势发展迅速。云南省主席卢汉确立了反蒋起义的思想,组成了五人秘密小组,筹划云南起义事宜。佴晓清为小组成员之一,负责抓军队,组建保卫起义的云南保安部队。卢汉任命佴晓清为云南保安司令部少将参谋长,后任93军副军长。从此,佴晓清思想上有了根本转机,愉快地接受卢汉的任命,积极支持卢汉反蒋起义,担起为起义做准备的重任。当时蒋介石已对卢汉起疑心,派遣军统特务头子沈醉等率领大批特务来到昆明严密监视。佴晓清无视住家周围特务的监视,白天为国民党军官,晚上在家紧张从事肃反特务及备战工作，有时以全家到郊区游玩为名，去检阅保安部队备战情况。1949年11月，云南周围的桂林、重庆、贵阳、广州等城市已经相继解放。在胜利形式下，卢汉经多方准备后认为，起义的时机已经成熟。12月初，卢汉任命倮晓清为昆明警备司令部司令，经常直接召集倮晓清等人商谈、研究有关起义事宜。

1949年12月9日卢汉宣布云南和平起义后，蒋介石不甘心失败，急令中央军第8军、26军、89军等进袭昆明，妄图攻占昆明，在云南建立反共基地。当巫家坝机场陷入敌军手里，昆明保卫圈逐渐缩小时，倮晓清下决心誓与昆明城共存亡：城在人在，城亡人亡。他给家里电话，嘱咐家人自卫，自己则与龙泽汇等负责人分别到各阵地前沿督战，给起义部队指战员很大鼓舞。在解放军迅速入滇驰援，中共云南地下党、滇桂黔边纵队紧密配合，和全市各界人民的热心支援下，终于击退了国民党中央军的猖狂进攻。另一方面，倮晓清抓肃反特务工作也细致周密，又得到地下党和全市人民的检举协助，短期内顺利地将昆明活动的国民党大小特务调查清楚，按名册住址一个

个抓获关押,为云南起义和昆明保卫战的胜利,创造了有利条件。起义后的昆明社会秩序井然,没有发生什么混乱,俰晓清功不可没。昆明保卫战胜利后,云南省主席卢汉发给他奖金1000块大洋,他全部上缴给人民解放军。

起义后,他曾任云南省临时军政委员会军务处副处长、暂编13军副军长、云南省军区高级参议、昆明市政府参议室副主任等职,还担任市政协常委和市人民代表。中华人民共和国成立后,叶剑英元帅及夫人曾宪植仍与俰晓清保持联系,1959年国庆10周年,当年任全国妇联书记的曾宪植,特邀请俰晓清到北京一游,参加国庆观礼,住曾宪植家中月余。叶剑英元帅在百忙之中抽空约见俰晓清,曾问过他有什么要求,俰晓清说:"没有什么要求。"事后,叶剑英元帅对人说:"俰家三兄弟,俰晓清头脑最清楚,思想最进步。"

俰晓清一生为人耿直诚恳,生活勤俭朴实,不贪财好利,清正廉洁,直到晚年依然靠薪金维持生活,没有房产地业,终身没有结婚。1974年10月病逝于昆明。

## 6. 热血巾帼俌如竹

俌如竹，1917年8月出生在建水一个贫困的旧式家庭。幼时的俌如竹虽然读的是女中附小及昆华女中，却喜欢着男装，从小就有着事事不甘落人后的倔强性格。童年的时光，虽然没有带给她太多的欢乐，却磨砺了她吃苦耐劳的韧劲，赋予了她不停奋斗的动力。

1934年俌如竹一家家庭经济有所好转，父亲便将俌如竹送到香港的堂叔俌元卿家寄住，并考入香港"圣保禄女子书院"就读。"圣保禄女子书院"是一所教会学校，教师及学生大多为外国人，教学全部讲英语。每天清晨的校园里总会见她捧着一本英文书大声地朗读，课余时间里总会见她在图书馆里伏案苦读。5年的学习，为俌如竹打下了扎实的英语基础。

时值叶剑英及其夫人曾宪植在广州起义失败后避居于香港俌元卿家中，家中年纪最小、最单纯可爱的俌如竹倍受他们的信任和关爱，鼓励她好好学习，为新中国作贡献。叶剑英离开香港参加长征后，曾宪植仍留在香港近3年。这期间，俌如竹多次跟随曾宪植与留在香港的何香凝、廖

## 四、历史人物

承志等民主进步人士联系会面,听他们讨论国家兴亡,展望中国未来。这些高人志士的言行谈吐,使佴如竹开阔了视野,找到了方向,开始懂得个人、家庭命运与国家、民族命运息息相关的道理。

1940年因为父亲佴少斋再度失业,家庭经济又陷入窘境。这时,香港学成归来的佴如竹回到建水,参加了工作。先在临安中学教了3个月英语。1941年又到昆明进入富滇银行工作,靠微薄的薪金养活一家4口人。在人生最美好的10年里,佴如竹献出了宝贵的青春。她默默承受着孤独和寂寞,无怨无悔地挑起了家庭重担,以致埋葬了自己上大学的理想,耽误了自己的婚姻。

1950年佴如竹的父母先后病故,这使她沉浸在悲痛中。然而,新中国欣欣向荣、热火朝天的建设热潮,点燃了她内心的激情,大学的梦想依然在向她召唤。已经33岁的佴如竹,毅然辞去银行的工作,刻苦攻读,于1950年10月考入云南大学外语系,开始她梦寐以求的大学生活。宁静而美丽的大学校园给了她一个崭新的舞台,在知识的海洋里,她畅快地遨游。

1954年大学毕业后,佴如竹分配到云南人民出版社工作。1956年，佴如竹调到北京中华全国妇女联合会工作，任全国妇联西亚非洲处翻译。对外翻译工作的要求很高，既要求有正确的立场、观点，又必须谦虚谨慎，严肃认真，最忌草率从事，粗枝大叶，望文生义。这就需要不断提高自己的母语和外语水平。佴如竹以埋头苦干、认真严谨的工作作风以及与时俱进、不断研究新问题、新事物的钻研精神赢得了赞誉。由于她出色的表现及较强的工作能力，不久被提升为全国妇联西亚非洲处处长，后来又任中华全国妇女联合会国际部处长。

由于西亚非洲地区所处的地理位置及其本身在宗教、人文和自然资源等方面的特性，从近代以来这一地区就成为人们关注的热点。中国是一个正在成长的大国，随着经济与政治交往的增加，西亚非洲已成为对中国未来发展举足轻重、影响深远的地区。尽管外交事业有很多艰辛，但能参与祖国的外交事业是一种荣誉。佴如竹全身心地投入到共和国的外交事业。对增进中国妇女与世界各国妇女的友谊，促进妇女全面进步和发展起到了积极的作用。

## 四、历史人物

在全国妇联工作的 30 年间,偪如竹多次陪同外宾拜会毛泽东主席和周恩来总理,一次次出色地完成了任务。她多次作为中国妇女代表出访过苏丹、伊拉克、几内亚、刚果。1985 年坦桑尼亚召开世界妇女儿童大会,偪如竹作为中国代表出席会议,并作大会发言。

"老骥伏枥","壮心不已"。偪如竹于 1985 年 68 岁高龄退休后,不愿就此赋闲,又积极投身《英语世界》杂志工作。《英语世界》创办于 1981 年,是我国创办的第一家英语学习杂志社。在介绍西方文明的同时,还通过英语介绍我国改革开放的辉煌成就,除向国内发行外,还向东南亚、英、美等十几个国家和地区发行,其难度和要求不言而喻。她从入门翻译开始干到编辑、编委,直到 1995 年 9 月 11 日病故。

偪如竹的一生,是自强、自立,不断进取奋斗的一生。不论对于国家对于家庭都是无私地奉献,直到去世还留下遗嘱:"丧事从简,不写生平,不举行告别仪式,把遗体捐献给医学事业。"全国妇联对偪如竹的评价是:"偪如竹同志是中国共产党的优秀党员,优秀的妇女干部,一生热爱党，热爱社会主义，在全国妇联30年，以无私奉献的精神，一贯地对工作勤勤恳恳，认真负责，为增进中国妇女与世界各国妇女的友谊，为妇女解放事业贡献了毕生精力。"

## （二十五）彝族诗人普梅夫

普梅夫1950年于北京

普梅夫（1908～1989年），曾名普剑魔，出生于建水官厅彝族纳楼土司家庭。民国5年（1916年），其父普钧堂参加拥袁（世凯）的暴乱，被国民政府革除土司世职，抄没家产，不久病死他乡，家庭从此破落下来，其时普梅夫年仅6岁。

因失去经济来源，普梅夫年幼时跟随母亲四处漂泊，后回建水读完高小即告失学。民国15年（1926年）在亲友资助下，进入云南省美术专门学校学习西洋音乐，经常参加学生运动，并被推举为美专学生会总干事。美专毕业后几经辗转，于民国19年（1930年）春到河口一中任教。期间，革命音乐家聂尔假道河口前往日本留学，两人喜聚，誓以文艺拯救国民于水火。此后不久，因组织师生声援河口越侨、抗议法国驻昆明领事馆逮捕和押解越南进步青年的行为，普梅夫被当局革职解聘。

离开河口后，普梅夫到昆明市契税局任办事员。局长徐嘉瑞是文艺爱好者，普梅夫得到鼓励与支持，在大量文艺创作的同时，还与文艺青年张俊庭、杨光洁等组织"朝曦社"，并出版《朝曦文艺》刊物。"九一八"事变后，普梅夫创作发表了新体诗集《还我河山》，同时积极组织和参加一些以抗日救亡为主题的文艺演出活动，募捐支援东北抗日义勇军和坚持上海抗战的第十九路军。民国22年（1933年）在昆明创办《泸江月刊》，任主编，公开揭露建水的一些贪官、劣绅，为国民党当局所不容，被勒令停刊，潜至安南海防、香港避难。

民国26年（1937年）10月，普梅夫到上海，经叶剑英介绍，到延安抗日军政大学第三期学习，加入民族解放先锋队。毕业后到武汉八路军办事处分配工作，并加入中国共产党。依照党的指示，到第五战区李宗仁部，先后任政治教官、师政治部秘书、代理主任,同时主编李宗仁的代表刊物《中原月刊》。民国29年(1940年)在安徽被国民党二十一集团军以从事共产党活动罪名逮捕,获救后于民国32年(1943年)回到昆明并加入民主同盟,其间在楚图南、闻一多指导下,协助杨绍庭办《诗与散文》刊物,为《真理周报》《枫林文艺》丛刊及《白欧》《高原》周刊写稿。

民国37年(1948年)秋经中共滇南工委安排,参加云南人民讨蒋自卫军第二纵队,担任第三支队参谋长。民国38年(1949年)任思普地区人民行政委员会交通局长。1950年参加民主同盟云南地方组织领导机关的筹建,并主编《诗歌与散文》刊物。1953年被选为昆明市人民代表,并任昆明市政协秘书长。1957年兼任云南省政协副秘书长。1979年任民盟云南省委常委、顾问。在50多年革命的文学生活中写下300多首新旧体诗词,辑为《磨剑集》出版。

## (二十六)义军首领王廷珠

1912年,中华民国的第一年,王廷珠出生在建水岔科乡王凤庄的一个农民家庭里。这个普普通通的小男孩,日后却因为官逼民反,做出了一

四、历史人物

番惊天动地的事业来。

王廷珠小时候入学读书,除了四书五经,也读过一些关于洪秀全和太平天国的历史书籍,受"均田制"的影响很深,对旧社会压迫剥削农民的现实非常不满。后因家境不好,十五岁时就弃学务农了。

民国25年(1936年),王廷珠被抓去当兵,编入了滇军部队。不久,王廷珠所在的部队被调往宣威,去阻截正在长征的中国工农红军。王廷珠随军开到宣威时,红军已经走了,只看到红军长征到宣威时所写的革命标语,大意如"大富人差我钱,中等人不要造嫌,穷苦人来跟我们过年""白军兄弟受了伤,过来给你们医好,给你们路费钱回家"等等。倍受欺压剥削的王廷珠,面对这样的宣传标语,心灵所受的震动可想而知,内心已有"均田制"的思想萌芽,这时候被激活并滋长蔓延开来。第二年,王廷珠逃离部队回到家里,却被乡公所以"逃避兵役罪"抓去,关押了一个多月。这更激起了王廷珠对国民党反动统治的不满,逐渐产生了反抗的意识。

民国36年(1947年),国民党军队在内战中节节败退,军事、经济、政治上都陷入了空前的危机之中。为做垂死挣扎,国民党政府大肆征兵抓丁、派粮派款,抓紧了对国统区人民的盘剥,一时间物价飞涨、民不聊生。凋敝破败的农村更为残破,广大农民的处境更是雪上加霜。当时一句"农民三条路,投河上吊坐监牢"的民谣,活画出了农民的险恶处境。"官逼民反,民不得不反",忍无可忍的王廷珠正是在这样的恶境中,振臂一呼起事了。

就在这年,为了抵制国民政府的抓兵、征粮和派款,王廷珠联络聚集了叔侄弟兄数十人,公开对抗政府。7月,他们在大寨村夺取了十多条枪,开始劫富济贫。一个多月后,队伍发展到了一百多人。

8月,王廷珠率领队伍向长田联保办事处发动进攻。据王廷珠的儿子王福昌对当时情形的记述,枪声响起的第一天,中共地下党员廖必均、沈发清、许国柱、李善增、车应相等就赶到王廷珠家里,与王廷珠对话商量,并带了一些革命书籍给王廷珠,其中一本书上还印有朱德总司令的相片。但王廷珠没有很好地采纳几位中共党员的

## 四、历史人物

意见,加之计划不周密、准备不充分,队伍激战三天三夜仍未能取胜。到了第四天,国民党军队九三旅赶来围剿,王廷珠便率领队伍撤退。当时,廖必均化装成商人模样,从长田赶回建水与地下党领导取得联系,后来托人带信给王廷珠,要他将队伍带往元江方向。但由于国民党军队的堵截追剿,队伍撤到龙武县境后就被打散了。

队伍被打散后,王廷珠带着手下绰号叫"甑子匠"的通海人王平,从龙武逃往弥勒虹溪,一方面躲避国民党军队的追捕,一方面寻找朱家璧的人民武装队伍。但直到第二年夏,王廷珠仍没有与朱部取得联系。这时,国民党军队九三旅在各地张贴通缉布告,悬赏缉拿王廷珠,声称只要能捉拿到这名"共产党人",奖给金圆卷1000万元。就为了这可以买到100石谷子的钱,见利忘义的王平向官府出卖了王廷珠。王廷珠在虹溪被捕,解送到开远九三旅部关押,不久就被杀害。王廷珠被关押期间,他的儿子王福昌曾去探望过一次,只见王廷珠和几个要犯一起被压脚方压着。见到儿子,王廷珠没有丝毫的恐惧,对儿子只是安慰和嘱咐:"小生(王福昌的小名),不要哭,这回我不行了，但将来会有人替我报仇，你要好好孝顺母亲。"在狱中，王廷珠经受住了敌人的各种酷刑，直到被害也没有供出一个共产党员的名字。

1949年底，王廷珠的家乡获得了解放。十七岁的王福昌在族叔共产党员王廷凤的教育引导下参加了革命，继承和践行了父亲遗愿。1951年，人民政府将本地压迫人民的恶霸和反革命分子抓捕惩处，领导人民开始了轰轰烈烈的新生活的建设。王廷珠的未竟事业，最终由党领导人民完成了，英灵若地下有知，亦可含笑九泉了。

自从共产主义诞生的那一刻起，几乎所有的反动势力都会把激进的、革命的行为与共产主义的组织联系在一起，国民党对王廷珠的起事也是这么认为的。虽然建水的中共地下组织建立很早，在不同的时期做了大量的工作，但从长田起事时中共地下党员主动前往协助而王廷珠并未很好采纳中共党员的意见以及王廷珠在队伍被打散后花了半年多的时间也未能与朱家璧的人民武装队伍取得联系来看，王廷珠或许对共产党的宗旨与政策有一定了解，但与地下党组

四、历史人物

织没有太多的交往。王廷珠的率部起事,应该是一次传统意义上的农民武装起义。

中国人尤其是中国农民,往往被世人公认是最温良驯服的人民。然而,百般忍耐的背后,是反抗的艰难与惨烈。在旧时代里,敢于与官府对抗,是要付出极其惨重的代价的。"长田事变"之后,王廷珠的父亲和兄弟相继被杀,家里也被抄得一贫如洗,仅靠王廷珠的妻子纺线维持生活,王福昌也是在饥一顿、饱一顿中长大的。然而,正是许许多多王廷珠式的农民起义,汇成了人民反抗暴政的洪流,客观上成为了中国共产党领导人民争取全国解放的基础力量。而王廷珠在被捕与被害中对地下党组织和地下党员的保护,最终完成了他对党的认识与认同。

## (二十七)民国奇女蓝妮

蓝妮(1912~1996年),女,建水县人。祖父蓝和光清末考中举人后,曾任广东香山知县。北洋军阀时代弃官在湖南、广东、浙江及澳门地区经商、办厂搞实业,为蓝家创下了基业。父亲蓝世勋曾是同盟会员,从英国剑桥大学读书回国后,同直系军阀头子孙传芳结为拜把兄弟,升为江苏税务局局长。蓝妮13岁就读于南京暨南女中，15岁就读于上海智仁女中。

　　1926年，蓝妮的父亲蓝世勋与好友一同外出时，途中遭到歹徒袭击，好友当即中弹毙命，蓝世勋被吓成了精神病。蓝家倾家荡产为之求医治病，3年下来，蓝父病情未见好转，蓝家财力却已捉襟见肘。无奈，蓝家于1929年，将正在学校读书的18岁的蓝妮，出嫁给李定国为妻，以图解脱蓝家困境。

　　李家在上海襄阳南路有规模宏大的宅院。蓝妮的公爹李调生，时为南京政府的财务部常务次长。蓝妮的丈夫李定国，毕业于上海法政大学，外貌也很俊美，又喜好京剧，且能唱上几段。论年龄他只比蓝妮大两岁，看起来两人似乎是很般配的了，但是李、蓝婚后很不和谐。李家是封建的汉族官僚人家，清规戒律特多，致使蓝妮这位生性倔强、生活随意惯了的苗家尊贵女儿很不适应。李家老辈人亦常以李家出钱资助了蓝家解困而并不将蓝妮平等看待。蓝妮丈夫人虽风流倜傥，但胸无大志，既不想出外做官，又不思经商挣钱，终日待在家中坐吃山空。蓝妮苦苦劝说无果，遂

四、历史人物

于1935年毅然与李定国离婚,抛下一儿两女,仅带上几百元钱,独自闯入十里洋场,时年年仅24岁。

1935年暮春,蓝妮在上海老同学的家宴上,偶然认识了一位大人物,这就是当时的南京政府考试院副院长孙科。孙科当时因夫人陈淑英在澳门养病,孤身一人在南京供职,不免有些寂寞凄凉。见到蓝妮,即为这位苗族血统的少妇的美色所倾倒,顿时对这位熟谙英文又知书达理的美女滋生无限好感。酒宴上孙科对蓝妮热情有加,之后两人经常幽会。当孙科升任立法院院长时,蓝妮则以孙科的私人秘书身份,公开出现在南京政府的官场上。不多日后二人成婚,孙科公开声明蓝妮为他的二夫人。1937年8月,蓝妮在上海生下女儿孙穗芬。

1937年"七七"事变后,南京政府迁往重庆,蓝妮陪同孙科也到了重庆。当时正值国共两党第二次合作时期,蓝妮有幸时常跟随孙科去往重庆曾家岩的八路军办事处会见周恩来、邓颖超、董必武等中共领导人,商讨抗日救亡大计。蓝妮在私下里与邓颖超结为好朋友,称邓颖超为"邓大姐"。

　　蓝妮在重庆居住3年，后因孙科原配夫人陈淑英带着儿女前来家中与孙科共同居住，蓝妮倍感处境尴尬。1940年春，蓝妮独自一人回到日伪占领下的上海，以其特有的交际手腕，加以孙科夫人的盛名，周旋于上海高层官场。当时汪伪政府里的陈公博、周佛海、褚民谊、梅思平等大汉奸，对日伪前途无不担心，为将来有条后路计，有意巴结这位孙夫人。蓝妮则不失时机地利用这些伪政府的高官，或与人合伙承包工程，或助人开办股票交易所等，从中得利赚取大钱，并斥巨资在上海修建了一座豪华的新居——玫瑰别墅。1945年抗日战争胜利，孙科回到上海，即与蓝妮和女儿孙穗芬居住在玫瑰别墅里。

　　1948年，国民党宣布该年为"行宪年"，蒋介石要通过选举保住总统位,同时又要装潢"民主"门面，再选举出一个副总统，由李宗仁和孙科两人来竞选。蓝妮积极助选，但因"蓝妮颜料案"影响了选情，孙科后来落选，蓝妮也因此在丈夫面前失宠，二人终于彻底分手，结束了近13年的夫妻关系。而这时国民党反动派在大陆的统治也行将崩溃,蓝妮于 1948 年先行将 12 岁的女儿孙穗芬送往香港读书。

1949 年,蓝妮到达香港,以开办大隆金号为业,不成想大蚀其本,以致几乎吃饭度日都成问题。此时在台湾的孙科也在官场上失势。直至 1954 年,女儿孙穗芬高中毕业后去台湾当空姐,蓝妮的生活才有了好转。

1957 年,孙穗芬与在台航空公司美国飞行员孙康威结婚。之后,蓝妮同女儿一家离开香港到了泰国曼谷,共同生活了四年,蓝妮还学会了一口流利的泰国语。1962 年,蓝妮一家移居美国,母女二人加入了美国籍,蓝妮单独住在旧金山,时常得到在美国的蓝家苗族兄弟以及女儿一家的关怀与照顾。

1982 年秋,应中共中央统战部和邓颖超邀请蓝妮回国观光。9 月 18 日,蓝妮在女儿孙穗芬的陪伴下,来到北京并到中南海拜会了她敬仰的邓大姐。邓颖超亲切地称她为"孙太太",这令蓝妮激动万分。之后蓝妮又受到杨静仁、康克清及中共中央统战部领导的接见。10 月 1 日,蓝妮母女又应邀出席了国庆大典。

蓝妮来到了久别的上海，动情地说："过去我想去台湾与女儿同住，不被允许。而今祖国大陆在中国共产党的领导下，欣欣向荣，到处都是一片大好美景。现在台湾请我去，我也不去了。我倒是想回到上海定居。"

1986年11月上旬，75岁的蓝妮再一次应全国政协主席邓颖超的邀请回到北京，参加纪念孙中山先生诞辰120周年大会。会后，蓝妮又回到了上海，住进锦江饭店。从此，蓝妮定居于上海安度晚年。1990年3月，蓝妮搬出锦江饭店，住进她当年玫瑰别墅中的一处房子。这为她从美国回到上海定居、叶落归根的情怀，增添了无尽美趣。

1996年9月28日，蓝妮在玫瑰别墅里，以中华人民共和国公民身份，走完了富有传奇色彩的八十五岁人生。

### （二十八）满腹经纶范承枢

出生于建水县城一个中医家庭的范承枢，多年追随卢汉南征北战、出谋划策，为推进云南的和平解放事业做出了自己应有的贡献。

范承枢生于民国2年（1913年），幼年就十分好学，先在建水上小学，后来到昆明明德中学

四、历史人物

学习。在范承枢初中还未毕业的时候,家道就已中落,仅靠父亲行医艰难地维持着全家的生活。维持生活已属不易,自然无法再继续供范承枢上学。范承枢因此只能辍学回家,失去了继续在校学习的机会。

为了寻求出路,范承枢在十八岁那年,悄然离家出走。经同乡的推荐,范承枢到南京中央政治大学国民党党部任秘书。虽然不能在课堂上专心读书,范承枢在私底下依然抓住一切时机努力学习。他经常在工作之余到教室去旁听法学课,休息时间就到玄武湖畔读书。范承枢的古汉语基础比较好,能背诵《古文观止》中的一些篇章。校长居正发现了范承枢的勤奋与才气,就推荐他到国民政府司法部办的法官训练所学习。范承枢一边努力工作一边刻苦学习,半工半读地完成了学业。在当时那种急功近利、物欲横流的社会氛围里,范承枢能够依然保持着锲而不舍钻研学问的精神,非常难得。

二十二岁的范承枢以优越成绩毕业后,开始步入政界,历任广东省积兴县和四会县法院院长、云南省临时参议会参议、云南省法制室主任、昆明地方法院院长、云南省政府社会处处长、云南省建设厅厅长、云南人民企业公司协理、滇军第一方面军军法处长等职。中华人民共和国建立后,曾任云南省人民政府顾问、昆明市政协工作人员。

步入政界后,虽然公事繁忙,范承枢依然保持了勤奋学习的习惯,经常读《六法全书》《资治通鉴》《二十四史》等书直至深夜。范承枢学风严谨,一丝不苟,过目不忘,还经常做笔记。这样的日积月累,为他良好品德的养成和在政界的工作打下坚实基础。当时,有位云南的诗词画家评论说:"承枢是云南中上层干部里很有才学的人,胸脯里有经论。"

范承枢从小受祖辈父辈做人要正直、勤俭等训教和良好家风的影响,做了官后生活仍很俭朴。他常说的一句话就是:"做法官就要学包文正公。"抗日战争胜利后,范承枢随滇军去越南接受日本军队投降。当时的受降官员,大多借机敲诈勒索、收受贿赂、大发横财,而范承枢只带回一把日本军刀。平日里,范承枢从不在家里请客吃饭,自己也不抽烟、不喝酒,一双黄皮鞋破了又补一直舍不得扔,两套西服常换着穿。直到当了建设厅厅长,范承枢也一直是租房子住,没有在昆明购置房产。

工作中,范承枢凭着自己的良心和操守,竭尽心力,尽职尽责。在担任昆明地方法院院长时,范承枢一到任就大刀阔斧地清理积案,一扫过去积案如山的污浊现象,不到三个月,法院即面目一新,办案效率大大提高。有一次,范承枢建水的一个亲戚在昆明地方法院打官司,求他照应。他说:"我只能秉公办案,不能讲私人情。"结果亲戚的官司打输了,大骂范承枢"六亲不认"。在担任社会处长期间,范承枢也做了很多赈济灾民的工作。

关于追随和辅佐卢汉所做的一些工作,范承枢在省政协根据"自己参与其事的内幕和亲身见闻"撰写的《卢汉任云南省主席经过》这一文史资料中有所反映。如1945年在蒋介石与卢汉关于云南控制权的争夺中,范承枢根据自己敏锐的观察所得向卢汉提出建议并为之草拟辞呈等文件,跟随卢汉到重庆同去参与对蒋介石钩心斗角之争。又如在1945年底,范承枢根据卢汉口述大意,为卢汉起草了就任云南省主席的就职宣言,由卢汉在就职典礼上宣布。在卢汉政权趋于稳定后,开始重视运用法制维持云南统治时,范承枢被派以军法处长兼理省府法制室主任,把龙云时期的云南单行法令全部加以整理,编印了《云南省现行单行法令汇编》一册,发各机关作施政依据,并制定了不少的法规条例等。

1949年10月中华人民共和国建立,范承枢思想上起了激烈变化。长期为国民政府尤其是为卢汉政权工作服务的经历,使得当时的范承枢是忠于国民党政权的。但随着全国解放战争胜利形势的不断发展,他对蒋家王朝逐渐失去了信心。重庆解放后,他多次收听重庆人民广播电台新闻,特别是收听了人民解放军的约法八章,对共产党的政策有了新的认识,逐渐坚定了自己投向光明的决心。当时,一些国民党要员纷纷出逃到香港以至国外,有人问他怎么办,他说:"我是中国人,不能到国外当寓公。"当云南省主席卢汉酝酿起义时,他积极参加,支持卢汉的爱国行动,是云南和平起义的主要领导者之一。在起义前的20多天里,他没有回家,住五华山为迎接起义,保护国家财产、公物、档案等。昆明保卫战期间,他日夜工作,亲自到前沿阵地慰问保卫昆明的起义军官兵。

1950年人民解放军进住昆明,成立昆明市军事管制委员会。范承枢拥护共产党,积极向军管会移交档案,被云南省人民政府聘为顾问。在新社会里,范承枢积极参加学习、改造思想,积极工作,努力为人民服务。

1969年8月,范承枢去世,享年56岁。

## (二十九)民兵英雄张崔荣

张崔荣(1913~2000年),汉族,建水县普雄乡人,自幼在家务农。解放初,任民兵队长。1950年12月反共救国军支队马有兴股匪聚集400多人(其中被胁迫群众200多人)暴乱,围攻普雄区人民政府。张崔荣带领民兵100余人,配合部队一个排对土匪进行围剿。张崔荣只身一人,深入匪巢,劝说匪首朱家富率21人投诚。缴获手枪5支、卡宾枪

张崔荣

2支、步枪14支、子弹数百发。1952年2月在围剿马有兴股匪战斗中,张崔荣击毙匪首马有兴、土匪4名,缴获手枪一支。1953年蒙自军分区授予张崔荣"二级战斗英雄"称号。

1960年3月,张崔荣出席北京全国民兵代表大会,受到毛泽东、朱德、董必武、宋庆龄等党和国家领导人的接见。会后在北京荣领以毛泽东、朱德名誉颁发的国产56式半自动步枪一支。1964年,云南省人民政府授予张崔荣"民兵战斗英雄"称号。1974年、1978年张崔荣分别参加云南省第三届、四届民兵代表大会。

### (三十)国画名家孙光宗

孙光宗(1917~1991年),出生于建水城一个银匠家庭,父亲会画国画,自幼受艺术熏陶。由于家庭贫苦,他早年画画,多是为养家活口。17岁才考入临安中学简师班学习,毕业后进入昆华师范学校艺术科深造,孜孜不倦,刻苦不辍。后回建水,先后在回龙小学、崇正小学、建水第一中学和个旧第一中学担任美术教师。抗日战争期间,画过大量的墙头抗日宣传画,并在建水两次举办个人水彩画和国画展。抗战胜利后,又曾

四、历史人物

在个旧、石屏等地举办个人画展。

中华人民共和国成立后,他在个旧作过很多宣传画,省、州、市举办的一些展览,常请他去当美术设计师。他创作的年画《互助合作多打粮》、宣传画《把余粮卖给国家,支援工业生产》《向毛主席报告丰收》,彩墨画《歌唱幸福》《报矿》《积绿肥》等,先后由云南人民出版社、北京朝花美术出版社、四川人民美术出版社和北京人民美术出版社出版发行。彩墨画《保卫祖国边疆》,参加全国第二届美术作品展览,由北京朝花美术出版社出版,《民族画报》《北京文艺》《美术日记》等多种报刊转载,原作由国家收藏。

1981年中国美术家协会云南分会在昆明举办孙光宗等三人画展,他参展作品30件,其中一件展后由云南美协收藏。其后他的国画《牧歌》入选云南少数民族风俗画展,在北京民族宫展出。《云南画报》曾以两个专页介绍《孙光宗的画》,刊出《生机》《醒狮》《辟邪图》《雄鹰展翅》等幅国画。《云南中国画选》选入他的《欣欣向荣》《犀鸟》两件作品。《羲之爱鹅》在建国35周年云南美术作品展中,获"耕耘奖"。《李时珍》《鹰》等

5件作品在中国美术馆展出。还有不少作品参加州、市举办的画展。

孙光宗生前为中国美术家协会云南分会会员、红河州美协主席、红河州文联常委、个旧市美协艺术顾问、个旧市政协委员。

### （三十一）画坛耆宿何炎华

何炎华（1921~2011年），生于云南建水。其父何其清曾是建水教育界的名宿，擅长丹青，1932年至1937年任建水县教育局局长。在任职期间，他为使建水青年就读方便，培养地方人才，协助云南省教育厅说服乡里在建水文庙建立了省立临安中学；提倡男女平等，主张女孩子与男孩子有同样享有受教育的机会，开展了天足运动；大力宣讲识字的好处，结合实际画了一些宣传画，起到了较好的宣传效果。何炎华上小学期间，父亲用建水碗窑上的白土做成粉笔教他在三合土上习画。那时，他十分好奇，见到什么就画什么，这是他最早接受的绘画启蒙教育。

1934年，何炎华考入临安中学简师班，师从美术教师刘文清（后留法回国，任西北美专教授、

四、历史人物

绘画系主任）学习素描、水彩、速写。刘老师的教学形式多样，生动活泼，上课以实物写生为主，结合实物讲解绘画的基本理论和基础知识，同时还带领学生到大自然中画水彩风景画和做速写作业。时孙光宗也就读简师班，比何炎华长四岁。在刘老师的精心辅导下，他们对绘画产生了浓厚的兴趣，一块在校园里画学校的风景，走上街头画人物速写，到茶馆里画老人头像，在胡同里画巷道民宅，赴乡下画农夫劳作的场景，绘画理论和技巧得到了较快的提高。

1937年何炎华简师毕业，正值抗日战争时期，时局混乱。何炎华到建水焕文小学任美术教师，孙光宗到云南省艺师班插班深造两年后，也回到建水崇正小学教书。1941年日本飞机几次轰炸建水，学校早晚上学，白天疏散。他俩早晚给学生上课，白天则结伴到周围写生作画，寄情于建水古城的各种景点和自然风光。长时期不间断地进行艺术实践和探索，他们的绘画技艺逐渐成熟起来。1943年，由于工作的变动，孙光宗到个旧工作，长期从事美术创作，成了蜚声画坛的著名画家。而何炎华则执教美术和从事工艺美术40多年，为地方美术事业的发展做出了贡献。

1946至1948年间，何炎华相继在建水、个旧举办个人画展，展出国画作品80多幅。1949年他到昆明任教，这时，他喜欢上木刻，先后在《云南日报》《正义报》《边疆文艺》上发表木刻作品数十幅。新中国成立后他一直辗转在昆明、建水、蒙自、西双版纳等地的中小学执教美术，此间发表过一些钢笔画作品，两次举办个人水墨画、水彩画画展。1958年他被错划成右派后，在建水工艺美术陶厂从事紫陶工艺美术绘画工作，充分发挥绘画特长，对工艺美术陶制作工艺进行了大胆改革，将木刻版画的原理运用到制作工艺中，发明了空心刀，以刀代笔，提高工效20倍，被人们称为神刀，至今还有人在使用。

1980年，何炎华平反，回蒙自一中后退休。这时，他已经59岁，但自己所钟爱的绘画艺术从未荒废。何炎华一生与古朴、充满灵气的临安古城厮守并沉潜其中，也意识到古建筑是建水历史文化的载体，保护古建筑就是保护历史，保护人们赖以生存的精神家园。浓浓的故土情驱使着他拿起手中的画笔，尝试着画了一批反映建水古建

四、历史人物

筑的水彩画、钢笔画,展出后受到好评。何炎华笔下表现的不仅仅是对客观事物的观察和描摹,透过作品宣扬的是自然、和谐、弘善、回归传统和人类本性的美好愿望。1986年,何老在一幅名为《颜洞宝塔》的水彩画上坦露心迹:"我忆写了临安古城的部分古建筑,希望老年人回忆补充,使之更符合史实;希望年轻人继往开来,将古城建水建设得更美好。"

20世纪90年代初,建水县正在积极申报国家级历史文化名城,何炎华抓住时机绘制了以建水城七寺八庙为主的23幅钢笔画,于1991年由建水县文联为其出版了《古城丹青——建水古建筑钢笔画》的小册子,作为资料提供有关部门参考珍藏。此后,他加快了绘画的步伐,不顾年事已高,不辞辛苦地徜徉于建水古城数百年的历史沧桑之中,用一支小钢笔勤奋地表现着大历史,古建风俗无不装入他的画囊。值得称道的是,对于一些早已毁损和湮没的古建筑,是他通过追忆、查找文献、进行实地考察、寻访口碑资料等多种方法,并苦心孤诣、察辨就里后精心绘制而成的。因此弥足珍贵。

"铁笔绘古城,丹心报桑梓。"何老先生的钢笔画,再现了建水古城历史衍化的陈迹,对发掘、整理、抢救、保护建水古城历史文化遗产的贡献是不凡的。1998年8月,由建水县政协学习文史委员会出资结集出版了《临安古城——何炎华钢笔绘画专辑》,选录了何老的299幅钢笔画。该书出版后,在社会上引起了很大的反响,中央电视台经济频道、海外频道、《云南日报》《云南政协报》《红河政协》均作了报道。

2009年8月,红河州政协举办纪念人民政协成立60周年优秀文史图书评选活动,在红河州13县市出版的148种文史书籍中,《临安古城——何炎华钢笔绘画专辑》被评为二等奖,这是本次评选活动中个人作品的最高奖项。

## (三十二)彝族歌者白秀珍

白秀珍(1922～2004),出生于云南省建水县曲江区山村,彝族民间歌手,擅唱彝族"四大腔",曾随周总理将烟盒舞海菜腔带到莫斯科,参加世界青年联欢节,获世界青年联欢节银质奖章。

白秀珍自幼酷爱歌舞,童年即随母亲和姨妈

## 四、历史人物

学习歌唱。十几岁时,不管是唱曲子、跳弦,还是对歌,都已驾轻就熟、信手拈来。火把节上,她清脆的歌喉,优雅的舞姿,机敏出色的即兴编唱,常常受到人们称赞,成为远近闻名的歌手。

1952年,白秀珍参加全国民族民间音乐舞蹈大会,获优秀表演奖。随后被调入云南省歌舞团,开始专业歌手的舞台生涯。1955年,白秀珍赴波兰华沙,参加"第二届世界青年联欢节",演唱彝族民歌《东门一棵花》,荣获银质奖章,为民族和祖国赢得了荣誉。

白秀珍是彝族歌舞艺术——"四大腔""弦子"在当代传承的集大成者。她演唱彝歌不仅风格浓郁,技艺精湛,歌艺也长盛不衰。

1982年,白秀珍参加文化部和中国音协在广西南宁召开的"中国南方五省区少数民族音部民歌座谈会",演唱的《五三腔》,获"年龄最大,气息最长,声音最亮,风格最浓"的美誉。1987年初秋,在中国音乐家协会的提议下,当时已66岁的白秀珍,应武汉音乐学院的邀请,专程到武汉与音乐学院专家科研小组有关研究人员合作,全面系统地挖掘、整理彝族民歌,总结、研究自己的发声方法与演唱艺术规律。67岁时，白秀珍应邀参加"首届长江歌会"，演唱难度很大的彝族《海菜腔》，仍得心应手，光彩照人。同台演出的英、美艺术家，无不赞叹其保持着"少女般的歌喉"。

白秀珍在60多年的民歌演唱实践中，不断地潜心琢磨，博采众长，将云南建水地区不同的民歌演唱风格与特点熔于一炉，集于一身。她在保留和发展彝族民歌浓郁的生活气息、韵味的基础上，形成了自己独特的演唱风格，锤炼出精湛的歌唱技巧。有文章《为真情而歌唱——著名彝族歌手白秀珍歌唱艺术研究》《云南彝族海菜腔的演唱方法与美声唱法之比较——以白秀珍的演唱为例》等，记载并专题研究白秀珍的作品与唱法。

### （三十三）古城文化守护者张述孔

张述孔（1927～2014年），1949年12月参加工作，是云南解放前参加工作的老干部，曾参加过昆明保卫战。1951年部队复员后到建水县文化馆工作，1979年起在建水县文化（体）局文化股工作。从事文化工作38年，走遍了建水的山山

四、历史人物

水水、村村寨寨,先后筹备并参与组建了"建水文工团(即建水花灯团、建水红河彝族花灯团前身)""建水县文艺干校""建水大众滇剧团""建水县业余京剧团"和"建水县山区文化工作队"等五个文艺团队,为丰富建水人民群众的业余文化生活做出了贡献。

1953年,他在看到建水四城楼中仅存的明代建筑朝阳楼在经历了数百年风雨剥蚀和战火摧残后摇摇欲坠的样子心急如焚,及时向上级提出了《朝阳楼抢救维修报告》,为之四处奔走呼号,争取社会支持。他将抢救维修报告写成了代表提案,通过民主人士吴朝瑛、邵连玉等人民代表,提交建水县首届人民代表大会,转交县委县政府解决。《朝阳楼抢救维修报告》和相关代表提案,引起县委政府的高度重视。1955年,县委县政府又报省委省政府争取了项目和资金支持,之后按照修旧如旧的文物维修原则,张述孔主持了建国后建水县首次对朝阳楼进行的复旧性的抢救维修。

1955~1961年间张述孔与云南省工作室杨放和云南省花灯团陈源等两位音乐专家深入我县

南庄羊街、岔科白云、普雄塔瓦,城关镇等彝族农村收集整理建水花灯音乐,编成《建水县花灯音乐》黼本,使建水彝族花灯历史及其花灯音乐,从此有了文字记载,建水花灯因此成为云南花灯的重要发源地之一。20世纪60年代,张述孔借助云南省歌舞团胡宗澧等下放人员,选择《斗诗亭》一剧,首次提出全部采用建水花灯曲调音乐尝试,并请云南省歌舞团朱里千、陆萼棣为音乐设计,胡宗澧为导演编排,使《斗诗亭》成功上演,开创了别具一格的建水彝族花灯的先河,建水花灯从此登上大雅之堂。张述孔通过对收集整理的建水花灯音乐曲调的鉴别、比较、筛选、分析,挑出适宜推广且曲调优美的花灯音乐曲牌,作为成立不久的建水文工团在花灯音乐创作方面的基本曲调,解决了文工团成立之初缺少花灯音乐创作人才的难题,为建水文工团的发展、壮大奠定了基础。

1962年6月,朱德委员长夏日访临安,登上朝阳楼,参观文化馆收藏的古书画,张述孔作为建水文化界两个代表之一,在朝阳楼上受到朱德委员长的亲切接见。这成为张述孔一生的荣耀,

四、历史人物

张述孔从此坚定了为建水的文化事业奉献一生的信心和决心,并付出了毕生的精力。

1963年,张述孔以老舍的话剧《荷珠配》为脚本,改编为大型花灯剧,由建水花灯团在建水、个旧、开远等市县演出数十场,反响热烈。1964年创作的花灯歌舞《文化货郎》,由建水花灯团排演参加省州戏曲会演,均被省州评为优秀剧目,并被省电台录播,成为当时誉满全滇、深受广大人民群众喜闻乐见的文艺精品剧目。

1966年"文革"中,在朝阳楼"雄镇东南""飞霞流云"等8块匾额即将遭被卫兵砸毁的关键时刻,张述孔以文化馆工作多年的经历告诉他:文物毁之容易,得之艰难。朝阳楼和古匾是前人留给建水人民的宝贵遗产和珍贵文物,朝阳楼若失此八块古匾的映衬和装点,则将失却灵光宝气,价值打折;建水历史若失此八块古匾的证明和注释,其战略要冲的地位和史实,就会缺失相应的依据和佐证,难续建水的历史辉煌。眼下红卫兵如果只凭一时的冲动卸下古匾砸毁,不仅是毁了国家的重要文物,而且还将毁去建水历史发展的重要证据。因此,他顶着被打成"四旧"维护者的巨大压力,冒着被红卫兵批斗和游街甚至可能坐牢的风险，挺身冒险上前，直接找红卫兵负责人交涉，好言劝说，力陈古匾与建水历史文化的关系，建议找个秘密地点，把它永久封藏起来，同样可以起到破除"四旧"的目的和效果。在他苦口婆心地劝说和低声下气的哀求下，红卫兵负责人最终同意了他的请求。于是，张述孔当即雇来几个人，把匾额抬到城楼下找个空房锁了起来，就这样把"雄镇东南"和"飞霞流云"两件珍贵文物完好地保护下来。这在当时，需要多么大的胆量和胆识，才能不顾一切去这样做。

雄镇东南

飞霞流云

1980年，张述孔加入云南省摄影家协会，后选为红河州文联

四、历史人物

委员。摄影作品有《在广阔的实验室里》《别有洞天》《边陲古城迎亲人》《棋坛盛遇》《接班人》《早读》《民族学生在成长》等先后入选省摄影家协会举办的摄影展览。1971年,《抗灾夺丰收》入选北京中国农业展览馆展览,《傣家两姊妹》《思情悠悠》入选"红河州民族服饰头饰风情摄影晋京展"。1984年以后,参加《红河州戏曲志》《红河州文化志》的编纂工作,编辑和撰写了两志部分篇目的概述及条目。1988年,通过回忆、收集、整理失传多年的建水文庙的祭孔舞蹈,并查阅相关的资料及亲自对祭孔的"五佾生"进行教授、培训,使建水历史上隆重的祭孔活动中的祭祀舞蹈得以传承,重新复活,成为今天建水文庙重要的文化活动之一。著有《中国历史文化名城名城诗百首》《晚韵》《缀珠集》内部印行。

在长期的群众文化工作实践中,张述孔精准地把握了文化工作不同艺术门类的精髓和要求,使自己成为了建水文化工作的多面手,还具备了识别各类文化艺术专业人才的独特能力,为建国后建水先后建立的五个文艺团体——建水文工团(建水花灯团)、建水县文艺干校、建水大众滇剧团、建水县业余京剧团和建水县山区文化工作队以及文化馆。在后来的图书馆、文物管理所选拔、推荐人才时,基本做到了一选一个准,使人尽其才、才尽其用,都成为各单位的业务骨干。其中尤以对现云南大学教授李子贤的一录一放而称绝,最终成就了李子贤的读书梦和国际民间文学研究知名学者的地位。这为他在县内外的文化艺术界赢得了广泛的尊重,也建立了广泛的人脉,曾被时任建水县委书记的向东升同志尊称为"文化艺术界的伯乐"。

# 五、地方文化

## (一)《"双十"碑记》纪

"双十"即"十件历史大事"和"十大历史文化名人"(以下简称"双十")评选勒石立碑工作,是建水建城1200年庆典的一项重要工作。做好"双十"评选勒石立碑工作,对于挖掘建水历史文化资源,彰显建水历史文化和历代英贤,弘扬优秀传统文化,激励我们发扬先辈的文化创新精神,建设和谐、文明、富裕的新建水,具有重要的现实意义和历史意义。

为做好"双十"评选勒石

十大历史事件碑记碑

立碑工作,2006年7月25日第一次庆典组委会会议之后,建水县党史县志办公室、"双十"评选勒石立碑工作组即于7月26日上午召开会议,召集建水地区资深专家及史志工作者一起研究,制订"双十"评选勒石立碑活动方案,明确了评选标准、评选方法、勒石形式和工作流程。在制订方案的基础上,经过认真遴选,于同日推荐出20件历史大事和20名历史文化名人,作为"双十"的候选名单。候选名单经组委会研究确定后,"双十"评选勒石立碑工作组和县党史县志办公室及时组织人员加班加点,查阅资料,编写20件历史大事稿件,撰写20名历史文化名人传略,提供给8月5日组委会会议讨论。为使"双十"评选勒石立碑活动更具权威性,8月5日组委会又成立了以卢文祥、王发利、赵云华等为顾问,李自恒为主任,郭向东、张绍碧等为副主任,杨丰、刘文光、沈振宇、汪致敏、苏正洪、谢恒等为委员,陈红丽、孙向阳、包茹兰、梁玉兰、沈卫东为工作人员的评选委员会,指导"双十"评选勒石立碑工作。根据8月5日会议精神,工作人员对20件历史大事稿件和20名历史文化名人传略进行核

五、地方文化

实修改、缩写,经组委会审议同意,于8月8日起分别呈送县委、县人大、县政府、县政协及有关部门的领导审定,并同时在多家媒体公告,让公众参与推选,广泛征求社会各界的意见和建议。8月26日,评委会召开会议,根据群众推荐意见和建议,对20件历史大事和20名历史文化名人进行了认真的研讨,并进行评委投票。工作人员根据群众投票和评委投票,认真统计核实,以群众投票与评委投票之和为最终得票,取得票最多的前10件历史大事和前10名历史文化名人为当选大事和当选名人。"双十"评选结果经8月30日中共建水县第九届委员会第四次常委会议通过,有关人员又根据会议精神,对"双十"稿件和传略进行认真的核实修改,从一字一句到一个标点都反复推敲,精益求精。

稿件确定后,为避免碑文字体呆板,使碑文风格迥异,9月6日评委会召集建水10位书法爱好者研究碑文书写工作,并得到10位书法爱好者的大力支持,由每位书法爱好者书写一个历史文化名人的碑文。至此,"双十"勒石工作正式开始,从9月10日起,经过近半个月的辛勤努力,"双十"

评选勒石立碑工作于9月23日通过组委会验收,使9月27日的碑刻揭幕仪式得以顺利举行。彩绸一揭,12通大小不一、风格迥异的碑刻矗立在孔子文化广场,跃然于观众面前,为建水人民和外来游客提供了一道崭新的文化景观。老百姓说:"这台事情做得好,做对了,是一台既展示建水历史文化,又激励后人的大好事,做事就是要做这样留得下来、有意义的大好事。"

揭幕的礼花已经飘落,鲜艳的红地毯也已经卷起27日的欢乐记忆。评选"双十",碑刻"双十",民众话语纷纷,炼为一字,就是"好"。

从7月25日接受任务到9月23日通过验收,整个"双十"评选勒石立碑工作不到两个月,在这样紧张的时间内,完成这样复杂细致的工作,立起12块大碑,既要脑力劳动,又要体力劳动,没有敬业精神,没有奉献精神,没有对于自己先辈们创造的灿烂文化的崇敬景仰,是不可能在这么短的时间内做好这样艰巨的工作的。每一个同志,既要做好自己的本职工作,又要完成这一突击性的任务。勒石立碑工作开始以后,撰稿人员、书家和勒石师傅们边书边刻边校对,组委会工作

五、地方文化

人员加强督促，与勒石师傅们加班加点，同甘共苦，一起出力，一起流汗，使勒石工作按时间和质量要求有条不紊地进行。许多同志没有了周末，没有了午休，有时晚上还要加班到深夜，不仅在办公室里撰写文稿，修改文稿，还要到工地上监督解石头、磨石头、写碑文、排碑文、刻碑文，检查碑文字体字号，随时解决刻制过程中出现的问题，检查工作进度，落实质量要求。但是，再苦再累，同志们都没有一点埋怨，他们认为参与千年等一回的庆典工作，彰显家乡的历史文化，是一个难得的机会，是一种荣耀。正是同志们的这种对家乡文化的热爱和景仰，正是同志们的敬业奉献精神，在50多天时间里，矗立起了12块建水文化的"石头记"，开辟了建水文化的新景观。

## （二）建水的牌坊

牌坊是中国传统文化的独特景观，是一种具有标志性、纪念性的建筑。据老一辈人讲，建水城在"文化革命"前还是牌坊林立，但由于社会的变迁，现在大多已无遗迹可寻，我们只能根据一些片言只语的记载和民间的一些传说遥想它们当年的风采。

一般来说，牌坊总是高踞于街口、庙前、陵

前,是为彰显个人功绩或者倡导某种德行而建造。一座座牌坊就是一块块道德丰碑,高悬于人们的头上。所以,要建一座牌坊,除非你有超乎常人的才能,或者建立了不世的功勋,或者热心公益、乐善好施,还得有朝廷的肯定、恩准,才能建一座牌坊,因此这是一件令自己和后辈都感到十分光彩的事。

建水现存牌坊最集中的地方是文庙,有"太和元气""洙泗渊源""德配天地""道冠古今"等八座牌坊。这些牌坊建筑精美、雍容华贵,是中原儒家文化在建水的深远影响的象征。它们历经岁月风雨的洗礼,能与文庙一起完整地保存至今,这本身就是一个奇迹,是建水人重教兴学、崇尚文明的象征。

令人高兴的是,建水人一直津津乐道、引以为豪的"文献名邦"和"滇南邹鲁"牌坊,几经沧桑,现在又重现桑梓。

相对而言,贞节牌坊就是实实在在的道德牌坊。建水现存两座贞节牌坊,一座在西庄老易屯,另外一座在陈官杨家庄,形制大致相同,典雅端庄,全用石材造就,在视觉上就有一种沉甸甸的感觉,

五、地方文化

看来真的可以流芳千古了。

杨家庄的贞节牌坊建于民国27年（1938年），牌坊上正中刻有"旌表节孝"四个字，为"何母戴夫人节孝坊"。遗憾的是坊额上题的字在文革大革命时被人用沙灰糊起来了，只隐约可见"玉洁冰清"等字样。牌坊上还刻着"穆桂英挂帅""花木兰从军"等巾帼英雄的浮雕，反映了"谁说女子不如男"的进步思想，更多的是一些吉祥纹样作装饰。和西庄老易屯的牌坊一样，两面都用石狮、石象来守门，不过形象别于其他地方的石狮、石象，看起来温柔些，毕竟这是为女性立的牌坊。中国人爱用谐音，狮者师也，象者向也，含有以"我"为楷模的意思。

西庄老易屯的牌坊有一个动人的故事。刘傅氏二十四岁时丈夫亡故，守寡四十六年，含辛茹苦纺织持家独自抚养儿子成人，直至四世同堂。这其中当然有传统贞节观念的影响，坊志上就刻着：妇人之义，从一而终。可是贞节牌坊只是我们一般的叫法，牌坊上正中刻有"旌表节孝"四个字，节当然是针对刘傅氏夫人，而孝就是针对她的子孙而言，儿孙自然也要恪尽孝道。封建社会以忠孝治天下，刘傅氏的"节"可以理解为对亡夫的"忠"。只要发现忠孝的事例，朝廷还是要大肆表彰的，这就不难理解，建水远在天之外，还不懂事的宣统皇帝也下诏在这里为她建节孝坊。坊额上题书"彤管流芳"（前）、"四世同堂"（后），"四世同堂"倒也不难理解，"彤管流芳"就显得很雅致。"彤管"是一种红色的香草，象征一片赤诚之心，"彤管流芳"在这里主要是赞美刘傅氏夫人的节操。排除"守节"的原因，刘傅氏夫人可能更多的是考虑到对一双儿子的责任，为了儿孙历尽艰辛四十六年，反映了母性的伟大，这样的母亲完全应该受到人们的尊重。

古时的德操、节孝等观念，剔除封建糟粕，在今天完全可以作为一种个人的操守来自律。人的欲望如果不加以约束，就会泛滥成灾；一个人如果到了什么都无所谓的地步，那就与猪狗无异；一个社会如果也是这样，那就是道德的沦丧，离灭亡也就不远了。建水一中新建的凌志门牌坊上大书孔子的话：子帅以正，孰敢不正。

前人为我们立了一座座牌坊，向我们昭示着一种道德的力量。有的尽管已经倒塌了，但它依然在人们心中高高耸立。

让我们每个人都在心里为自己立一座牌坊。

### (三) 又见"文献名邦"坊

在石桥,又见"文献名邦"坊;在临安车站门口,又见"文献名邦"坊;在迎晖路上,又见"文献名邦"坊;在建水,又见"文献名邦"坊。

在明万历四十四年后之399年,又见"文献名邦"坊;在清咸丰后之159年,又见"文献名邦"坊;在清光绪后之140年,又见"文献名邦"坊;在1958年后之57年,又见"文献名邦"坊。

明万历四十四年的某天早上,临安知府金节率领一班府臣,来到迎恩寺前的永善街上,在锣鼓声欢呼声中揭下了建水"文献名邦"坊竣工的红绸。从那时起,熠熠生辉的"文献名邦"

迎晖路新建的"文献名邦"坊

坊便屹立在建水大地，屹立在建水人心中，从未坍塌。

坊，是纪念表彰人物功绩的建筑物。建水"文献名邦"坊表彰的是哪个人物的功绩呢？它怎么不早不迟，选择在万历的某一天早上，与冉冉而升的太阳一起耸立起来？"文献名邦"坊表彰的人物叫包见捷，是万历皇帝身边的一个谏官。万历表彰包见捷，何故不以人名而名，而以区域谓之"文献名邦"？原来，"文献"二字中，献指的就是人。朱熹在《四书章句集注》中说，"文，典籍也；献，贤也"。这里的贤，指的就是有学问有造诣的人。而包见捷，就是"文献名邦"中的那个"献"。

包见捷，建水人，21岁中举人，31岁中进士，授翰林院庶吉士。官阶太仆寺卿、吏部左寺郎，都是三品之位官。卒后，天启皇帝诏赠工部尚书，赐葬故乡，在建水城东北白鹤铺造墓，立标杆、塑石像，大彰其绩。包见捷天姿聪颖，敏慧过人，八岁能与临安知府应对七言诗，知府称奇，建水人都说他是"神童"。在宫殿上，谏官包见捷典史应天子，对答如流。一日，万历皇帝在宫殿上

五、地方文化

举某朝典宪测试廷臣,满场朝臣面对万历皇帝的提问,一个个唯唯诺诺,虚汗满面,面面相觑,却始终答不出来,或答不完善,只有包见捷对万历的提问缜密不漏,对答如流,让皇帝心悦诚服,连连称赞。万历皇帝十分高兴,走下殿阶,拍着包见捷的肩说:"中原文献尽在卿矣!"万历皇帝的褒奖不仅仅是拍肩称赞,更命工部在包见捷的家乡建水建造牌坊一座,又御赐匾额"文献名邦"。建水人更是在城内为其立起"名世天卿""纶命频颁""节钺上卿""同玺近臣""南宫首选""词林独步""玉堂青琐""金马黄门"8座牌坊。

万历四十四年(1616年),临安知府金节遵旨在建水建造"文献名邦"坊,坊址位于建水城东北永善街迎恩寺前。据说,当时的"文献名邦"坊为三开间石木牌坊,万历皇帝御赐的"文献名邦"匾额高悬其上,威仪肃穆,庄严巍峨,老远就能望见高大的牌坊和熠熠生辉的"文献名邦"四个大字。传说"文献名邦"四个大字就是万历的御书,说他既然御赐匾额,那字也必定是御书,不无道理。

"文献名邦"坊建造起来后,这里更成了建水人精神文化的象征,"文献名邦"坊也就成了人们心中的一座文化丰碑，被世人所景仰。因此，明清时期凡骑马路过"文献名邦"坊的人都必须下马，以示敬重。

明万历四十四年（1616年）之后的240年间，不知"文献名邦"坊是否被损毁过，但到了240年时，"文献名邦"坊遭到了灭顶之灾。《续修建水县志》卷七说，清咸丰六年（1856年），"文献名邦"坊被毁。那一年，建水硝烟四起，粗暴横行。不知是在硝烟中化为灰烬，还是在粗暴中被粉身碎骨，反正"文献名邦"坊在那一年被毁掉了，建水人精神文化的一座丰碑坍塌了。在永善街"文献名邦"坊被毁的同时，永善街那些林立的标石和飘着书香的民宅也遭到目不忍睹的破坏，永善街从此破败，渐渐荒凉下来。

咸丰四年（1854年），建水沙泥塘街的钱氏民宅里，随着一声婴儿的啼哭，为书写"文献名邦"降生了一个才子。咸丰六年（1856年）"文献名邦"坊被毁的时候，这个才子才两岁。这个才子叫钱正圜，光绪九年（1883年）考取进士，先是入选翰林，叫留馆。留馆结束散馆后，历任乐亭、南宫、枣强和绩溪等知县。钱正圜善书法，楷行俱长，

## 五、地方文化

尤善擘窠书。建水南门"环翠楼"、西门"挹爽楼"、北门"觐光楼"和文献名邦坊上的"文献名邦"四字,均是钱正圜的楷书手迹。

《续修建水县志》卷七说,毁于咸丰六年(1856年)的文献名邦坊于清光绪年间重建于大水塘,继移远旧址,坊额为翰林钱正圜所书。志载表明,重建"文献名邦"坊,最早是在光绪九年(1883年)、钱正圈考取进士之后。在没有考取进士之前,钱正圜不会为"文献名邦"坊题写坊额。所以,光绪重建"文献名邦"坊,是在"文献名邦"坊被毁27年之后的事。而且,光绪重建的"文献名邦"坊不是重建在原址上,而是建在离县城更近的大水塘。可是,不知什么原因,才在大水塘重建起的"文献名邦"坊,接着又移到远处的旧址,这个旧址就是毁于咸丰六年(1856年)的永善街"文献名邦"坊旧址。

光绪重建的"文献名邦"坊,在永善街矗立了半个多世纪,经历了半个多世纪的风吹雨打,却没有经受住1958年的那一阵"炼钢旋风"。为了炼钢,"文献名邦"坊的木料被拆卸下来,送进炼钢的火炉,质地优良的坊额则不知去向,有人说做了大炼钢铁的烧柴,有人说做了公共大食堂的案板,还有人说被人悄悄拿回家做了切菜剁肉的砧板。

"文献名邦"坊坊址上的石头越来越少,坊址边的空地和水池盖起了民房,辙印深深的石板路被水泥覆盖,孩子们在坊石上攀爬玩耍成了老人们时淡时浓的记忆,"文献名邦"藏在史书典籍中,许多许多的人知其名不知其所以然,更不知道"文献名邦"坊在哪里,"文献名邦"坊被淡忘了。

又是半个多世纪。在回望乡愁的眷恋中,"文献名邦"坊的话题又倏然从万历的宫殿中传来,从包见捷与包见捷的对答如流中传来,在万历四十四年(1616年)的永善街清晰起来,在光绪的大水塘和永善街清晰起来,然后,又见"文献名邦"坊矗立起来,在原大水塘与建水城衔接的石桥上矗立起来。

重建"文献名邦"坊于2013年10月开始平面设计,2014年9月外出选择木料,2015年3月6日破土动工,6月1日飘梁,10月竣工。重建"文献名邦"坊为四柱三开间,高10.85米,宽15.5米,

五、地方文化

进深 4.34 米，规划占地 50 平方米，基本保持旧时"文献名邦"坊的体量。见过老"文献名邦"坊的老人说，现在的"文献名邦"坊，没有原"文献名邦"坊雄伟高大。徐光祥说，现在的"文献名邦"坊，比原"文献名邦"坊还大，老人们说过去大现在小，是时空环境差异的视觉效果。应该是这样，历史的大水塘永善街一带，没有高层建筑，只是一溜或一片低矮的瓦房或土掌房，那"文献名邦"坊就显得高大雄伟，巍峨壮观，而今天的"文献名邦"坊，虽比旧时"文献名邦"坊大，却隐于高楼的森林里，自然显得不是那壮观伟大。

重建"文献名邦"坊为石木牌坊，基本保持旧"文献名邦"坊的风格。四棵木龙抱柱借鉴了建水文庙先师殿石龙抱柱，中间柱子的雀替是龙，左右柱子的雀替是鱼化龙。无论鱼化龙至龙的雀替，还是四棵木龙抱柱，都蕴含鲤鱼跳龙门的民俗文化，更象征"文献名邦"坊的等级和品位。龙是天子，皇帝是天子的化身，"文献名邦"坊是皇帝钦赐的荣誉，是天子给予建水人的褒奖，所以，龙柱、龙雀替的使用，使"文献名邦"坊更显庄严威仪。而坊额"文献名邦"和"滇南邹鲁"

为孙轶青先生所题。孙轶青先生曾为全国政协副秘书长，国家文物局局长，不仅为文物保护，也对中华诗词和书法做出重大贡献。他的书法重传统，尚功力，善行草，诗书结合，雄健潇洒。或许是孙轶青先生预知建水一定会重建"文献名邦"坊，或许是孙轶青先生对建水文化的一个期望，还在1991年6月，孙轶青先生带全国政协提案委员会建水考察组考察时，就挥毫留下了"文献名邦"和"滇南邹鲁"的墨宝。24年后，孙轶青先生离世6年后，他的两题墨宝，被作为一坊两额，镶嵌在重建"文献名邦"坊上，而那雄健洒脱的一笔一画，都让我们感悟到了孙老对建水文化的殷殷深情。

如今，建水人站在迎晖路上看日出的时候，又看见那迎着太阳的"文献名邦"闪着辉煌的光芒！

### （四）包罗万象的碑刻文化

林立的碑刻是建水众多文化古迹之一，是建水文化的一个重要组成部分。

建水碑刻文化，最早可追溯到元朝。建水现存最早的碑刻，当推元代至大元年（1308年）

## 五、地方文化

正月立于文庙里的《大元统天继圣钦文英武大章碑》，是滇南最古老的碑刻，称为"滇南第一石"。

建水文庙作为一座古代文化的圣殿，至今仍保存许多古碑，其中历史价值最高的当属大成殿西碑亭内的满汉文碑。整座石碑由满文和汉文分别镌刻的两块碑并立在一起，镶嵌在一块完整的碑座上，头上有碑额，为罕见的巨型石碑。碑文为清乾隆皇帝作《御制平定回部告成太学碑记》，记载的是乾隆二十至二十三年（1755～1758年）清军平定新疆准噶尔部贵族叛乱的史实。临安知府双鼎及所属州县知事用北京文庙御制碑文拓片勒石。这块《御制平定回部告成太学碑记》以皇帝的口气行文，记述了乾隆二十年（1755）在新疆平定准噶尔部贵族阿睦尔撒纳，以及三年后平定维吾尔族贵族大小和卓木叛乱的史实。碑中的史实与建水毫不相干，却为何要在此竖立这样一块碑呢？古时建水地区民族杂居，民风强悍，习武之人众多，械斗之风盛行，加之武装起义也较频繁，于是统治者在加以残酷镇压的同时，推行"恩威并施""文攻武压"的政策，以维护其政治统治，因而在祖国的边陲重镇竖立这样一块碑石是有重要意义的。

建水民谚曰：先有指林寺，后有临安城。明朝景泰元年（公元1450年），经临安建水地方社会贤达推荐、受黔国沐公的邀请来到指林寺住持的温成，请锦衣卫勋卫郭登撰写了《重修指林禅寺记》，刻石立于大殿旁。石碑通高333厘米，碑身高202厘米，碑身宽91.5厘米，厚24.5厘米，碑文共32行1639字，楷书。碑文首先介绍了临安边远荒僻的地理位置和凶险的环境："云南，古鄯阐国也，隔越中夏万有余里，而临安尤极要荒之外"，"鸟言鬼面之徒带刀剑弩矢散处山谷，喜则人，怒则兽，声音气味与华俗迥异。抚之以恩，顽冥而不知怀；临之以威，愚骏而不知畏，此所以号称难理者也。"若要治理，须"用夏变夷，无远不服。"碑文还记载了指林寺本身的兴废史，记述了临安始立卫城以及明朝僧纲司的设立、黔国沐公稳定云南、朝廷平定麓川叛乱、佛教在中国的兴盛和发展、儒佛如何共生等内容。碑文有史有事、行文流畅，文采飞扬，具有极高的历史价值。

## 五、地方文化

我国自古就主张"天人合一",强调人与自然的和谐协调。在建水的井文化中,形成了众多保护水井和用井汲水的良好习俗,如构筑井台、修筑排除污水的水沟、不往里丢脏物、不在井前说脏话等。建水最古老的水井,当数东城门外的醴泉。井旁的一块石碑记载,此处"旧有醴泉,素称东井,考其由来,自元迄今,载在志书。"另一块碑文称:"东井创自建城之初,载在郡志,名曰醴泉,俗名水井殿。重修于嘉靖十四年,复修于康熙年间。"从碑文中得知,当时人们为保护东井,采取的措施是"禁止摆铺遮拦阴滞汲水道路"。这实际上是当时民间经公议而形成并颁布施行的一块"环境保护法规"碑。

建水的碑刻还有很多,形式内容多种多样。福东寺的《杨慎自题像赞》碑,上部正中有一阴刻的杨升庵晚年像,旁有隶书《自题像赞》诗一首,又有临安知府贺宗章的题句,十分难得;香林寺,位于今南庄镇小龙潭村委会香林寺村,始建于元至正年间(1341~1368年),万历三十三年(1605年)四月,辞官回乡的包见捷为其撰写了800余字的《香林寺常住田记》,并亲自书写,使我们能够得以亲见包见捷的文采和书法；云龙山上那两座高四米余的赑屃驮碑亭至今还基本完好，石碑上的碑文是清康熙二十八年（1689年）《鼎建云龙山真武宫碑记》和清康熙三十年（1691年）《鼎建云龙山真武宫新铸圣像供具增置常住田碑记》，记录了真武宫修建历史，细细阅读碑文，发生在三百多年前的一切仿佛历历在目；崇文塔塔基上的《宁边楼碑记》是清康熙三十七年（1698年）通海人阚祯兆代临元镇总兵王洪仁书写的，狂草，笔走龙蛇，狂放奔逸，充满了刚健之力和刚健之势，堪称书艺珍品；刻录《邀张月槎先生同游》的诗碑，"奇哉造物弄琼瑶，幻出玲珑半月桥，百万燕呼淝水战，一条浪吼浙江潮"的诗句，是最早倡修燕子洞的傅为詝对洞中美景的赞誉；发现于官厅镇烧灰处村的纳楼土司分拆四舍而治的石碑，记录了清光绪年间族人在老土司死后争袭其职，被临安知府分而治之、以大化小，将其领地划分给四个族人管理、称四"土舍"的史实和四舍各自的管辖区域……

　　包罗万象的建水碑刻文化博大而精深，是研究建水的历史演进的重要史料，具有极高的历史

五、地方文化

价值、社会价值和艺术价值。

## （五）铓鼓舞摘获"山花奖"

2001年盛夏，首都北京绿树成荫，鲜花烂漫。在为庆祝中国共产党成立80周年，为北京申办2008年奥运会营造浓烈文化氛围的喜庆气氛中，"山花奖·居庸关长城杯中华鼓舞大赛"在居庸关长城隆重举行。

6月24日18时，"山花奖·居庸关长城杯中华鼓舞大赛"颁奖晚会在跨世纪标志性建筑——中华世纪坛举行。建水代表队的哈尼族铓鼓舞在全国18支代表队中脱颖而出，以9.662分的好成绩摘得"山花奖"。

"山花奖"与戏剧"梅花奖"、曲艺"牡丹奖"、电影"百花奖"、舞蹈"荷花奖"一样，是中国民间文艺的最高奖，有人称之为专家奖。该届"山花奖·居庸关长城杯中华鼓舞

建水铓鼓舞摘获"山花奖"

大赛"是中国文联、中国民间文艺家协会举办的民间文艺盛会，来自全国的12个省、直辖市、自治区的18支代表队参加。18支代表队，都是各省、直辖市、自治区优选出来，代表各省、市、自治区到北京参加比赛。参赛节目有陕西、山西、河南等地的传统鼓舞表演，也有浙江、辽宁、广西等地改编创新的鼓舞节目；既有表现中原地区人民神韵的河北常山战鼓、江苏的威风锣鼓，也有展示少数民族民间风俗风格的云南哈尼族铓鼓舞、贵州苗族木鼓舞。既有雄浑激越，催人奋进的战鼓，也有生动优美翩跹的舞姿；既有中华民族传统风采的展示，也有改革开放，当代农民迈向社会主义市场经济的反映。在这些风格各异的鼓舞中，由红河州文联、建水县文联组织参赛的建水哈尼族铓鼓舞，更以服饰的生活化、鼓与舞的水乳相融、新奇的舞台形象、深厚的文化表现、精湛的鼓舞技艺而格外引人注目，得到专家和挑剔的观众的好评。当中国民间文艺家协会副主席刘春香女士宣布云南红河建水哈尼族铓鼓舞获得本次"山花奖·居庸关长城杯中华鼓舞大赛"最高奖"山花奖"时，欢呼声和锣鼓声响成一片。坐

五、地方文化

在世纪坛左侧的建水哈尼族铓鼓舞代表队的演职员们,更是激动得无法言表。

这一朵艳丽的"山花",是众人辛勤汗水浇灌的结果。为了铓鼓舞晋京参赛,5月1日,县文联主席与李翠英副县长陪同省文联副主席刘鸿喻、省民间文艺家协会领导钱勇、州文联主席孟家宗等冒雨到坡头乡考察哈尼族铓鼓舞。5月5日,县文联专题录制了普雄、坡头两乡的哈尼族铓鼓舞,于5月9日将专题片送省文联审看。5月19日,州县文联领导专程到省文联商议哈尼族铓鼓舞晋京事宜。5月27日是周末,县文联领导又放弃休息,专程将哈尼族铓鼓舞的图片文字资料送到州文联,由州文联转送到北京。6月4日,州文联主席孟家宗专程到建水传达由建水县文联组成哈尼族铓鼓舞队晋京参赛的决定,并代表省文联对建水县文联的组织选送工作给予表彰。6月5日,县文联主席与副主席就深入到普雄、坡头两乡同当地领导一起,挑选确定演员,组成51人的建水哈尼族铓鼓舞代表队。6月7日,51名演员从普雄、坡头两乡按时到县里集中,由红河州歌舞团的王佳敏老师指导排练。6月15日,红河州人民政府州长白成亮,州委常委、宣传部长于志伟,州文联主席孟家宗,建水县委书记白发堂,副书记卢应光、张涛,县委常委、常务副县长马跃光,县委常委、宣传部长赵楠,副县长李翠英等州县领导亲临排练现场,观看汇报表演。白州长在观看了汇报表演后,鼓励演员说:"你们的表演展示了哈尼人民欣欣向荣、积极进取的精神风貌,你们能有机会到北京参赛,非常不易。你们不仅代表红河州400多万人民,还代表哈尼族130多万人民更代表云南4200万人民,你们要舞出边疆人民的气概,跳出哈尼族的风采!"领导们既是鼓励、又是压力的讲话,更鼓舞了演职人员的士气。排练场上的鼓声更响,呼声更高了。6月18日上午,县委副书记张涛、县人民政府副县长李翠英早早来到民政福利公司,举行简短而又鼓舞士气的欢送仪式,代表县委、县政府祝晋京展演一路顺风,取得好成绩。在县委领导的祝愿声中,贴着"舞哈尼风采,为云南争光""纪念中国共产党成立80周年""云南红河鼓舞晋京展演"等红色标语的两辆大客车驶出了建水城。

  6月21日上午,刚刚在北京睡了一夜的哈尼

五、地方文化

族铓鼓舞队演职员们正以朝圣般的心情和目光扫描着北京时，就接到组委会通知，13点准时赶到居庸关走台。他们只好把这份心情收了起来，全心全意投入到走台之中，投入到赛事之中，他们说，一定要以全身心的投入，从一开始就要让北京人说"好"。果真，第一家走台而且只给走一次的建水哈尼族铓鼓舞，很快就适应了规定的舞台，得到了舞台指挥的好评。演员们没穿演出服饰的走台，就赢得各参赛队和到居庸关长城旅游的中外游客的热烈掌声，几十台照相机和摄像机就对准了建水哈尼族铓鼓舞。

6月22日，是正式比赛的日子。上午8点，红河建水哈尼族铓鼓舞队准时来到居庸关长城停车场。这时的居庸关从停车场到赛场，从长城烽火台到国计坊，到处人山人海。穿着演出服装的五彩缤纷的18支代表队、1100多人加上观众和到居庸关长城旅游的游客，把居庸关长城装点得像一座会动的花园。还在排着队入场的时候，路两边的观众们就纷纷翘起拇指夸赞铓鼓舞，说铓鼓舞真好，并有人插进铓鼓舞队问这问那，一路照相，祝铓鼓舞取得好成绩。8点30分，"山花奖·居庸关长城杯中华鼓舞大赛"在居庸关正式拉开大幕。10点30分左右,通过21日晚抽签确定而排在第11家参赛的建水哈尼族铓鼓舞队的演员们,"啊——"地呼吼着,像潮水般奔涌出来,就赢得了如潮的掌声。有人边拍照边统计,建水哈尼铓鼓舞8分多钟的演出,潮水般的掌声就有6次。在现场,观众们的欣喜、惊奇溢于言表,赞不绝口。

北京的观众说铓鼓舞好,北京的媒体说铓鼓舞好,组委会的领导们说铓鼓舞好,评委会的专家们说铓鼓舞好。在各级领导的关心支持下,在好评如潮的钦佩和肯定中,6月24日,红河州铓鼓舞在北京中华世纪坛摘获的"山花奖"才那样绚丽夺目。

### (六)建水祭孔乐舞

建水自元初以来的近7个世纪里,一直是滇南的政治、军事、经济、文化中心和交通枢纽。在经济发展、政治稳定的同时,儒家思想亦在建水得到广泛传播。元代至元二十二年(1285年),官方出资建盖的文庙落成后,历届府州县官耗用巨资,扩地修庙,并在庙内设置庙学,开启了滇

五、地方文化

南教育之先河。明代一批才华横溢但官运不通的官吏,被封建中央集权政府充军发配到了山高路远的建水地区,对建水乃至整个滇南地区的教育发展发挥了重大作用,功莫大焉。如王奎、韩宜可、杨慎等。此外,地方官府还开办了崇正书院和景贤书院。由于长期受儒学熏陶濡染,临安学子多所向学,风俗习惯亦多同中原。据《临安府志》载,建水州"俗喜善学,士子讲习惟勤,人才蔚起,科第盛于诸郡"。尤其是在一次开科取士中,临安学子竟占一半,故史有"临半榜"之称。

正因如此,儒家思想成了建水地区的主流,相应的尊孔祭孔礼仪活动,亦应运而生。据《建水州志》载,明弘治八年(1495年),副使李孟至、知府王济倡置"郡学礼乐诸器,诸生以时肄习。每逢上丁陈献,辉煌云煜"。明万历三十年(1603年),教授胡金耀又重造礼器,后因兵焚毁失。清代以来,祭礼活动的规模并未因朝代更迭而有缓减,而是得到更大发展。清康熙三十九年(1700年),期冀在祭孔活动中求得"阐我皇风,四海永清"的临安知府黄明,捐出所得俸禄,造应鼓、博附及编钟等二十一件祭孔乐器。清雍正六年（1728年），任广东龙门县知县的建水籍举人肖大成，在粤制琴、笛、笙、箫、埙、节等，如数补全祭礼乐器，送临郡文庙。至此，建水地方骚人墨客蜂拥而至，络绎不断，既以祭孔形式表达尊孔之心态，又期望孔圣之灵保佑科举及第、升官发财。就在这样一种社会氛围之下，祭孔活动日趋繁荣，规模日益扩大，可谓达到登峰造极的地步，并一直延荡到民国时期，才逐渐消逝于历史的长河之中。

祭孔乐舞作为儒家文化的一种礼仪，包括祀典礼仪、乐章乐谱、乐器谱法等内容。据有关资料记载，建水文庙祭孔活动的礼仪极为隆重，参与人数众多，由府州县官员数人，通赞、引赞、奉帛、执爵等执事者数十人，乐舞生一百四十人组成，分工细致，各司其职。

每年仲春、秋月上丁日的致祭准备工作有着严格的规定，如祭前一日，参与祭礼活动的官员、执事和乐舞生，要用净水沐浴，更换新衣，另宿一室，不听乐。地方官员若有重大公务，亦不办理。祭前一日，由司仪用鼓乐迎送祭品榜文，在文庙大成殿陈设张挂后，再到明伦堂内演乐习仪。

## 五、地方文化

祭祀之日，文庙鼓声雷鸣，"太和元气"坊门到大成殿诸门洞开，庭燎香烛，执事、乐舞生立于大成殿丹墀两旁。鼓声三响后，引赞至文庙礼门、义路坊旁，将在此等候的府州县官引进大殿殿门下肃立。当通赞高呼"乐舞生各就各位""执事者各司其事""正献官就位""分献官就位""陪献官就位"，乐舞生即在司节者带领下，按序坐班和立于舞佾之位，各执事人按职责肃然站立；各官则在引赞带领下，按官位高低立于殿所之下。通赞再呼"瘗毛皿"时，执事手捧毛皿，出大成殿中门，四配十哲则由左右门出两庑，立于门槛之前。仪礼结束，乐舞生进行表演。府州县官员在乐声伴奏下进行祭拜。祭拜仪式为迎神、初献、亚献、终献、彻馔、送神。

祭孔活动所用的《大成乐》乐谱，现存两种版本，一种载于清雍正九年（1731年）续修的《建永州志》，另一种载于清嘉庆三年（1798年）编修的《临安府志》，两种版本所录的乐谱，都经礼部核定照准，并以"乐之主"贯穿整个祭孔活动。但是，两种以颂扬孔子功德为主的版本，乐曲名称和内容却有差异。

据《建水州志》记载，《大成乐》的演奏共用乐生二十九人，歌工八人，乐器的演奏和歌工的演唱方式较为刻板，不得随意乱用和发挥，有着严格的规定。乐生所用乐器共有二十六种，分为打击乐器，合律乐器两大类。各类乐器的座次排列，亦仿古代雅乐乐队的形式，按顺序组合，分为堂内、堂外。舞生则在殿前的舞台上，排成六列，表演"六佾之舞"。祭孔活动中，歌被誉为一乐之主。演唱的一字一韵，皆以喉、舌、唇、齿定其音律。同时强调"凡字具有声即字也，字有不能合律者，而以合韵落之"。

祭孔乐舞这个在建水文庙上演几百年、影响波及整个滇南地区的祭祀歌舞，虽被历史岁月的风尘淹没，但存留于史书中的记载，依然可以让我们辨认出往昔的踪迹。1957年，中国舞蹈家协会主席吴晓邦将山东曲阜祭孔乐舞搬上舞台，受此启发，建水亦组织祭孔乐舞队，在红河哈尼族彝族自治州成立大会上演出。"文化大革命"中，祭孔乐舞被视为"四旧"而停演多年。1980年后，随着旅游业的开发，祭孔乐舞再次被发掘整理，成为文庙游览活动的一项重要内容。

五、地方文化

2001年元月,文庙管理处聘请了建水洞经音乐协会中文化较高、相对年轻的经生(歌工、乐工),成立了文庙古乐队,任命李永贵为队长。由于原有资料较少,仅有《祭孔词》一本,于是由李永贵执笔,邓玮配合,编辑补充了十多个词牌的唱词并增加了几个曲牌,同时对曲谱进行了一些规范性的整理,形成了现在演出的《崇圣乐章》和《大成乐章》。文庙古乐队成立十五年来,坚持周末、节假日的演出,同时承担了大型的传统祭孔任务,接待四面八方的中外游客,增加了文庙的文化氛围,对宣传建水、传播儒家思想文化和道德礼仪、促进社会和谐进步起到了潜移默化的教育作用。2007年9月,在大理州剑川县举办的云南省首届"石宝山"杯洞经(古乐)音乐比赛中,建水文庙古乐队荣获银奖。

## (七)源远流长话紫陶

建水陶瓷源远流长、历史悠久,是中国陶瓷的重要组成部分。

建水窑烧制的元青花缠枝牡丹人物罐

中国西南边陲的国家历史文化名城建水之北麓山坡，坐落着一座千年的古村落，这里的人们世世代代从事着与制造陶器有关的行业。清康熙四十九年（1710年）的《重修五显庙碑记》云："临安一郡山水甲于滇南，城北三里有五显神祠……肇建于皇明正统中……其祠之下居人数百户，名曰碗窑。有明以来，英杰豪俊往往挺生其间……"又据1980年清华大学美术学院杨大申教授与建水工艺美术陶厂联合对城北两公里碗窑村古窑址进行考查，对古陶残片作了研究后认为建水"宋有青瓷、元有青花、明有釉陶、清有紫陶"。可见，碗窑村从建村之始就被远古的制陶这一生产技艺赋予了浓厚的历史文化气息。村落依山谷两坡而建，泸江支流绣球河由西向东从碗窑村穿过，村落依山傍水、凌峰翠竹、环境清幽，从事制陶业的人们在此生生不息。而村外后山，蕴藏着的大量陶（瓷）土、黄黏土等自然资源，则为其生产的延续提供了天然的原料保障。碗窑

**向逢春紫陶作品**

村北后南坡一千多平方米范围内的二十多条龙窑遗址则印证着这一生产技艺的沧桑。

地处国际通道上的建水,为碗窑村制陶生产所需的技艺与交换市场的开拓提供了便利,元明时期的碗窑村就以烧制陶瓷器而闻名。从出土的文物来看,红河大地从新石器时代起就有了陶器的制作工艺,生长于这片红土地上的能工巧匠们不知从何时起在碗窑村聚族而居,从事制陶生产。

宋代起,碗窑村就开始生产青釉瓷,元代在青釉瓷的基础上发展了青花。从烧制的特色、成品的胎色方面看,受到浙江龙泉窑的影响。千年前的碗窑村,就开始凭借建水所处的交通要道不断开拓与外界的联系,汲取着外来的先进制陶技艺。陶器的烧制与人们的日常生产生活息息相关,元明时期碗窑村烧制的主要有葬具和一般生活用具,是当时仅次于景德镇的全国第二大青花瓷器生产地。葬具多为青花罐,这与云南从南诏大理国时期到清初叶盛行的火葬习俗相关。明代陈文修《景泰云南图经志书》记载:"人死,则棺于中堂,请阿叱力僧遍咒之,三日焚于野,取其骨贴以金箔,书咒其上,以瓷瓶盛而瘗之。"景泰《云南通志》亦载:"僰人死后,以瓷瓶盛骨而葬。"僰人,即白族的先民。彝族等少数民族也有火葬的习俗,这客观上刺激着碗窑村青花的生产。明以后,《大明律》规定火葬者处以杖刑。清康熙年间皇帝也下诏,民间一概不许火化,倘有犯者,当按律治罪。火葬习俗的革除,使碗窑村烧制的青花罐失去了消费市场,青花日渐衰落。碗窑村生产的青花,除了满足火葬这些本土的需求外,还远销云南全省与东南亚一带。相传,明初郑和下西洋时,就曾经带有作为"国瓷"的碗窑村生产的青花瓷,碗窑村已在数百年前名扬海外。

明代以后,村内烧制业逐渐发达,刺激了进一步的地域划分与分工。据碗窑村圆通寺康熙四十一年(1702年)的《奉本府清军府明文》告示碑文载:"碗窑名虽一窑,内分上下,烧造器皿,各不相同。上窑烧造者:缸、盆、瓶、瓮;下窑烧造者:碗、碟、盅、盘。"至清代,则发展成为上、中、下三窑,各司其职,专事陶器生产。碗窑村成为云南陶器制作的重要生产基地。

建水紫陶的制作工艺形成于清道光年间(1821－1850年)。清道光年间鸦片输入我国,建水窑

五、地方文化

大量烧制吸食大烟的陶烟斗,先为粗陶品,后改进为细白陶。光绪年间(1875—1908年),窑匠潘金怀用来自七彩山的红、青、黄、白、紫五种陶土为原料,泡水搅浆过滤成绛红色陶泥,制坯烧成紫色或红色的烟斗,不上釉、用石料磨光,开创了建水特有的紫陶生产工艺,由于传统产品呈色赤紫,故得名为"建水紫陶"。清光绪二十年(1894年),江西人卢咸顼到建水任知事,鼓励家乡的陶瓷工匠改进建水紫陶工艺,拓展品种,制作出瓶、壶、文具等物,"体质坚实、形式古雅、书画生颖、色泽光润,见者无不赏心悦目。"

建水紫陶具有独特的制作工艺,其制作过程一般要经过镇浆制泥、拉坯造型、湿坯装饰、雕刻填泥、高温烧制、无釉磨光六道工艺数十道工序,大多数工序以手工完成,机械方式难以或不可能替代。建水紫陶因艺而珍,其品质洁如玉、明如镜、声如磬,具有良好的透气性,无铅,无毒,无对人体有害物质。建水紫陶以传统中国书法绘画为主要内容的装饰,因之古貌淋漓,文气盎然。迄今为止,建水紫陶制作工艺,仍然是国内外陶瓷领域中独一无二的特殊工艺。

· 235 ·

随着社会的发展进步，历代工艺大师在明清粗陶生产工艺的基础上，大力发展建水紫陶，广泛采用唐诗宋词，名家书画、碑帖及花鸟山水、楼阁庭榭等书画景物为装饰纹样，使建水紫陶做工精细，风格独特、美观实用，散发着浓厚的乡土气息和文化韵味而有"文人陶"之称。开创紫陶生产工艺的潘金怀采用紫红色的陶泥制成器皿，烧成后呈紫红色，再用鹅卵石打磨，质地细润，光亮如镜，从而开创了建水紫陶特有的无釉磨光生产新工艺。民国年间，张好、王永清、向逢春等工艺大师，在传承传统制陶工艺的同时，直接在未干的陶坯上描绘图案，再将坯上的图案分别以阴、阳两种刻法交叉刊刻，然后在刻模上以彩泥交替填充，从而开创了刻填彩泥的"残贴"和"淡艳"装饰工艺，使建水紫陶以造型美观，装饰典雅而闻名于世，成为"陶中独秀"。1932年，建水紫陶参加巴拿马国际博览会并获美术奖。20世纪50年代初，建水紫陶凭借独特的制陶工艺和浓郁的文化气息与江苏宜兴陶、四川荣昌陶、广西钦州陶齐名，为中国四大名陶之一。20世纪六七十年代，建水紫陶多次被选定为国礼赠送给外国贵宾,选送至美国、加拿大、科威特、德国、莱比锡等国际博览会展览,出口日本、菲律宾、新加坡等东南亚国家,并在国内参展中多次获奖,为建水紫陶赢得极高的声誉。

随着生活质量的改善,人们的健康生活意识的强化。建水紫陶产品类型丰富、文化内涵都得到提升。结合云南普洱茶特有的养生保健和茶产业的大规模发展,建水紫陶茶具茶品的开发和生产获得重要机遇。另外,在家具装饰、建筑装潢、园林设计、艺术收藏等方面,紫陶文化产业都具有广阔的发展空间。

当代制陶名家陈绍康、马成林、谭知凡、谢恒、田波、徐荣洪、向炳成、向进兴等,为建水紫陶书画艺术的继承和发展做出了应有的贡献。陈绍康于1995年被联合国教科文组织和中国民间艺术协会授予"民间工艺美术家"的称号,2010年被命名为第四批省级非物质文化遗产代表性传承人。历年来,建水紫陶在"百花杯""金凤凰"以及云南省工艺美术"工美杯"评奖活动中多次获金银铜奖。2008年2月,建水紫陶烧制技艺入选国务院公布的第二批国家级非物质文化遗产代表性项目名录。

目前,"火宝""贝山""陶茶居"等多家企业注册的商标,已成为云南省、红河州的著名商标和知名商标。2011年"建水紫陶"成为中国地理标志证明商标。2016年成为地理标志保护产品。

### (八)粗犷豪放铓鼓舞

铓鼓舞,哈尼语称"虎都布鲁搓"。起源于原始宗教,确立于父系社会早期,滥觞于梯田农耕祭祀,流行于建水县坡头、普雄乡哈尼族地区。是以铓鼓为道具,由哈尼族男性表演的民间传统舞蹈。它蕴含着哈尼族远古文化的基本内核,记录着哈尼人社会历史习俗和民族心理素质发展演变的轨迹。

铓鼓舞的动作源于梯田劳作,较为朴实和写真,浓于生活氛围而淡于艺术气息。表演时舞者围成圆圈,跳鼓者在外,舞铓者在圆心,铓、鼓同舞,根据鼓点节奏调整步伐,翩翩起舞,其舞者可多可少,根据铓鼓的数量来决定舞者人数。内容有"糊田埂""跪拜""倒立"等动作,基本舞步有走步、点脚尖、蹬脚步、立脚尖、弓步绕手、小退步、前拖步、后移步、跨跳步等十余

种步法。整套铓鼓舞套路古朴深沉,刚柔并济,粗犷豪放,给人的情绪以感染和鼓舞,表现出哈尼人民勤劳勇敢、淳朴豪迈的性格,剽悍、强健的体魄以及淳朴厚道、稳重有力的民族气概。

随着时代变迁,哈尼族铓鼓舞从与世纪隔绝的穷乡僻壤走进都市、走向世界。1986年,哈尼族艺人曹德发到北京参加全国民间舞蹈大赛表演《铓之韵》获得丰收奖。1997年后,建水哈尼族铓鼓舞队在广州中华博览会上表演,被誉为"世界风采的艺术"。又以动人心魄的艺术魅力,相继在全国第四、第五届少数民族运动会和第三届中国艺术节的开幕、闭幕式上大放异彩。以铓鼓舞为题材拍摄的纪录片《古原走来的脚步》,在意大利蒙特卡尼第八届国际旅游电影节上获"苍鹭奖"。2001年,铓鼓舞又在北京举行的中华鼓舞大赛上获得中国民间文艺的最高奖项"山花奖"。2002年,建水县坡头乡哈尼铓鼓舞师李生方被命名为省级"民族民间舞蹈师"。2005年,建水哈尼族铓鼓舞被云南省人民政府列为省级非物质文化遗产保护项目。2014年铓鼓舞入选国务院公布的第四批国家级非物质文化遗产代表性项目名录。

## （九）彝族花灯一枝秀

建水地区民间流传着一种别具一格的演唱艺术活动，是一种具有汉族花灯韵味、又有彝族歌舞风味的艺术种类，民间称其为"彝族花灯"。建水彝族花灯的形成经历了较为漫长的历史历程。据《临安府志》记载："洪武十七年（1384年）移中土大姓以实云南。"这些从安徽、江西、南京等地迁来的汉族，有相当一部分进入到建水彝族地区，他们不仅带来了中原地区的先进生产技术，还把中原地区的汉族花灯演唱艺术带到了建水彝族地区，与彝族的本地歌舞《拜树调》《拜庙调》《沙莜腔》《海菜腔》以及"角牴戏""跳乐""土蜂舞"等民族民间艺术相互融合渗透而产生出独树一帜的"彝族花灯"。

彝族花灯产生以来，吸收大量汉族花灯和曲调，剧目与彝族歌舞剧目相融合。音乐方面，注入了大量彝族小调，产生出新的彝族花灯曲调。剧目方面，在原有剧情基础上，加入了地方性的生活内容，使剧情更具地方化。语言方面，把汉话尽量译为与彝族生活接近的方言对话。彝族花灯之所以不同于汉灯，又不像彝歌，是因为它在

## 五、地方文化

建水地区形成花灯的基础上，经历了上百年的地方化、彝化，已从艺术形式上变为彝汉两族的融合体，变成了一种新形态。这种新形态具有独立的艺术品格，是花灯与彝族民间艺术杂交而成的第三种形态，既有花灯的特点又有彝族艺术的特点，这是彝族花灯的主要标志。

萌芽初期的彝族花灯，或夹于"社火"游演的队伍中，或随农人表演于迎春田坝，或唱于元宵星月，但都是围绕着"祝神祈年"的目标进行。演唱花灯活动须履行"请灯神、供灯神、送灯神"程序。从明代嘉靖年间到清代雍正年间，"祝神祈年"的太平花灯演唱活动在建水地区延续了两百多年。至清雍正年间（1723—1735年），彝族花灯演唱活动突破了"祝神"时期"送灯神"后不再唱灯的习俗，在春节拜年、娶亲嫁女、建房盖屋、老人祝寿、小孩抓周等民间喜、丧事中，

**彝族花灯**

也有"闹花灯"活动，一直延续至今。

建水彝族花灯无论是传统剧目的主题、内容，或是现代新编剧目的主题、内容，无不折射出各个历史时期的经济、政治、文化和社会生活背景，具有研究建水历史文化的价值。建水彝族花灯的音乐、唱腔和表演形式具有独特的艺术特征。早在20世纪50年代，县、州、省级文化部门曾多次深入到建水彝族花灯演唱活动较为活跃的羊街村、白云村、塔瓦村采集彝族花灯音乐舞蹈，并应用在县、州、省专业花灯团队的花灯艺术表演和发展传承中，具有艺术借鉴价值。建水彝族花灯在民间演唱活动中应用各种艺术形式，用生动、鲜明的艺术形象推崇仁、义、礼、智、信、诚、孝、廉，摒弃邪、恶、虚、伪、假、丑、贪、腐，从而使社会人群在欣赏过程中思想、品德、感情、性格受到潜移默化的教育和感化，有益于净化人们的心灵，鼓舞人们的精神，促进社会文明建设。

建水彝族花灯的重要价值主要体现在：一是具有历史文化价值。彝族是云南最早的世居民族之一，彝族花灯是汉族文化形式与彝族文化形式长期交融的结晶，对研究云南边疆少数民族文艺

与汉族文艺的交融历史和发展关系有重要的研究价值。二是具有艺术欣赏价值。彝族花灯是建水民族民间艺术宝库中的一朵奇葩,历经建水历代花灯艺人对花灯艺术的不断传承和发展,使彝族花灯从剧目内容、唱腔、音乐、舞蹈等表演形式实现地方化、民族化,形成了极具彝族个性的地方戏剧,极具艺术欣赏价值。三是具有民俗学研究价值。建水在以白云、塔瓦、羊街为代表的彝族地区,许多村寨习俗活动已经离不开传统彝族花灯的表演内容,彝族花灯具有研究民族民俗学的价值。四是具有传承价值。彝族花灯自形成至今一直是人民群众最为喜爱的文艺形式,加强彝族花灯的创作、演出活动,有利于发挥其在经济、政治、文化生活和新农村建设中的重要作用。

2006年5月,建水彝族花灯被云南省人民政府列入云南省第一批非物质文化遗产代表性项目保护名录。2014年,花灯艺师白家顺被命名为省级第五批非物质文化遗产代表性传承人。

## (十)情深意长"四大腔"

彝族沙莜腔流传于建水南庄、西庄、临安、岔科、李浩寨、普雄等彝族聚居地区,是与"海菜腔"齐名的大型声乐套曲之一的套曲种类。名称源于建水盛产沙莜，建水人忠厚老实像"憨沙莜"，故将民间曲调称为"沙莜腔"。

沙莜腔历史悠久，源于彝族尼苏人古老的群婚活动，形成于明代中后期，兴盛于清代、民国时期。其演唱活动在民间传统的"吃火草烟"活动中进行。其唱词用汉语，衬词用彝语。唱词有相对固定和即兴编唱两种。其内容缤纷多彩，除涉及爱情生活外，还涉及生产劳动、社会生活等诸多方面。唱词语言比兴巧妙，生动形象，通俗易懂。其唱词的主要特征是唱时话入歌，说时话押韵。其音乐曲体由拘腔、四六句、正曲、落腔、白语五个主要部分组成，各腔中夹有舍腔、空腔、挃腔等乐段。沙莜腔的音调高亢明亮，起伏跌宕，其向上五度转调、个体与群体对唱时形成的多声部手法以及真假嗓结合的演唱方式，形成了独特的个性和鲜明的地域特点，展示了建水尼苏人特有的歌唱风格。

建水彝族沙莜腔具有较高的艺术价值。早在20世纪50年代，沙莜腔就引起了专家学者的注目，许多专业工作者在民间采风后，应用沙莜腔旋律，

创作出了脍炙人口的音乐作品。其中,著名作曲家罗宗贤以沙莜腔的拘腔为素材创作的电影《阿诗玛》插曲《一朵鲜花鲜又鲜》风靡全国。一批关于沙莜腔的综合性和曲式、旋律的理论研究成果先后在州、省、国家级理论刊物上刊载。云南著名民族音乐家杨放先生编著的《红河北岸彝族民歌》完整地收录了沙莜腔全曲。本土音乐工作者收集记录的沙莜腔已收入《中国民歌集成·云南卷》,沙莜腔词条被录入《中国少数民族音乐词典》。

2009年,建水彝族沙莜腔被列入云南省第二批非物质文化遗产代表性项目保护名录。

另外流传于建水县甸尾、西庄、青龙、南庄、李浩寨、曲江、普雄等乡镇彝族聚居地区的彝族四腔和流传于建水县曲江、利民地区的彝族《五山腔》都起始于彝族尼苏人古老的婚俗活动。"四腔"名称源于曲体结构自身,因其基本结构以"头腔""四腔"加"舍腔"为一乐段,再从"头腔"开始循环反复,民间歌手称其为"四名转板",简称"四腔"。"五山腔"名称来源于地名,相传历史上的曲江、利民地区,曾有过前五山、后五山之称,因此居住在当地的彝族人将自己演唱的民歌称为"五山腔"。

建水彝族"四腔"和"五山腔"均被列为红河州第一批州级非物质文化遗产保护项目。

## (十一)临安小调乡音浓

建水小调流传于建水县临安、甸尾、西庄、南庄、曲江、李浩寨、利民、岔科、青龙、官厅等地区,是具有中国西南山地文化色彩的民间传统文化。其众多的曲调和丰富的内容,构成一个完整的音乐体系,反映出建水明清时期广大民众的喜、怒、哀、乐及其社会生活场景,成为建水民族文化高度融合的结晶。

"金临安"小调表演

据《建水州志》及相关地方史籍记载,小调约于明代洪武年间从中原地区传入建水,初期依附于汉族的"社火"活动,仅在县城和汉族聚居区流行,后随彝族与汉族通婚及商品交易,逐步进入彝族山寨,出现在节日庆典、庙会甚至

## 五、地方文化

谈情说爱的场所。明代中叶以后,小调因易唱易记广为流传,并在发展中吸收彝族四大腔、烟盒舞曲的唱词格律和音乐元素,成为一种既与中原汉族小调有一定渊源关系、又具有浓郁地方特色的音乐艺术。

建水小调唱词内容广泛,涉及社会生活的各个层面。民众的传统风俗、爱情、喜悦、痛苦、悲哀、辛酸和愿望在唱词中有着深刻的反映。内容按一定规律发展,句式押韵,音乐结构严谨,音调质朴流畅,含蓄细腻。

小调在建水地区有重大影响,一些脍炙人口的小调被艺人们直接吸收并运用在彝族花灯的歌舞戏剧中,成为灯剧中的主要唱腔。反之,一些经过灯剧发展的唱段,又成为广泛传唱的小调。小调不仅可以独立演唱,还可以伴以道具,编排成歌舞表演。

建水小调包含的内容极为广泛,明代、清代、民国时期的民俗生活场景均在小调中有所反映。旧时代男女青年的情爱、走厂背垗的凄凉、邪恶抽赌的劝诫等均在小调中有深刻的反映,具有研究建水历史社会"百科全书"的价值。建水小调具有较高的学术价值。20世纪50年代以来，建水小调曾引起了专家学者的高度瞩目，县、州、省的专业文艺工作者曾多次深入建水民间村寨，采集记录了一批小调曲目并应用在音乐创作中。近几年来，中央戏剧学院、中央民族大学、云南民族大学、云南艺术学院的师生先后深入建水进行田野作业，以建水小调为题写出了一批高质量的理论文章。20世纪80年代以来，随着建水旅游产业的蓬勃发展，建水小调焕发生机，成为宣传建水、发展建水文化的一道靓丽风景和一张文化名片。2013年，建水小调被列入云南省第三批非物质文化遗产代表性项目保护名录。

## （十二）洞经音乐古朴典雅

建水洞经音乐是建水县特有的地方民间音乐品种，是一种以民俗祭祀为主要内容的民间音乐形式。其谈演活动源于明代、盛于清代，延续至民国末年。新中国成立至上世纪70年代停止活动，80年代初恢复重组洞经音乐组织，至今全县有洞经音乐组织10多个。

建水洞经谈演活动有严密的组织体系，创立于明代的"朝元学"、清代的"明圣学""崇文学""林

五、地方文化

文学""新文学"等洞经会,都有上百年的历史。各洞经会由一名较有声望、精通经文的长老担任会长,其次设"引赞""陪赞""纠仪"等司职人员管理洞经会。洞经会所用经籍有《玉清大洞仙经》《文昌帝经》《观音大洞》《明圣经》等。其中的《黉儒经》为农历八月上丁日祭祀孔子的专用经典。在建水文庙祭孔乐舞失传的情况下,于20世纪40年代进入建水文庙,形成具有边地特色的祭孔乐舞。

**洞经音乐**

建水洞经音乐形成分谈诵两部份,皆用乐器伴奏。所用乐器种类繁多,有管乐、弦乐、打击乐等。乐曲种类有牌子曲、经腔、锣鼓经。主要曲目有《转颂》《十供献》《开经赞》《锁道龛》《千秋岁》《清河颂》等30余首。曲调内容丰富、气势宏大、古朴典雅、韵律深沉。

建水洞经音乐谈演以儒家经典为主,经腔曲调古朴典雅、文静和谐、以礼和乐贯穿始终,体现了孔子以礼乐治世的思想，具有经腔独特的个性。建水洞经音乐曲牌除了《开经赞》《五称圣号》与蒙自地区洞经音乐曲牌相同外，其它曲牌与周边地区洞经音乐曲牌不相同，具有曲牌的特点。建水洞经音乐的《黉儒经》与建水历史上的崇文兴教有着密不可分的联系，《黉儒经》是讲办学兴教的道理，有着经文独特的特征。建水洞经礼仪外部形式上吸收了一些宗教祭祀因素，给人以深沉、神秘之感。而音乐上则保留着轻松、活泼的元素，加上用地方方言唱，风格独特。

建水洞经音乐经过历代文人学士苦心修订形成，经文古雅，韵律深沉，特别是《黉儒经》独具特色，具有较高的文学价值。而一唱三拖的表现形式，别具一格，在祭孔活动中更是彰显出其古朴儒雅的艺术特色。建水洞经谈演活动仪式、配器具有研究古典文化活动形式的科学价值。

洞经音乐从明代传入建水，至今已存活了数百年，其众多的儒释道经籍谈演活动"非礼勿言、非礼勿视、非礼勿动"的规制和礼俗，乐队的编制和配器，地方方言谈演的运用以及一唱三拖的演唱形式，不仅给人以神秘感，而且在研究中原

五、地方文化

文化扎根西南边陲少数民族地区方面有着极高的历史价值。特别是用于文庙祭孔的《黉儒经》，是中国文庙最独特的音乐形式，亦是建水洞经音乐区别于大理、丽江洞经音乐的重要特征，具有较高的研究价值。

建水洞经音乐被列为红河州第一批州级非物质文化遗产保护项目。

### （十三）彝族"双舞"辉映交相

建水彝族烟盒舞和响竿舞，均被列为红河州第四批州级非物质文化遗产保护项目。

建水彝族烟盒舞源远流长，起源于民间休闲娱乐、婚俗丧葬、宗教祭祀、生产劳作等活动，流传于建水的甸尾、曲江、西庄、南庄、李浩寨、利民、盘江等山区半山区。

烟盒舞的主要特征：一是形式多样。无论人多人少，不分场地，围起圆圈就可以跳。二是内容丰富。既能表现生产生活，又能模仿动、植物各种形态。三是风格各异。同一舞种，不同区域有不同风格，异彩纷呈。四是套路繁多。经常跳的有近百套套路，收集到的有二百多套套路。

建水彝族烟盒舞承载着彝族历史文化发展历

程，具有研究彝族民族学、民俗学的历史价值。烟盒舞形式多样、内容丰富，集歌、舞、乐、表演技巧为一体，具有研究和发展民族文化的艺术价值。烟盒舞能活跃群众，振奋精神，具有丰富群众文化生活、促进精神文明建设的实用价值。

建水彝族响竿舞历史悠久，源自汉族霸王鞭，明代洪武年间由汉族移民传入建水地区，后被彝族人接受吸收，融入彝族烟盒舞的动作韵律和音乐格律，形成别具一格的响竿舞，流传于建水普雄、南庄、甸尾、岔科、西庄等地彝族地区。

**彝族响竿舞**

**彝族烟盒舞**

响竿舞具有浓郁的区域色彩。使用的道具响竿须选用上好的金竹制作，将竹竿两端掏孔，孔内装上铜钱，使其摆动时相撞发出声响。舞蹈动作男女有别。男性舞蹈动作粗犷豪放，动作幅度大，空中跳跃多，技巧难度高，具有一定竞技性，展示出男性的阳刚之美。女性响竿舞有单竿舞和双竿舞，表演时双手各执一竿，相互拍打。

响竿舞以其欢快的节奏、刚健的舞姿、鲜明的艺术个性和诱人的艺术魅力，在节日喜庆、朝山庙会、婚丧嫁娶等活动中展示出别具一格的艺术特色。新中国成立后，响竿舞受到党和政府的重视。普雄乡塔瓦村的响竿舞队曾在1967年参加过红河州建州十周年庆典民族民间音乐舞蹈表演，载誉而归。尔后，响竿舞曾多次参加县、州组织的民族民间歌舞汇演，受到领导、专家和广大群众赞誉。2012年，响竿舞参加《欢乐中国行·魅力建水》的录制拍摄。响竿舞风格独特，在红河民间舞蹈体系中占有重要位置。

### （十四）古风悠远说艺史

建水近代文艺史，是一部继承与发展、保护与创新、革命与进步的地方文化发展史。民国28年（1939年），建水县成立民众教育馆，开始举办辟有时事评论、新道理、诗歌等栏目的《大家看》壁报，组织群众性歌咏队、滇剧社和群众演出队，标志着建水当代文艺正式进入"政府引导、民众参与、寓教于乐、服务社会"的健康发展轨道。

建水当代文艺的发展,大致可以分为三个阶段:

第一阶段　旧中国建民中学抗战文艺唤起民众。卢沟桥"七七"事变后,中国的抗日战争全面爆发。中国共产党提出的《抗日救亡十大纲领》和建立民族统一战线主张深得人心。素有"文献名邦、滇南邹鲁"之称,远处西南边陲的建水人民无不欢欣鼓舞,积极投入到了轰轰烈烈的抗日救亡高潮之中。在中共地下党组织的领导下,以建民中学、临安中学为主,通过组织合唱队、剧团以及办墙报等形式,组织学生走上街头,深入群众进行抗日宣传。这些活动具有鲜明的政治色彩,又有极大的艺术感召力,社会影响极大。所演唱的《黄河大合唱》《大刀进行曲》《义勇军进行曲》《游击队之歌》这样一些革命歌曲在社会上流传开来,极大激发了青年学生和进步青年的抗日爱国热情,当时建水的许多学生和社会青年就是从演唱这些歌曲开始接受革命思想的。

校园戏曲也是在这一时期得到空前的发展。

五、地方文化

结合当时的抗日文艺宣传工作需要,学校组织文艺骨干,成立了抗日剧社,排演抗日救亡戏《飞花曲》《吕梁颂》《农村曲》以及歌舞剧《小放牛》,活报剧《变》《三回头》《放下你的鞭子》等反映五四运动后知识分子在革命斗争中的思想转变、沦陷区人民在日本帝国主义铁蹄下受苦受难的剧目,极大地激发了全县各族人民的抗日热情,推动了全县群众文艺事业的蓬勃发展。

第二阶段　解放后,建水文艺事业百花齐放。1950年,建水全境获得解放,为适应解放后建水文艺事业发展的新需要,在这一年先后成立建水县文化馆和曲溪县文化馆(曲溪县撤并建水县后更改为曲溪公社文化馆)。文化馆以宣传贯彻和落实党的路线方针政策为宗旨,积极组织和开展群众性文艺活动和文艺创作骨干培训辅导,组织全县文艺会演、调演工作。1953年,建水县文化馆组织并辅导白秀珍、李永成、莫定成、李思用等彝族民间艺人,代表云南省前往北京人民大会堂,参加全国少数民族歌舞展演。其中白秀珍、李永成以高亢动听的彝族"四大腔"演唱和娴熟优美的彝族烟合舞表演压倒群芳,荣获个人表演一等奖,由周恩来总理亲自发奖品金质毛主席像章一枚、景泰蓝磁碗一个。返回后两人被省文工团留用。可惜李永成因恋母情深,终辞职回乡侍奉老母。1957年元旦,云南省举办全省民族民间音乐舞蹈会演,建水县派出6名彝族歌手前往参加,其中2人荣获二等奖。1963年又辅导并组织塔瓦彝族花灯演出队,前往参加红河州建州一周年庆典演出,首次将建水彝族花灯这一民族民间戏剧推上艺术殿堂。

1972年,根据建水文艺工作发展需要,建水县文化馆增设12人编制,成立建水县农村文化工作队。文工队以宣传党的路线方针政策、丰富城乡基层群众精神文化生活、指导基层群众文艺队伍和文艺骨干为宗旨,发挥自身精干高效、机动灵活的机构优势,创编排演了如《只生一个小咪咪》等一大批以宣传党的路线方针政策、内容生动活泼、具有较高艺术渲染力的文艺节目,常年坚持深入全县乡镇、农村及学校厂矿演出,深受群众喜爱,被誉为"乌兰牧骑"式的演出队。据不完全统计,文工队自成立至1981年撤并的10年间,先后为基层群众演出3000多场次,辅导基层文艺宣传队近 200 队（次），培训文艺骨干 1300 多人次。

同时，县文化馆充分发挥文艺组织、培训和辅导职能，先后举办戏剧文学、书法美术创作及花灯戏曲导表演骨干培训班 43 期，受训人数达 2300 多人次，为建水城乡社会文艺事业的繁荣发展打下了坚实的基础。期间，共举办全县各类大型文艺汇演、调演 7 次，举办图片摄影展览 48 期，墙报 76 期，举办摄影、美术书法及古字画展 5 次，《西厢记》《说岳记》《李自成》等评书讲座 43 场，科学技术、文物讲座 27 场。

全县职工文艺硕果累累。1950 年，曲溪县机关干部演出话剧《李闯王》，后又与部分教师为第一次农代会演出歌剧《白毛女》《王秀鸾》《赤叶河》。1951 年春，为了配合宣传《中华人民共和国土地改革法》，建水县店员工会组织部分店员演出歌剧《贫女泪》，在全县乡镇连续演出 40 场，观众达 20000 多人次。之后，建水县店员工会还成立业余文艺宣传队，经常举办职工文艺晚会，还为建水县第一届人民代表大会作花灯专场演出。建水县教师联合会还成立了教师业余剧团，为群众演出《雷雨》《战斗里成长》以及其它花灯歌舞节目。

"文化大革命"期间受极"左"思潮影响，文艺单纯成为政治宣传的工具。特别是1967年，受全省轰轰烈烈的"三家村"批判运动的影响，建水许多文艺骨干被定性为黑帮人物遭到批判和管制，民间文艺被打成毒草、牛鬼蛇神。1975年全县开展学习小靳庄"唱（样榜）戏赛诗"文艺运动，但因形式单一、内容僵化难为广大群众所接受，造成全县文艺活动的消沉状态。

第三阶段　改革开放以来，建水文艺再沐春风。党的十一届三中全会胜利召开，为建水文艺事业的繁荣和发展注入了新的活力和生命。通过改革开放和拨乱反正，肃清了"文化大革命"的"左倾"思想余毒，已经卸下思想包袱的亿万人民无不欢欣鼓舞，意气风发。与全国一样，在建水县，由于实施了农村土地使用制度改革，迅速解决了温饱问题的广大农村群众的求知求富求乐心情十分迫切，物质精神创造热情得到了充分激发，群众文艺再度如沐春风，百花齐放。

以讴歌改革开放为主旋律，反映基层群众精

## 五、地方文化

神面貌的农村群众文艺创作演出活动空前繁荣。80年代初期，以张绍碧为代表的一批农村文艺青年，在党的十一届三中全会后，为农村基层社会所发生的深刻变化所感动，创作并组织演出了如《灵丹妙药》《拜师记》《人与狗》《一张门票》《拿我开刀》《金剪子》《开店》《买马》等一批以讴歌时代旋律、反映基层群众精神生活面貌、具有较高思想性和艺术水准、为广大群众喜闻乐见的文艺节目，从而开启了建水改革开放文艺复兴之路，受到省、州的高度重视。1982年，时任国务院副总理的习仲勋同志到建水视察工作时，应省委安排，建水县为之组织了农村专场文艺演出。

民族民间传统文艺得到继承和弘扬。1982年，建水县举办首届民族民间文艺调演，全县17个乡镇的9个代表队共180人参加演出民族民间传统文艺节目34个，从而开了对建水民族民间文化艺术的发掘抢救和继承保护先河。据不完全统计，在改革开放30多年间，建水共举办各类民族民间文艺及少数民族文艺调演汇演13次，组织参与省州、国家一级的民族民间文艺展演8次，其中，

2001年6月由县文联组织的哈尼族铓鼓舞代表队到北京参加由中国文联、中国民间文艺家协会举办的中华鼓舞大赛,一举夺魁,荣获"山花奖"最高荣誉。

特别是近年来,为配合建水县文化旅游产业的发展,充分挖掘和发挥历史人文资源优势,举办每年一度的"全球华人同祭孔"活动,把建水县的当代文艺推上了一个历史的高度。

文艺组织机构不断加强和完善。在调整充实巩固县级文艺组织机构,加强对全县文艺事业繁荣发展的组织指导的基础上,到1984年,全县建立17个基层乡镇文化站,城乡基层文化活动室增加至700多个,业余宣传队发展到304支,全县群众文艺初步形成以县城为中心,连接乡镇、辐射村寨社区的群众文艺网络,为我县当代群众文艺的繁荣发展奠定了基础,提供了条件。特别是近10年来,随着改革开放的不断深化,社会经济环境不断改善,求富、求知、求乐已经形成广大群众的生活自觉。群众文艺活动形式基本上从单纯的官方主导文艺向群众自办文艺方向发展,形式更为灵活、内容更为丰富、群众参与面更为广

五、地方文化

泛。2004年青龙乡发起由红河沿岸五乡镇参与的"红河江畔歌节"、2006年坡头乡举行面向全州的青年歌手大奖赛,更是对建水县群众性的文艺事业繁荣发展起到了推波助澜的作用。全县群众文艺事业方兴未艾,健康繁荣。涌现出许多象普雄乡塔瓦村一样,一个村子有几个文艺演出队的村寨。多年来,这些基层文艺演出队遵行自娱自乐、自我教育、自我发展的原则,结合党的路线方针政策宣传需要和群众的精神文化生活需要,自创、自编、自演了无数寓教于乐、脍炙人口、深受群众喜闻乐见的文艺作品,既丰富了群众的精神文化生活,又推动了全县政治文明和精神文明的建设。

### (十五)梨园花下听戏曲

戏曲演艺是建水当代文艺的重要文艺形式,具有较深厚的群众基础和较高艺术品位。史料记载,早在明清时期,建水就"社火"兴盛,戏曲演艺繁荣。"社火"中出现了建水民间最早的文艺演出组织,一般由一位德高望重、喜好文艺的乡绅牵头,众多文艺教授人参与组成。"社火"由提调、管事、执事组成管理机构,分工负责"社火"

的演出业务、人事出入、财务伙食等方面的管理。

明清时期,由于朝廷对云南推行屯垦戍边政策,中原大量的先进生产技术和优秀文化艺术随移民一道进入建水。因而至清代特别是清道光年间,活跃于建水的戏曲演艺开始进入鼎盛时期。那时商埠繁荣,驿道畅通,特别是个旧锡开采业兴旺发达,临安故道开通后,极大地加快了内地与边疆物资信息和文化艺术的交流速度。戏曲种类除了有滇剧、京剧,花灯也形成具有浓郁地方民族音乐和表演特色的一大地方剧种,之后作为一种主要的文艺形式,一直活跃在建水各地。

一直活跃在普雄乡塔瓦村的彝族花灯,形成于清道光年间(1821 – 1850年),后经普绍、白开、关庆、李自清、李龙、白家顺五代传承发展,到新中国成立时已经形成具有浓郁地方民族艺术戏曲表演特色、音乐调式工整、曲牌内容丰富的民族戏曲艺术种类。传统剧目《老贾休妻》《霸王下山》《憨二王接姐姐》《补缸》等传承至今,被省内外专家学者誉为云南花灯艺术的"活化石",花灯舞蹈"响竿舞"被列为省级非物质文化遗产保护名录。

## 五、地方文化

民国28年(1939年),建水县成立民众教育馆,组织群众兴办"滇剧社""花灯社火"等民间文艺组织,从此把民间文艺组织正式纳入了政府管理轨道。但旧时的建水戏曲文艺多为达官显贵娱乐消遣的工具,表演内容多为才子佳人、神仙鬼道等,故难以形成群众性戏曲艺术。

1953年,建水在县文化馆开始组建"建水县人民滇剧社和京剧社"。1960年,为了推动社会主义戏曲文艺繁荣,红河州在建水县文工队和个旧市花灯团的基础上,撤并组建了建水县花灯剧团。作为建水唯一的专业剧团,建水县花灯剧团在成立以来的50多年间里,贯彻"双百方针",坚持服务方向,深入社会基层,密切联系群众,先后为城乡群众创作编演了《文化货郎》《摘石榴》《山乡之路》《官星高照》等一大批脍炙人口的花灯戏曲节目,其中《文化货郎》《寻针》《半箩煤》剧目在国家和省州级文艺调演、汇演中均获得较高奖项。1976年,剧团创作的花灯剧《阿莎驾铁牛》《两个书记》在参加全省曲艺会演后,被选晋京演出,周旭明、刘天强、李本仁、杨集敏等主要演职人员还受到国家文化部及中央有关领导的接见。花灯这一地方戏曲从此进入全国文艺界专家学者和观众的视线。

"文化大革命"结束,特别是党的十一届三中全会后,政治上思想上得到全面解放的建水戏曲艺术更是如沐春风,全体文艺工作者以饱满的社会政治责任感和高昂的创作热情,先后创作上演了《黑面人》《如此孝顺》《铜鼓魂》等一大批讴歌新时代、赞美新生活的戏曲艺术精品,受到社会的广泛关注和赞誉。特别是2004年创作上演的八场大型花灯剧《我们赵乡长》,因剧目紧扣时代主题、讴歌农村改革发展、反映基层干群关系而受到观众和专家的普遍赞誉,在参加云南省滇东南戏曲展演中荣获金奖,2006年参加云南省首届花灯滇剧文化周演出又获综合一等奖,在全县演出近百场、观众近10万人次,仍难以满足群众的观赏要求。

2004年,为了打造彝族花灯这一地方文艺名片,服务红河州文化旅游产业发展,经中共红河州委州政府同意,建水县花灯剧团更名为"红河彝族花灯剧团",机构升格为正科级单位。吴泽、李广田、武锐分别为第一、二、三任团长。剧团更名后,紧扣新的文艺形势和演出任务,发扬传统,创新思路,积极组织编创人员深入基层,联系群众,创作编排了许多深受群众喜闻乐见的彝族花灯戏曲及歌舞节目。2005年10月,红河彝族花灯剧团代表红河州前往参加云南省第十届新剧(节目)展演,这是省政府每三年一届的艺术赛事。剧团所创作的彝族花灯综合节目《红河乡土情》,以其浓郁的彝族花灯乡土韵味、抢眼的地方戏曲艺术视觉和载歌载舞、赏心悦目的舞台表现手法,受到专家及观众的一致好评。在有众多省州一级专业文艺团队参与、强手林立的剧目展演中,《红河乡土情》以压倒性的优势,一举夺取本届展演综合"金奖"及13个单项奖,填补了红河州参与本赛事的奖项空白,受到省委省政府、州委州政府的表彰奖励,扩大了彝族花灯艺术的社会认知度和影响力。之后,建水彝族花灯剧团不负众望,代表中华人民共和国外交部,于2006年8月前往越南民主主义人民共和国,参加该国的国家文化遗产旅游节演出;2007年7月又受云南省文化厅委托,代表云南省前往香港参加香港回归10周年庆典演出,为实现了让建水彝族花灯戏曲艺术走出国门、走向世界迈出了重要一步。

"滇南一枝花，开在建水坝；花香四十载，欢乐千万家。"这是时任云南省文化厅厅长贺光曙同志对建水以花灯为主的戏曲艺术发展繁荣所做的高度概括和评价。如今，在国泰民安的社会政治环境里，植根于这片千年历史文化土壤之上的建水戏曲艺术之树更加春意盎然，生机勃发。以红河彝族花灯剧团为龙头，全县的戏曲艺术演出团体已经达30多个。近十年来，各演出团队先后创编演出戏曲节目上百个，为群众演出千余场次，其中精品剧目《酸哥甜妹甜水井》《临安小阿妹》《文化餐厅》《踩桥》《爱心水》《石榴树下》《我们村里的俏老奶》等一大批深受群众喜爱，并在省州和国家级演出比赛中获奖。

## （十六）水榭凭栏作文章

建水山川毓秀，才人辈出，文艺创作可谓源远流长，千年不衰，明清以来就有"临半榜"和"滇南邹鲁、文献名邦"的美誉。民间文艺口传创作不必讲，仅有史记载的文艺创作才子就有200多人，史传典籍不胜枚举。其中明代文人萧崇业、叶瑞、刘敬，清代文人王垂书、陈葆兴、梁之相

五、地方文化

可为代表。近代,建水文艺创作因受社会政治动荡因素影响,时落时兴,沉浮不定,直到辛亥革命后期才有所起色。

民国13年(1924年),建水人邱梦崧、萧茂园等人发起成立"莲壶诗社",后发展成为"建水文艺研究社",因研究社以传播新文化思想、倡导文明进步生活、反对封建迷信为宗旨,为当局所封停,直到民国37年(1948年)2月才由伻元卿、周禹臣、邱梦崧等人发起恢复。

民国22年(1933年),建水人氏普梅夫与建水进步青年朱伯庸、范秋泓、王昆等人在昆明发起组织"建水旅省学会",学会得到了"建水旅省同乡会"的关注和支持,每月拨给专项经费,于1933年1月创办《泸江月刊》,普梅夫任主编。因刊物倡导新文化、传播新思想、关注家乡民生,大量刊发了如《初春三月》等一批讴歌社会公平正义、鞭笞官僚买办统治的进步文艺作品而为当局所不容,刊物办到第十期后被勒令停刊。1946年,普梅夫在昆明加入中国民主同盟,协助杨绍庭编《诗与散文》刊物。1950年普梅夫和杨绍庭将《诗与散文》更名为《诗歌与散文》复刊出版,普梅夫任主编，此刊成为云南解放初期唯一的文艺刊物。普梅夫一生从事革命文艺50多年，在组织和编辑文艺刊物之余，创作文艺作品300多篇（首），辑录为《磨剑集》，实为建水当代革命志士和文艺先锋。

中华人民共和国成立后，建水文艺创作进入社会主义革命和建设的新时期。1972年，为适应蓬勃发展的建水文艺事业需要，建水文化馆创办《革命文化》《演唱》等油印刊物和铅印《飞霞》季刊，分别由周佐华、王培安、姚开富、熊兴祥、张绍碧编辑，先后刊登王培安创作的说唱《秀芬上北京》、刘文兴的快书《半块界碑》、姚开富相声《夜校内外》《我和连长》、张绍碧的快板《拜师记》《十个鸡蛋五角钱》等一批脍炙人口的戏曲文艺作品。

1985年，为适应改革开放形势下建水文艺事业的发展需要，建水县文化馆将《飞霞》季刊改版为4版4开的文艺月报，张绍碧任主编。《飞霞》综合文艺月报的改版发行，为繁荣建水改革开放初期的文艺创作开辟了空间，提供了平台。由于《飞霞》月报坚持正确的办报导向，遵循文

五、地方文化

艺创作规律，联系群众，贴近生活，加之不定期地通过开展文艺"沙龙"，组织写作讨论活动，宣传了刊物，培养了作者，从而掀起了建水的又一波文艺创作热潮。在其影响下，全县中学、社区文艺社团如雨后春笋迅速发展。许多作者及作品从《飞霞》小报这个文艺园地起步，走出建水，有的甚至走上了全国的最高文艺殿堂。

1987年，正式成立建水县文学艺术工作者联合会，3月13日至15日召开代表大会，出席代表150人，选举产生由7名理事组成的建水县文学艺术工作者联合会第一届常务理事会。下设文学、书法美术、民间文学、戏曲音乐舞蹈4个协会。这一时期是建水文艺创作的复兴时期。一是由于建立和完善了全县文艺创作的组织领导机构，思想政治和组织保障有效增强，文艺创作服务环境条件明显改善，经常开展文艺沙龙和采风活动，组织文艺创作研讨会和创作笔会，文艺创作人才得到了及时的发现和培养，涌现出孔祥庚、刘文兴、吴泽、吴双、姚开富、张绍碧、李广田、王子文、王若杰、满长杰、吴劲华、武德忠、李小麦等一批改革开放新形势下的文艺创作人才。二是文艺创作园地建设不断加强,为繁荣建水县文艺创作提供了重要平台。1989年,建水县文化馆为了适应全县日趋繁荣的群众文艺事业发展需要,在已有《飞霞》文学小报的基础上,又创刊了由张绍碧为主编的《建水文化》双月刊,单月出版发行。以刊载群众文化理论和文学艺术作品为主,至1993年停刊时,共出版刊物10期,刊载戏曲、文学、美术作品近百篇(幅);1996年至1998年,建水县文联编辑出版第一、第二套《文笔塔》丛书,2004年编辑出版第三套《文笔塔》丛书,对建水县当代文艺创作成果进行了集中展示。2002年,建水县文联创刊《文笔塔》双月刊杂志,刊物辟有"小说平台""现在点击""散文在线""诗歌笔会""小品小戏"等栏目,以写建水文艺题材、培养作者为主,每期发行量为1000册。三是改革开放的良好社会政治环境,为全县文艺工作者的文艺创作注入新的灵感和活力。据不完全统计,至2015年止,全县文艺创作队伍已经发展到213人,其中43人为州级会员,16人为省级会员,2人为国家级会员。共在国家、省州县级报刊杂志(舞台)创作发表(上演)戏曲、文学、书法美

## 五、地方文化

术作品上万件,其中彝族青年女作者李小麦的诗集获中国作协扶持出版,张绍碧创作的戏曲作品《人与狗》《金剪子》《一张门票》《拿我开刀》《月光曲》《桥》等,文学作品《哈尼妹子》《停电事件》《老侯家鼠》《红色葡萄酒》《新家》等作品多次荣获国家和省州级奖项,长篇小说《烟花刑》在四川《天府早报》连载。

张绍碧,建水县李浩寨小旷野人,1980年开始发表文艺作品,所创作的反映农村改革生活的花灯小戏《灵丹妙药》,广受关注和好评。之后一发不可收拾,先后创作发表上演文学、戏剧作品100多万字。创刊复刊并主编《飞霞》《建水文化》《建水报》《文笔塔》《老家建水》等7种报刊杂志;主编《文笔塔丛书》第一、二、三辑共28种300多万字,《建水历史文化丛书》10种共300万字。创作出版小说集《美眸》《小玉的灯》《新家》《尴尬》,戏剧集《人与狗》,散文集《城市血脉》、杂文集《随言私话》;创作发表长篇小说《烟花刑》,为云南省重点扶持作品,填补了建水的长篇小说空白。

张绍碧一生坚持业余创作,成为中国戏剧家

协会会员、中国曲艺家协会会员、云南省作家协会会员，被授予"红河州州管专家""全国地方志工作先进工作者""全国地方志工作特别嘉奖先进工作者"称号，受到时任中央政治局委员刘延东接见。2014年被中华人民共和国国家新闻出版广电总局授予首届全国"书香之家"称号。

### （十七）西门豆腐源远流长

建水西门豆腐制作技艺历史悠久，至今已有620多年历史。据有关史料记载，明代洪武二十二年（1389年）临安府治移至建水，负责建造西段城墙的徐伯阳将军带领士兵在西边的城墙脚下挖掘了一口水井，俗称西门大板井。而用大板井水做出的豆腐，味道极其鲜美，故称其为西门豆腐。

西门豆腐制作要经过选豆、磨浆、筛豆皮、泡豆、磨豆、生浆稀释、分浆、煮浆、点豆腐、包豆腐、压豆腐、晒豆腐等12道工序。

**烧豆腐**

## 五、地方文化

西门豆腐制作工艺精细,手法讲究。生豆浆煮熟点卤后倒入瓦缸中,趁热用纱布将豆腐包成小块,这是一项频率、效率极高,又蕴含智慧和速度的技术。

建水西门豆腐制作技艺从明代一直依傍在古城西边延续发展至今,腊月24日做大豆腐、储存豆腐过年的习俗依旧在建水人家传袭,"过年不吃肉也要吃豆腐"的俗语仍在建水地区流传。西门豆腐制作技艺体现了独特的民俗研究价值。

西门豆腐选用本地白皮黄豆,出浆率高。用水则必须是西门大板井水,甘甜清洌。熬浆过程中不提取豆腐皮,留住大豆油脂等营养元素,豆腐中蛋白脂含量丰富,使西门豆腐具有纯天然的营养价值。源远流长的西门豆腐对建水饮食产生了极大影响,该技艺通过民间艺人传播,辐射到全县各地区各村寨,演变产生出不同味道的豆腐。产品销往省内各地区及四川、贵州、深圳、北京、上海、越南等地,带来了可观的经济效益。央视《舌尖上的中国》曾对建水西门豆腐作过专题报道;云南出版集团出版的《味道南滇》《舌尖上的味道》等书籍,也对西门豆腐作过详细的介绍。

建水西门豆腐制作技艺被列为红河州第三批州级非物质文化遗产保护项目。

### (十八) 汽锅烹鸡享誉中外

始创于建水的汽锅鸡,以制法独特、肉质细嫩、汤味香醇、鲜美适口而在国内外享有盛誉。早在清乾隆年间,汽锅鸡就在滇南地区民间流传。相传是临安府(今建水县)福德居厨师杨沥的发明。20世纪40年代,建水包宏伟夫妇在昆明福照街开设专门经营汽锅鸡的饮食店。他在沿用传统烹制方法的基础上,经过多方研究,在汽锅鸡中配入三七、虫草、天麻等滋补药材,成为著名的药膳,饮食店因而取名为"培养正气"馆。药膳汽锅鸡也以味道鲜美、大补气血而列入《中国名菜谱》,成为国宴上的一道名菜。

**天麻汽锅鸡**

建水汽锅鸡是云南独有的高级风味名菜,其烹制工艺独特,风味驰名国内,享誉海外。汽锅

## 五、地方文化

鸡以建水生产的紫陶制品汽锅为专用炊具。汽锅鸡的制作方法是：选用本地饲养的肥壮仔鸡切成2～3厘米块状，酌量配入食盐、葱、姜等佐料，不须放水，将汽锅放置在煮有猪大骨头的土陶锅上，经过土陶锅内蒸汽进入汽锅将鸡肉烹熟，即可食用。

建水汽锅鸡以"此菜只应天上有，人间难得几回尝"的美誉，被列入《中国名菜谱》，对云南的饮食文化和社会生活产生了深刻的影响，成为人们接待贵客嘉宾的名特菜肴，备受社会各界人士青睐。

据有关史料记载，建水汽锅鸡曾受到毛泽东主席、周恩来总理、朱德委员长和美国总统尼克松、英国女王伊丽莎白等中外名人的高度称赞。汽锅鸡这道建水名菜至今还保留在北京国宾馆的菜谱里，作为接待外国贵宾的美味佳肴，为国增光添彩。我国著名学者季羡林先生品尝用建水紫陶汽锅烹制的汽锅鸡后铭刻在心，一直难以忘怀，半个世纪后在《悼念沈从文先生》一文中还赞不绝口："他曾请我吃过一顿相当别致、毕生难忘的饭，云南有名的汽锅鸡。锅是他从昆明带回来的，外表看上去像宜兴紫砂，上面雕刻着花卉书法，古色古香，虽系厨房用品，然却古朴高雅，简直可以成为案头清供，与商鼎周彝斗艳争辉。(《清塘荷韵》)"

建水汽锅鸡制作技艺被列为州级第四批州级非物质文化遗产保护项目。

### (十九)过桥米线传八方

滇南风味小吃过桥米线，以吃法特异、滋味鲜美而闻名遐迩。其起源有个故事：清咸丰年间，建水人刘家贵在县城东门坡脚的锁龙桥头开设"宝兴酒楼"，早堂售米线，晚堂售饭菜。一天，有个从外地归来的"大新爷"（对久未考中进士的举人的尊称）来吃米线，吩咐把切得极薄的脊肉片放进盛满滚烫肉汤的碗里，将肉氽熟，加入佐料，并用小碗盛米线，将米线从小碗挑进大汤碗涮着吃。店主人感到好奇，便问他这叫什么吃法？他说，"我从桥东到桥西吃米线，人过桥来米线也过桥，就叫过桥米线吧。"刘家贵觉得这是一种创新，索性开成过桥米线馆，一时竟门庭若市。这就是过桥米线的起源。

光绪年间，建水城经营过桥米线的餐馆已有

## 五、地方文化

三四家。其一姓王,其一姓柯,每家隔壁都伴有一家米线作坊。此种食品先传入个旧、蒙自,20世纪初传入昆明。其制作的肉汤越来越考究,选用壮鸡、肥鸭和猪筒子骨,由旺火熬煮,取出骨肉后,再以文火炖煨,装汤的碗选用大"海碗",汤内注入热鸡油,能较久地保持汤的温度,使生肉片霎时余熟,变得像玉兰片似的雪白、细嫩。并立时打入鲜鸽蛋或鹌鹑蛋,用筷子一搅,很快就烫熟了。余汤的肉料品类增多,除猪脊肉片外,还有猪肝片、腰花片、鸡脯片、乌鱼片、鱿鱼片、海参片、火腿片等;蔬菜有豆尖、竹笋片、鸡枞片、豆腐皮丝,以及建水特有的草芽、地椒等。火腿鲜红,鲜菜碧绿,豆腐皮金黄,草芽、肉片洁白,五颜六色集于一碗,交相辉映,色香味形俱佳,人称"银线过桥""白龙戏水"。

这种吃法新奇,脍炙人口,以致流传至北京、香港等地。全国侨联副主席连贯曾称赞过桥米线"美味清香,丝丝留情,条条若爱,中外传名"。日本友人称"过桥米线是日中友好之桥"。有的美国客人希望过桥米线馆能开到美国去。

20世纪80年代以来,随着改革开放和建水旅游业的发展，建水过桥米线迅速走向全国，成为云南地方风味名特食品中的一个名牌。

建水过桥米线被列为红河州第四批州级非物质文化遗产保护项目。

### （二十）宴惊四座三叠水

明末清初开始流行的建水"三叠水"宴席，是建水人宴请宾客礼仪规格最高、食材选用最好、菜品烹制最精致、餐具用品最考究、并由本地名厨主理的高档宴席。因其上菜顺序按餐前甜点、正餐主菜、餐后果品，且正餐又按味型、荤素、主辅分别上菜三番而得名。此外伴随宴席始终的一整套"迎客""上菜""敬酒""送客"礼仪

"三叠水"宴席

五、地方文化

程序和器乐表演,更赋予了建水"三叠水"宴丰满的传统民俗文化气息。

建水传统"三叠水"在食材选用上颇为讲究,除本地特产、山珍野味、家养畜禽、时新果蔬外,还会选用熊掌、鱼翅、海参、燕窝等名贵食材;在烹调上采用炒、煸、炝、烩、焖、炸、煎、汆、蒸、炖、卤等技法,烹制出的菜肴讲究原汁原味,菜品点缀得当、造型生动、琳琅满目;餐具用具均采用青花细瓷或装饰有喜庆富贵图案的名贵瓷器。迎客、上菜、劝酒、送客则更有一套固定的程序:宾客到来之前,主人必到大门口恭候;客到落座后首先上的是餐前甜点——桂圆莲子汤、大枣冰糖水、紫米稀饭、燕窝汤和蛋酥、金钱酥、火腿酥、狮子糕;随后依次上的就是"三叠水"的重头戏——珍珠福寿鸭、乌龟夹火腿、酸辣杂碎、三七汽锅鸡、椒盐脆鱼、四味海参、鸡茸白云花、山羊脆乳、卷筒鱿鱼、清汤翅丝、红烧熊掌、烩乳饼、金钱腰花、丽菊草芽、五色拼盘等24道主菜了。此环节的24道菜要分3次上,每次八道菜,上菜时注重荤素、浓淡搭配,并配上相应的蘸水和佐料。其间主人会择机依长幼、主次逐桌敬酒,还会说上一些吉祥、祝福或者客气的话；待宴席快接近尾声时，主人会招呼奉上清口解腻的餐后果品，以梨、桃、花红、桔子、黄果、酸甜石榴等建水本地水果为主。宴席结束后，主人一定会按礼俗将宾客送至大门口，目送宾客走远才会返回。至此，整个宴席才算圆满结束。建水"三叠水"菜品有鲜香醇厚、味型多样、麻辣适度、浓淡兼顾的特点。因其规格高，为名家称道，故又雅称"朝阳一品宴"。

## （二十一）炊锅送暖话团圆

在建水只要提起铜炊锅，那可谓是无人不晓、无人不爱。众多的食材经这只铜炊具一煮，那味道，令人一回想起来就止不住直咽口水。

相传，忽必烈打下云南后，始终不忘游牧民族常吃的涮羊肉，于是令工匠用云南盛产的铜，参照蒙古将士头盔模样制作了锅灶一体，方便携行和使用的炊具来涮羊肉吃。这一炊具流传到民间后，经不断改良定型成了现在的样子。善于美食的建水人利用这一炊具，装入各种新鲜食材，改涮食为焖煮，将铜炊锅的使用功能发挥到了极致。

建水人特别喜欢吃用铜炊锅煮出来的食品，

# 五、地方文化

也非常善于利用铜炊锅煮制各种美食。而且还把用铜炊锅煮制、食用美食的过程精炼成了"铺炊""烧炊""吃炊"这三个令外地人费解、很难听懂的词汇,足见建水人把个铜炊锅喜爱到了何等"自私"的地步。"炊锅上桌,其乐融融",但凡是逢年过节,建水人都会端出铜炊锅来认真擦洗,贪嘴的娃娃们也自然知道"又得炊锅吃啦",忙不迭地找出草结、细柴火、栗碳、火扇准备着。这天,建水人会起早买回大兜小篮的各种食材,全家人围在一起捡的捡、洗的洗、切的切,忙个不亦乐乎。一切准备停当后,开始"铺炊"。首先,按顺序一层一层的依次往铜炊锅里放入芋头、莴笋、青豌豆,其后是鸡块或排骨,然后是黄花菜、笋丝,再后为有名的建水豆腐,最后一层铺放五花肉和小酥。豆腐和五花肉,必事先用调制好的酱油浸一浸,等豆腐和五花肉上色入味才能使用。炊锅铺好后浇入用鸡、筒子骨或火腿骨熬制的高汤,就可以"烧炊"了。将点燃的栗碳放入铜炊锅的炉膛内,迫不及待的娃娃们便轮番用火扇把炉火扇到了通红,巴望着铜炊锅早点飘出诱人的香味。大约40分钟左右,热气腾腾、香气四溢的铜炊锅就被端放在了餐桌中央，围绕其周，摆上手抓花生、油炸干巴、椒盐老肝、炸豆腐条、凉拌青花木耳、佐料和供涮食的时蔬，一桌满是家的味道的炊锅宴就做成了。"吃炊"时还有一样东西必不可少，那就是用建水独有的甜醋调配成的蘸水，缺了它你是绝对品尝不出纯正的建水炊锅的独特滋味的。

建水人喜欢"吃炊"，不单因为美食。漫漫冬日，特别是佳节团聚之时，全家人围坐在一起，就着炊锅里始终弥漫着的阵阵热气，暖暖的说着、笑着、吃着，在尽情享受美味的同时，陶醉于那份团团圆圆、和和美美的亲情之中，这也许才是建水人对炊锅情有独钟的情结所在。

## （二十二）五彩缤纷老八碗

"老八碗"，因其使用八仙桌设席每桌设八座、主菜为八大样、用八只青花海碗盛菜上桌而得名。它主要流行于云南汉族和彝族聚居的地区，而其中比较有名的当属盛行于建水城乡的"老八碗"。

建水"老八碗"作为一种宴席，既是建水人日常生活中人情交往的一种形式，更是建水民间饮食文化和民俗文化的集中体现。在建水，

## 五、地方文化

每逢婚丧嫁娶和传统节庆,都会以"老八碗"的宴席形式宴请宾客。与其他地区的"老八碗"不同的是,建水的"老八碗"又有"猪八碗""海八碗""素八碗"之分。

"猪八碗",顾名思义,就是以猪肉及猪下杂为主要食材烹制的、为建水城镇乡村广泛采用的宴席形式,多用于婚宴、寿宴、满月客、抓周客等。由于过去"猪八碗"多为平民百姓所采用,故又称之为"平头席"。

"猪八碗"宴席一般都在家中庭院操办,虽为"平头席",但对于热情好客的建水人来说,不管是三五桌的家宴,还是几十上百桌的院坝席,待客的礼数都是万万不会马虎的。"有吃无吃,礼数要到",建水人会在正式请客之日的中午备

**猪八碗**

好"猪八碗"宴席中的"早席",也叫"接客席",用来款待远道而至的亲朋好友。"接客席"上的菜品主要是以猪下杂、里脊肉、三线肉搭配时令蔬菜烹制而成,多以下饭菜为主。计有炒血旺、炒猪肝、回锅肉、清汤小酥肉、草芽炒肉、旺笋(茭瓜)炒肉、酸菜炒肉、红烧肥肠等八道主菜和炒粉丝、炸糯米揣莲藕、卤汁水豆腐等三个辅菜。而其中最有名的当属"头碗菜"——炒血旺。做这道菜一是用料有讲究,必须用开膛后的槽血旺。二是做法有特点,先用稻草铺于小盆上,舀出的槽血旺通过稻草滤除血丝、血块等杂物后,再慢慢倒入文火烧热的干锅里不停搅拌翻炒,直至焙干血旺中的水分使其成细粒状时,起锅铲于小盆中置凉,加入大豆腐与之充分抓碎抓匀后备用。座锅放入猪板油文火烧热,加入姜末爆香,倒入处理好的血旺豆腐翻炒,用酱油、盐、味精、胡椒粉调味后,勾芡汁、点明油起锅装入青花海碗中,撒上香花生碎、芫荽节和葱花,烹入现炼的辣椒油即成。

正式宴请亲朋好友的宴席安排在下午,又称"正席",也是"猪八碗"宴席中的重头戏。"正

五、地方文化

席"场面大、桌数多、菜式讲究、菜肴丰盛,菜品均用猪肉配时蔬以炒、炸、炖、焖、煨、蒸的传统烹饪方法烹制。"正席"八道主菜为:清汤髈、条子肉、羊奶菜扣肉、煨大酥、黄焖排骨、青花炒肉、玉兰片炒肉、三鲜腐皮。除八道主菜外,还会搭配上三鲜苦刺花、香拼(炸大、小酥)、凉拼(卤肝片、卤肚片、卤脊肉片、卤蛋、卤豆腐片,木耳、豆芽、芹菜垫底)、凉卷粉、八宝饭和四味碟。喜宴、寿宴还会上糖果花生、寿面(寿桃)以示庆贺。

"正席"后的第二天中午,主人还会再设"猪八碗"中的最后一席"酬席",以答谢和送别来自各方的亲朋好友。"酬席"全套菜品不少于八道,粉蒸肉必不可少,其它菜品由厨师根据剩余食材搭配烹制。至此,全套传统"猪八碗"宴席才算圆满落幕,主人才会觉得尽到了待客的礼数。

"海八碗",是过去建水的富贵人家宴请宾客常用的宴席形式,因此民间也称"上头席"。"海八碗"多为晚宴,按设席规模又有大、中、小之分,三十桌以上为大客,三十桌以下十桌以上为中客,十桌以下为小客。

"海八碗"作为较高档次的宴席，都会聘由本地名厨主勺，餐具也全部是一色的青花细瓷碗。烹制的菜肴花色品种丰富多样，注重荤素、味型的搭配。主要的八道菜品为：汽锅鸡、卷筒鱿鱼、酸辣海参、油焖大虾、三鲜鱼肚、糖醋脆皮鱼、黄焖鸭、凉拌海蜇等。还会配上扣乳饼、八宝饭、串荤时蔬、四味碟（青菜酸菜、韭菜花、乳腐、酱豆）和用卤猪肝片、卤猪肚片、卤猪肉片、卤蛋、卤豆腐片做成的凉拌、供佐酒的香拼，以及"猪八碗"中的条子肉、羊奶菜扣肉、粉丝肉末、笋片（笋丝）炒肉等。整桌宴席十多味菜品浓淡清烈、酸辣咸鲜搭配得当、色香味俱全。

　　"海八碗"除宴席档次较高外，办席和赴宴的规矩、礼数也很有讲究。办席时，主人通常以花厅或堂屋为尊设首席，两侧依次按左大右小、前长后幼往下排分设次席和三席。每桌先摆放好水果、瓜子、糖酥、蜜饯和佳酿。开始上菜时，主人会招呼大家入席并邀请尊长和贵客入首席，其他客人则会按自己的辈分大小、与主人关系的远近亲疏依序入座，一般情况下男女不同桌。菜未上齐、主人未致辞敬酒前，客人是不能动筷子的。

## 五、地方文化

席间如遇人敬酒,即便是不善饮,也要起身举杯饮少许以示礼到,并表歉意。酒到尽兴要猜拳行令,应举止斯文,不可大呼小叫,酗酒和醉酒是最失礼的行为。有事中途退席,应向主人和同桌说明缘由,否则会被视为不敬。宴席临近结束时,首席者会示意大家"慢请"后离席,其他客人则在主人送走贵客返回时道别退席,主人会尽礼数——将客人送出家门。

"素八碗"。建水寺庙遍布城乡,佛教信众很多。每逢寺庙做会,佛教信众都会起个大早,换上清浆白洗的衣服,相邀前往名山名寺"朝山拜斗"、吃斋念佛,建水民间称之为"吃素"。由于寺庙中的斋饭过于清寡简单,便会于农历初一、十五在家"吃素"之日做上几个色香味俱佳的素菜食用。久而久之,便渐渐衍生出了建水"素八碗"。由于不受寺庙清规戒律所限,"素八碗"多模仿荤菜的色、味、形,以时新蔬果、花生、豆制品、野生花(菜)、野生菇(菌)、植物油等为原料制作。菜品讲究形态逼真、味道鲜美,菜名也多与"猪八碗"相似。有用豌豆粉、香菇末、土豆泥、去皮花生碎、盐调成糊油炸而成的"酥肉";用茄子过油炸熟摆成鱼状,浇上芡汁做成的"豉香鱼";用冬瓜、羊奶菜做成的"扣肉";用旺笋、草芽、蚕豆、酥肉烧制的"煨酥肉";用豆渣、香菇末、豆粉、盐揉成面搓成团油炸而成的"小丸子";用香花生碎、小粉、盐碾成面末,撒在水发豆腐皮上重复叠加五层后,卷成筒用布包紧用线扎牢两端入沸水锅,煮熟后去布切片摆盘,配蘸水食用的素"鸡";用面筋做成"肉条",加入鲜藕条、旺笋条、草芽煨制的"条子肉"以及素炒粉丝等八道主菜。此外,还会根据季节,用米椒牛肝菌、炒苦刺花、炒玉荷花、炒石榴花等来作调配替换。

### (二十三)保健佳肴沙莜

"沙莜"是建水人对红薯的称谓,在建水已有四百多年的种植历史,自明清以来就流传着"好个临安府,沙莜当晌午,肚子吃尼胀鼓鼓,手头还捏罗两大股"的民谣(这里说的"临安府"就是建水)。由于建水盛产红薯,本地人又生性憨厚耿直,故而建水人也自称为"沙莜人"或"建水憨沙莜"。不过,在20世纪50年代末的"三年困难"时期和60、70年代的"文革"期间,"建

## 五、地方文化

水憨沙菝"种植的红薯,却为本地及周边市县的群众渡过难关立下了汗马功劳。当时,各类物资匮乏,粮食供应不足,尤以乡村为甚。由于建水大面积种植高产红薯"胜利大白",情况相对较好。每遇"街子天",周边地区尤其是石屏一带的群众都会到建水大量购买易于运输和储藏的沙菝丝、沙菝片回去,掺合大米做成"沙菝丝饭"度过了那段困难时期。现在,老辈子人每每说起那段经历都会说:还是得建水沙菝救了急。目前,建水县平均年种植红薯 5~6 万亩左右,产量 10 余万吨,当家红薯品种有红心王二号、苏薯 8 号、南薯 88、灰薯等。具有品质好、产量高、淀粉含量丰富的特点,产品除供应本地外还远销昆明、上海、北京等大中城市以作食用或深加工。

建水不仅盛产红薯,建水人更擅长用红薯制作各种美食,除常见的烤、蒸、煮、焖红薯外,还有用红薯淀粉做的凉勺粉,用红薯面做的各式窝头。而油炸红薯则更是一道源于建水民间的美味佳肴。它主要选用建水特产的蒸白沙菝做食材,将其去皮后切成象眼块,放入五成热的油锅中炸熟后捞出,再放入烧至七成热的油锅中复炸至外表金黄起壳,捞起装盘撒上椒盐即可上桌。其菜品特点:外形金黄、鼓而不瘪、口感香软、麻香爽口,是建水人宴请宾客必备的一道特色菜品。1964年朱德委员长重返建水时,首先品尝的就是这道佳肴。

## (二十四)珍稀贡品燕窝

建水燕窝产于燕子洞顶钟乳石间,为由南洋群岛迁飞来的珍禽白腰雨燕觅食昆虫后,经过胃的消化吐出用以筑巢的胶状物凝成,含蛋白质、磷、铁、钙等营养物。李时珍在《本草纲目拾遗》中记载:"燕窝味甘淡平,大养肺阴,化痰止嗽,补而能清,为调理虚损劳瘵之圣药。"我国民间视燕窝为高级滋补品,且有养颜功能,昔日作

毛 窝

燕 窝

五、地方文化

为进献皇室的贡品。由于产量稀少，而成为与熊掌、鱼翅齐名的山珍海味。1920年建水曾送燕窝至云南省首次物产品评会展出，获得好评。现在燕窝仍是人民大会堂和国宾馆国宴中的一道名肴。游人在燕子洞，除了可以购买加工过的燕窝外，还可品尝独有风味的燕窝粥和燕窝酥。香甜可口的燕窝酥，获北京首届中国食品博览会铜奖、北京中国妇女儿童用品40年博览会铜奖、武汉首届中国国际食品博览会金奖。

# 六、人文景观

## （一）燕子洞新石器时代遗址

燕子洞位于距县城东 28 千米处的面甸镇马王庄村，为一石灰岩溶洞。燕子洞新石器时代遗址共两个点，是 1989 年燕子洞风景区管理处在开放水洞第三景区时发现的，两遗址相距约 1000 米，分别位于燕子洞后洞八哥洞和水洞口。八哥洞是

燕子洞八哥洞遗址

## 六、人文景观

一个向阳的陷落式旱洞,洞口高于八哥洞遗址地面约三四米,距八哥洞遗址不足20米。八哥洞遗址光照充足,地势较平坦,中凸米许巨石,面积约500平方米,其西侧二三米下还有一面积约200平方米的平台地,其下百余米处即为燕子洞伏流泸江河水面;水洞口遗址在水洞口左侧,是一片较开阔的沙滩地,距泸江河水面不足10米,面积约800平方米。

1989年12月,经云南省文化厅批准,省考古所、州文管所、县文管所在对建水燕子洞八哥洞和水洞口这两个新石器时代石器发现点作联合抢救性清理发掘时,在八哥洞10×10×1.5(米)的堆积层中,出土古人类遗物有玄武岩磨制石器1件(按形制疑为石锛残段),铁质砂岩砺石1件。在水洞口上方7米多的洞壁石室中约10×10×1.0(米)的堆积层中,出土打制石器13件,其中砍砸器2件、刮削器1件、硅质岩砾石石料和石片10件;出土磨制石器砺石1件、陶制品或陶坠4件、陶片7件、陶弹丸1件。与两遗址共存的其它文化遗存还有大量的禽兽骨骼、螺蚌空壳及炭屑、灰烬、烧土等。经鉴定为3500多年前新石器时代晚期的古人类洞穴遗址。这是目前建水已知最早的有遗址、有出土器物的人类活动历史的考古证明，其中的打制石器为县境内首次发现。

燕子洞新石器时代遗址的发现，将建水目前已知的人类活动的历史，提前到了距今3500多年前的新石器时代晚期，是建水地区人类发展史上的重大发现，具有极为重要的历史价值和意义。

1990年9月，燕子洞新石器时代遗址被建水县人民政府公布为第三批县级文物保护单位。

### （二）龙岔河古墓葬群

龙岔河位于建水县境南部，为红河支流之一，其下游为建水、个旧之界河。古墓葬群位于建水县东南坡头乡下白显村龙岔河北岸的一个小山包上，隔河与个旧市贾沙镇相望，距县城约70千米，距下白显村东南约7千米。从下白显村下山到龙岔河边，有一南北向小山包，约高出水面50余米，龙岔河环绕而过，使小山包东、南、西三面临水，其下部地势较缓平，古墓葬群就在此小山包上，占地面积约200平方米。

1962年至1978年，当地群众改地和筑路时，挖掘出青铜器、火葬罐、陶片20余件，从而发现

六、人文景观

了这一古墓葬群。1982年文物普查时，经实地调查，从路边断面上刮出长约2米，宽40～50厘米的两座竖穴土坑墓，两墓相隔60～70厘米，深1～2米，其上方还存有一块未开过的地，估计尚存古墓葬数十座。当时，还从墓中挖出了部分残存尸骨。

出土的器物有青铜锄、剑、矛和三尖叉等，分散在附近下白显村、大石洞村的农民手中，部分已损坏和丢失。从征集到的一件国家三级文物一字格铜斧来看，其独特的造型，在云南还未见过同类报道，被定为红河流域青铜文化的又一类型代表。其刃宽内凹呈弧形，宽0.13米，通长0.14米，束腰有刃口与斧刃相连，銎深宽大，格宽0.07米，斧身有三条脊，具有坝洒类型的特点。

龙岔河古墓葬群所在的小山包被当地群众称为"摆衣坟"，根据出土的青铜器器形和质地等推测年代，初步可定为是西汉以前一个民族部落的墓地，墓中出土的青铜器据了解是在与山包同侧的附近山上冶炼，但当时未能找到冶炼遗址。其下游河边不远处还有一个这样的山包，也是古墓地，也出土过青铜器，因未进行过试掘，具体情况不明,估计有古墓葬百余座。

1985年6月,龙岔河古墓葬群被建水县人民政府公布为第二批县级文物保护单位。

### (三)碗窑村古窑址

建水古窑位于距建水城北一千米许的碗窑村,古窑址在碗窑村北后山坡一平方千米的范围内。现存旧窑、湖广窑、潘家窑、洪家窑等五个瓷片堆积区,占地4000多平方米,相传碗窑村宋代就开始烧造瓷器。经实地调查,从窑址四周大量堆积的古代瓷片中,找到了元代早期至明、清和民国年间各个时期的青釉、青花器物,在一定程度上验证了建水窑"宋代就开始烧瓷"的说法的可靠性。

根据碗窑村圆通寺内清康熙四十一年(1702年)的《奉本府清军明文告示》碑文载:"碗窑名虽一窑,内分上下,烧造器皿,各不相同。上窑烧造者缸、盆、瓶、瓮;下窑烧造者碗、碟、盅、盘。"以后由于窑业的兴旺发达,加之兼烧陶器,碗窑村遂发展为上、中、下三窑,成为滇南陶瓷生产的重要基地。

碗窑村古窑址为龙窑类型,目前已发现的有

六、人文景观

20多条已坍塌和遭破坏的古代龙窑遗坑，因相互叠压使其关系变得复杂，部分遗坑仍残留窑壁，均依山傍水，利用自然地势而建。以窑低端为窑头，倾斜度在11～25度之间，长度不一，最长者超过50米，宽度在1.5～2.5米之间。窑口瓷片堆积遍布全村，主要集中在窑床附近四周，其横断面1～10米不等，文化层因村民建盖房屋被人为打乱，致各时期青釉、青花瓷片混杂，而以元、明、清时期的瓷片为多。从古窑址相对集中的分布状况及瓷瓦堆积情况来看，古窑址至少可分为三个区域，即烧造青花瓷器区域（以青花残器堆积为多）、玉壶春瓶区域、青釉器区域。器型以碗、盘为大宗，其次有碟、盅、杯、缸、钵、壶、罐、瓶等器物，胎质坚硬细致，白而泛灰，部分有少量微小气眼和砂粒，釉面光亮明洁。青花器物色泽深黑，浓重悦目，部分有晕散现象。各类器物多有大、小式之分，造型活泼，古朴大方。器壁有厚薄两种。烧造方法为匣钵单体装烧和支钉、垫圈多种迭烧。

窑口堆积的古代瓷片，主要是元、明生活用瓷的遗存，并有部分清代产品，青釉、青花器之釉色、款式、造型、图案、装饰工艺等，多为元明时期习见之物。在数百年的生产过程中，建水窑产品大量销往全省，且通过唐代开通的"步头路"经越南远销东南亚一带，成为我国享誉海外的"国瓷"的一部分。清代末期，由于战乱，经济萧条，影响了建水窑产品的销路与生产，不少窑工改烧廉价的粗陶产品，致使建水瓷窑业日渐衰落。

经有关专家几次考察，结合出土陶瓷残片和相关资料分析做出的初步认证，建水古窑址有宋式青瓷、元早期青花、明代青花、青瓷、粗陶等，清末有粗瓷、粗陶、紫陶等。器物以碗、盘、瓶为主，其次有碟、盅、杯、盏、缸、盆、瓮、钵、壶、罐等。瓷片按胎釉、造型、纹饰分青釉、青花两种，并有部分白釉、酱釉器物。图案有牡丹、菊花、月季、双鱼、房屋、蕉叶、卷草以及杂宝、祥云、水波、回形等繁杂多样的花边装饰，形式活泼，内容丰富，布局严谨，注重写实，具有粗犷润泽的美感。器物既有建水装饰特点，又明显带有中原地区同类器物的特色。造型上经历了凹足、平足到圈足、高足，工艺上经历了拉坯、挑坯到压坯、旋坯的发展过程，坯体上经历了青瓷的不断完善到胎壁、胎体逐渐变薄的过程，从而使不同朝代、不同时期的器物风格烙印般地打在了窑口堆积的器物上，形成建水窑特色独具的窑口风格。

经初步落实认定，建水窑为云南已知的三处古窑址中规模最大、创烧时间最早、持续最长，地理位置最南且保存丰富、比较完整的古窑址，在云南具有重要的历史、艺术、科学价值。

1987年12月，建水古窑被云南省人民政府批准公布为第三批省级文物保护单位。

## （四）苏家坡火葬墓地

苏家坡是距建水县城北约1公里的一个相对独立的小山丘，位于县城北部坝子边缘，因历史上曾是建水籍苏氏宗族元、明、清时期的祖坟山，故名"苏家坡"。

苏家坡火葬墓地面积约为3万平方米，火葬墓多葬埋于苏家坡山丘

**苏家坡火葬墓出土的明彩绘莲纹火葬盖罐**

南坡朝向建水县城的南面、东南和西南面的几个方向，经查阅相关的考古文献，应为当时全国最大的火葬墓群之一。1998年12月，由云南省考古所专家领队发掘，红河哈尼族彝族自治州文物管理所、建水县文物管理所参加，对苏家坡火葬墓地进行了为期两个月的抢救性清理发掘，发掘面积约为490平方米，共清理火葬墓226冢，出土各类火葬罐近600件，其中青花瓷火葬罐10件，完好6件，破损4件，青釉瓷、青釉陶、灰陶等火葬罐500余件。

苏家坡火葬墓地的墓葬类型分为暗坟和明坟两种，暗坟为火葬墓，葬于地下。明坟即土坑墓，葬于地表，20世纪50年代后被平没，其地改为山地。暗坟直到1998年10月才被发现，并曾一度引发群众性盗掘活动，也才有1998年12月的抢救性清理发掘。经清理发掘，发现暗坟的排列具有一定的规律性，早期墓葬深埋于3米以下的地下，后期墓葬葬于耕土层以下1.5～0.5米的地下，部分有打破关系的情况。暗坟墓穴分为竖穴圆形土坑、椭圆形竖穴土坑、方形竖穴土坑、长方形竖穴土坑等几种。葬式有二层墓台和三层

六、人文景观

墓台等多种形式，一般是在墓穴土坑底部用砖砌筑一个 $0.5\times0.5$ 米或 $0.5\times1$ 米的平台用于摆放盛装骨灰的火葬罐，然后用砖将火葬罐封砌于内形成火葬墓穴，再用厚土覆盖其上，部分火葬墓则只有摆放火葬罐的砖砌平台，其上直接用厚土覆盖。苏家坡火葬墓还有大小内外罐制，内罐装骨灰，外罐装小罐和随葬品；少数是单罐制，盛骨灰和随葬品，并有二罐、三罐、四罐、六罐等多种合葬形制。

苏家坡火葬墓地葬具以灰陶罐为多，也有青花瓷罐和青釉瓷罐和粗陶罐等相对较少的葬具。其灰陶葬具刻绘的图案多为荷花，文字为梵文；青花葬具釉下图案有云龙、凤、狮、缠枝叶、芙蓉花等多种吉祥花纹，另有红河州博物馆购藏的一件明青花罐，上书"在籍纹纫人临安卫孙千户所江百户军丁卫夫家下"21字，是目前苏家坡火葬墓地出土的已知青花器中唯一的一款书有汉字铭文的器物，为苏家坡火葬墓地出土的青花器珍品；青釉葬具多为素面无图案器物，少量为印花器物。随葬品有铜片、铜镯、铜挖耳、铁片、料珠、陶龟、贝、药材、稻谷、松子等。

苏家坡火葬墓地的具体年代,根据对出土器物蕴含的历史文化信息的解读,其上限应为元末明初,下限为清早、中期,明坟的下限在民国年间。苏家坡火葬墓地是云南火葬墓中占地面积较大、分布范围较广,墓葬密度较密的火葬墓地之一,对于帮助我们了解、认识元、明、清时期滇南地区火葬、土葬同时并存的丧葬习俗和墓葬形制及其演变,具有重要的意义,是我们认识、研究元、明、清时期滇南地区的重要实物资料。

### (五)临安首寺指林寺

指林寺坐南面北,位于临安路西段,"基制弘伟,金碧璀璨",素称"临安首寺"。谚语谓:"先有指林寺,后有临安城",可见其历史久远。传说宋代大理国统治此地时,这里是一片茂密的森林,常见一只鹿出没其间。一天,有人追鹿至此,鹿忽不见,一鹤发童颜的异

**指林寺**

## 六、人文景观

人走出来,指着这片森林说:"鹿居此非一朝夕,汝辈欲何为耶?"说罢亦复不见。众人皆惊走,以为遇仙。便绘塑其像立祠以祀。许愿求神者多,甚是灵验,香火日盛。到了元代元贞年间(1295—1297年),郡人何昌明增建一殿二塔,绘塑佛、菩萨、大士之像,栖住持,晨香暮鼓,以为修行拜佛之所,并取前述异人事,书"指林寺"匾悬于门楣,因而得名。明景泰元年(1450年)《重修指林寺碑记》载:"寺始于宋,成于元,而兴于今。"

现存古建筑虽仅一殿一坊,而大殿始建至今已700多年,为滇南最古老的木构架建筑。全殿近正方形,坐落在20多米见方的台基上,其前又有一须弥式唇台,三方有石阶可登其上,四周均有石栏望柱。殿为重檐歇山顶,由32根大合抱的巨柱支撑,巨柱按方形沿四周各呈双向平行排列。外围木柱12根,各高5米,其上以楹梁和斗拱将下层屋檐向外挑出。内围木柱12根,各高10米,其上叠以覆斗式五架梁,梁材硕大,亦大合抱粗,梁檩层层累叠,纵横交错,气势宏阔壮观。由于中部无柱,形成较大的空间,置身其中,给人以大跨度和空阔宽敞的感觉。全殿未用一钉一铆，全用木榫衔接。殿顶正脊中央有宝鼎，两侧有陶兽和鸱吻。四条垂脊亦饰有陶兽。从外部看，由于举架高峻，正脊与翼角起翘显著，形成高屋建瓴之势，使人有高大、雄伟、庄严、古朴之感。殿内金柱上部板壁上，绘有白描壁画3幅，各高2米，宽2.5米，为《供养礼佛图》《孔雀明王法会图》等，绘有人物数十个，造型生动，线条流畅，成画于明永乐年间（1403—1424年），为大师手笔。已由北京古文物专家剥离两幅，由文物管理所收藏。殿内原塑佛像3尊，俗呼三世佛，高丈余，法相庄严。

据古建筑专家考察，此殿采用减柱法，且上层斗拱用材较大，排列疏朗，多处具有宋代营造风格，为中原工匠所造，确实是元代木构架古建筑。滇南仅有，全省罕见，在全国同时期古建筑中也是富有特色的一处，是研究我国古代建筑史和中原与边地文化、科技交流史的重要实物资料。1987年被列为云南省重点文物保护单位，2006年5月被国务院列为全国重点文物保护单位。

殿前有石坊一座，两柱一楣歇山顶。柱前各

有一石麒麟,其背上立石人,柱后夹以石鼓。檐下斗拱密集。坊楣有匾额"第一山",相传为明建文皇帝流落云南时于此为僧人题书,可惜原墨迹已佚。

史料记载,明时曾设僧纲司于此,"幡幢杂沓,鼓钟振扬,为一郡瞻依之所","有十方大禅刹之风",实乃滇南首寺。著名学者、状元杨升庵被贬谪期间,曾应进士叶瑞之邀,寓居临安,"游颜洞,栖指林",作有《指林寺》诗一首:

> 梵音妙音海潮音,前心后心皆此心。
> 试询禅伯元无语,白水青岑环指林。

### (六)佛教重地燃灯寺

燃灯寺,位于县城东门外燃灯寺街,始建于元大德年间(1297—1307年),与指林寺同为滇南著名古寺。2007年9月,燃灯寺被红河州人民政府公布为第五批州级文物保护单位。

**燃灯寺字瓦**

寺内原供奉燃灯佛，即锭光佛。佛经记载，佛生时周身有光如灯，故名燃灯太子，作佛亦名燃灯。后来佛像被毁，重建时增塑多尊佛和菩萨像，成为典型的佛教寺院。庙宇曾于明末崇祯年间（1627—1644年）和清咸丰年间（1851—1861年）两度毁于战火，两度重建。现存建筑为光绪初年再造，为典型的晚清风格。坐北朝南，两进三殿，占地1800平方米。布局玲珑，主次有序，庄重典雅。前殿为原山门拓建。中殿三开间，抬梁式屋架，单檐歇山顶，举架较平缓，角梁处采用挑梁构件承托，四翼角飞起。琉璃黄瓦，当中以绿瓦拼出双菱形图案。屋顶正脊用琉璃瓦件的八仙人物和吻兽装饰，垂脊、岔脊也饰以走兽瓦件。殿内两翼底瓦凸面上，每隔一黑瓦沟有四片有字白瓦相间于黑瓦之中，白瓦上用楷、行、草、隶几种书体书写出古诗或骈文名句，如"曲径通幽处，禅房花木深""落霞与孤鹜齐飞，秋水共长天一色"等，耐人观瞻，可想而知当年寺庙住持是儒僧，是研究儒、佛文化相融合的实例。这等有字瓦共达96片之多，为滇南寺庙所独有。后殿亦三开间，面阔14米，进深10米，也是抬梁式歇山顶。此外，

六、人文景观

还有两陪殿和两廊庑精舍 30 多间。

西陪殿楼墙上,绘有多幅花鸟鱼虫和人物壁画,间有笔力苍劲的对联和条幅,如"竹露松风蕉雨,茶烟琴韵书声"等,同样值得人们驻足观赏。

据传,清代这里是继指林寺之后,设置僧纲司的所在。僧纲是统管临安府佛教的僧官,出门时坐大轿,并在寺内设"公堂"和僧尼禁闭房,审理僧尼违反教规事,故而成为滇南的佛教重地。

燃灯寺,还是明清时期佛教举行燃灯礼佛、燃灯娱佛传统活动的处所。明嘉靖年间(1522—1566年),状元杨升庵被贬谪至滇后,曾寓居建水,观看到燃灯寺热闹非凡的"社火"情景,作有《临安春社行》一诗:"临安二月天气暄,满城靓妆春服妍。花簇旗亭锦围巷,佛游人嘻车马阗。少年社火燃灯寺,埒材角妙纷纷至。公孙舞剑骇张筵,宜僚弄丸惊楚市……"诗里可看到,有少年扮演的各种杂戏,还有装扮成公孙大娘表演的剑舞,有扮成楚国勇士宜僚手中抛接多颗弹丸的杂技等,不一而足。这种民间的文化娱乐活动,甚至延续到近代。

## （七）清真古寺

清真寺位于县城东门外燃灯寺街，与燃灯寺相邻甚近。两寺比肩联袂，翘首相望。碑刻记载，清真寺创于元皇庆年间（1312—1313年），盛于明清。据传建水的回族自元初随赛典赤而来，先居回回村，继迁回龙和燃灯寺街。性情坚强，好勇耐劳，聚族而居。据《重建清真寺并常住碑记》所载，寺始建于元代皇庆年间，为建水建盖时间最早的清真寺，清康熙四十九年（1710年）、雍正八年（1730年）、乾隆二十七年（1762年）都曾对清真寺进行过修缮和扩建。现存主要建筑有寺门、前殿、正殿、厢房、月宫门、两眼古井等。大门南向，主体建筑坐西向东，占地面积近500平方米，为全县25所清真寺中历史最悠久的古建筑。

清真寺是建水现存为数不多的保存有元代遗迹的古建筑之一，大门悬匾"清真古寺"，点明了清真寺的悠久历史。前殿建筑，单檐，五架梁，歇山简化式屋顶，面阔三间。梁架古朴，出檐不深，其用材较大，梁架结构保存完好。

正殿为清真寺经堂，通面阔13.5米，通进深

## 六、人文景观

13米,为抬梁式木结构,单檐,屋顶正立面为歇山式,背立面为硬山式,平面呈七脊顶。这是建水地区的一种典型的歇山简化式屋顶,具有加大和装饰大殿正立面外观,减少工料,便于两侧修建较高大耳房的建筑特点。梁架结构为九檩五架梁,即减去老檐檩中柱,举架立于檐柱抱头梁上,举架上同时又用抱头梁与柱相连,以抵消来自屋顶45度角的压力,形成平行的双抱头梁结构。另外,檐下用图案富丽的枋、板取代斗拱,檐口悬"真理为极"匾。经堂内悬"于穆不已"匾,地面上铺置木板,并沿金柱间安置18扇工艺精巧的雕花屏门。

清真寺为建水早期古建筑之一,其正殿经堂檐下右侧的一通元代皇庆年间的记事碑——《重建清真寺并常住碑记》,记载了清真寺的重建历史,是我们考察云南回族历史的重要实物资料,也是建水地区目前少有的元代碑刻,具有较高的历史、艺术、科学价值。

现在建水的回族已繁衍到1.2万余人,在县境内形成大分散、小集中,共分布在9个乡镇的25个村庄中,清真寺亦有25座,而城内的清真古寺，以其历史悠久，建筑规模宏整，仍为所有清真寺之冠。建水的历史文化，属于以汉文化为主体，融合各民族文化而又各具特色的多元一体的边地文化，保存至今的清真古寺，就是伊斯兰文化融入其中，而又保持其特色，共同为边地文化添光增彩的又一例证。

2012年5月，清真寺被红河州人民政府公布为第六批州级文物保护单位。

## （八）东林寺与半闲亭

东林寺位于县城东北角东林寺街口，原名诸天寺。始建于元代，明洪武（1368—1398年）、正统（1436—1449年）年间相继修葺，嘉靖三十二年（1553年）知府章士元易今名，清康熙二十六年（1687年）知府黄明、僧净寿、真乳、真培重建，为建水五大禅林之一。嘉庆年间（1796—1821年）再修，占地5000余平方米，坐南朝北，现存中殿、后殿、左右配殿及两厢两耳20余间。中殿宏敞。后殿为三开间，单檐歇山顶，抬梁式木构架，进深大于面阔，为建水古寺不可多见者。院内古柏、桂花、紫薇掩映。民国年间曾为建水佛教会所在地，现为建水第三小学校址。

## 六、人文景观

　　半闲亭与东林寺隔街相望,并在一条中轴线上,但坐向相反,原址在东林寺内。占地2200平方米,为临安知府章士元省耕憩息处,其名由"因过竹院逢僧话,又得浮生半日闲"的诗句而来。后重建时移至现址。现存建筑为清光绪二十三年(1897年)重建,布局规整而不呆板,建筑为三开间六架梁单檐卷棚顶,抬梁式木结构,小巧玲珑,后临荷池,通面阔11.45米,通进深9.5米。梁、柱、檩、枋等构件用材较小,但结构紧密,亭用草栿屋架,举架平缓,四翼角反翘,檐下枋板上雕刻香炉、花篮、笛、瑟及花果等图案,阳出并彩绘,装饰性强。后檐用垂莲柱于两翼,为晚清小式建筑样式。亭内置井口天花,回纹彩画,给人以舒适、协调之感,装修以梅花瓣状门窗见长,具有庄重、宁静的艺术效果。前庭是一块占地503平方米的花圃,以五滴水花砖照壁墙隔断,中央石桌,石靠椅呈圆形布置,旁有庭荫之树,旧为高朋雅士吟诗作对之所。亭后为荷池,有环池堤径,池堤垂柳。半闲亭内部环境优美,亭、池、花圃浑然一体,荷、柳相映成趣,为又一类型的滇南私家园林。现景观依旧,建筑保存完好。

2007年9月,东林寺与半闲亭被红河州人民政府公布为第五批州级文物保护单位。

### (九)小桂湖与福东寺

巍峨的东城门朝阳楼左近,有一片近百亩的水面,为群众休憩之所在,俗称洗马塘。相传明初卫所军队于此取土筑城而为洼塘,积水成湖,为军士洗马之处,故名。湖中有堤,将水面分成四潭,上有二小岛,岛上建亭。可惜一岛一潭已被填去。堤上种植垂柳和凤凰木。

湖畔有福东寺,为四合五天井禅院。正殿高大,左右有月宫门,入内各有一耳楼。前殿之前有临湖水榭,建有勾廊望柱和美女靠,凭栏远眺,塍壤相错,一水盈盈,荷池镜面,映照着城楼山色,风景宜人。为昔日文人骚客观鱼赏荷、吟诗作赋的好处所。夏日荷花盛开,郡人士每于寺之前楹,相与酾饮纳凉,鱼跃当筵,水鸟上下飞鸣,时出没于丛花碧浪间。酒至微醺,凭栏远眺,香风冉冉,沁人心脾。

正殿前檐悬挂着一块匾额,上书"小桂湖"三个楷书大字,旁边有数行题跋,述说四川新都县桂湖,是明代状元杨慎(字升庵)故乡,平挹

## 六、人文景观

野色,远吞山光,水榭风台,迥出尘表,称川北名胜。而此间为先生寓居和讲学之所,山水双佳,与桂湖相仿佛,因而称小桂湖。此处的小巷也被叫做太史巷。

前殿西壁上嵌有石碑一块,上部正中有一阴刻的杨升庵晚年像,虽高仅20厘米,而升庵身着长袍,戴帽,手拄竹节杖,慈眉善目,俨然学者风度。旁有隶书《自题像赞》一首:"临利不敢先人,见义不敢后身。谅无补于事业,要不愧乎君亲。遭逢太平,以处安边,歌咏击壤,以乐余年。……"又有临安知府贺宗章的题句,说明他在得知小桂湖是升庵先生寓居之处所后,就极力寻求先生遗像,得到昆明高峣升庵祠拓本后,就携来摹刻于此。后来高峣的升庵像竟不存,所幸还能于此获得拓片重刻复原。贺宗章还为画像题诗数首,其中一首为:"蜀国杨夫子,滇中老寓公。文章继前汉,议礼贬孤忠。吾道南来后,君恩北望空。传神如地水,到处有清风。"

寺内原有楹联一副,为清人孙清元所撰。上联为:"画成烟雨楼台,看山横焕岭,地转泸江,剩一片斜阳芳草,看新都公子行吟处。"下联为:

"人在莲花世界,喜月到天心,风来水面,趁此际香温茶熟,想茂叔先生得意时。"

距寺不远处,原有叶家山址一座,为建水进士叶瑞故居。升庵两度到临安,即食宿于此处的水林园内,并与叶瑞和阿迷进士王廷表一起诗词唱和。叶瑞让当地塑匠将三人真容塑造成型,各高尺余,为全国仅有的升庵真容塑像。可惜文革中叶、王的塑像被砸毁,万幸的是升庵像尚存。

全国政协提案委员会委员、国家文物研究所所长罗哲文考察小桂湖后,题写了《访杨升庵旧迹》诗一首:

太史巷前寻旧迹,临安别驾迹还留。

三面荷花四边柳,湖水禅林两悠悠。

2012年5月,福东寺被红河州人民政府公布为第六批州级文物保护单位。

### (十)宗教名山云龙山

蜿蜒耸立于城北20千米的云龙山,海拔高2100多米,山巅云雾缭绕,山似游龙入云状,故而得名。有碑刻谓:"临安佳山川,云龙其一。苍秀挺拔,蜿蜒郡之西北,分派甚长。其上碧瓦丹檐,照耀霄汉。"旧志记载,此山"岗岭绵亘,

## 六、人文景观

上多古刹精舍,迤逦而登,清幽绝俗,为一郡之胜"。沿溪谷间的石坎透迤而上,过一天门,登二天门,依次罗列有兴圣寺、观音殿、华严界、准提阁。左右参差排列着一佛宫、紫极宫、般若台、幻隐室、萃隐庵。斗折而上为三天门,有紫金城。紫金城正中为宏大的殿堂建筑真武宫,两厢有云窝寺、开化寺以及一系列阁楼屋宇,组成一套环绕真武宫的正方形建筑。寺庙周围林木蓊郁,溪水鸣环,桃花夹涧,松声鸟语,晨钟暮鼓,四时回响。登临其间,"随步换形,引人入胜,洵世外之幽栖,寰中之胜景"。

"遂尔登龙首,遥天入绛楼""飞阁凭虚最出群""凌霄大阁小群峦",这些古人的诗句道出了真武宫的磅礴气势。这是一座290多年前的建筑物,殿堂规模宏敞,高高地矗立在云龙山巅。宫内供奉真武大帝铜佛一

**云龙山寺**

座，其旁有"八仙过海""嫦娥奔月"壁画。还有一些书法家挥写于墙壁上的条幅和中堂。宫前铜香炉，高五尺余，明代铸造。有巨钟二口，最大的一口康熙年间（1662—1722年）造，重1.6吨，铸工精巧。紫金城外东西碑亭内，各有一块"赑负丰碑"。赑，全名赑屃，是一种类似龟鳖的动物，传为龙子之一，用长约2.6米的整块巨石雕凿而成，背驮高达3.5米的巨型石碑。其一铭刻着《鼎建云龙山真武宫碑记》。碑侧刻有一行小字，说明此碑石获于城西南隅，雇民夫700名缒引7天，引程35千米至山。另一碑用民夫500名缒引5天至山。2012年1月，云龙山真武宫被云南省人民政府公布为第七批省级文物保护单位。

以后又经陆续增建，形成十二瑶台一城一洞的布局。据说香火最盛时，有僧尼七八十人，成为滇南的名山胜景。现存的真武宫等建筑，绘塑五百罗汉，维修一新，游人沁心悦目。

云龙山还以产茶闻名，其茶色、香、味俱佳，饮后杯内无垢。

### （十一）滇南古刹黄龙寺

黄龙寺位于城西10余千米的绍和山麓，因山

六、人文景观

脚有黄龙潭得名。寺始建于明代,清代、民国年间多次重修增建,成为占地7.5万平方米的宏大庙宇,是建水地区占地和规模都相对较大的寺庙建筑之一。原为建水县第二中学校址,2005年划为宗教活动场所,现为建水县佛教协会管理使用。

黄龙寺建筑依山就势,逐渐升高,层层递进,由龙王庙、雷神殿、龙潭禅院和清风亭组成,在布局上以龙潭禅院规模最大,形成较为完整的四进五殿院落,并且打破了建筑上纵轴线严格对称的传统格局。正殿"大雄宝殿"通面阔13.5米,通进深10.8米,单檐歇山顶,抬梁式木结构。建筑集明、清、民国时期的建筑风格为一体,既有明显区别又协调统一。左观音殿、右雷神殿均自成院落。右前侧为朝向不同于主体建筑的山门,再进为凉台,院内林木茂盛。最前方左右各建有两阁,下临绝壁,古木藤蔓苍翠。山下西侧建有龙王庙一座,为一四合院建筑,是黄龙寺建筑的重要组成部分和进入黄龙寺的门户。建筑古朴严谨,与黄龙寺建筑一样得到完好的保存。

黄龙寺不仅历史悠久、规模宏大、布局灵活、殿宇众多,而且建筑质量好,空间宽敞,体量较大;

木构件雕刻认真,彩绘古朴,人文内涵极为丰富,有着较为重要的历史、艺术、科学和史料价值。

黄龙寺山脚下的黄龙潭属岩溶大泉,终年水流喷涌,源源不断,如缀珠篆雪,从未枯竭,灌溉着龙潭周围的农田。潭水清澈见底,游鱼可数,水温冬暖夏凉,适于游泳。地方旧志曾称为"古甸龙潭",又有"珠喷龙湫"的美誉,为建水旧志所记十景之一。黄龙寺建筑与龙潭泉水相伴,再加上绍和山上的绿色植被和古树名木的映衬,更显得"寺幽""山葱""水奇",向为建水人气旺盛之地和著名的风景名胜区。

2012年1月,黄龙寺被云南省人民政府公布为第七批省级文物保护单位。

### (十二)云南武装起义策源地——西林寺

县城西郊西林寺街尽头的西林寺,坐落在两梯级的台地上。前为山门,门为楼阁式,内观是戏楼,逢庙会可看演出。其后为中殿,左右两庑有房数间。中殿后登石阶而上,至一高台,台后为正殿,亦有左右两庑数间。20年前作为生产队的牛圈和柴草堆放处,不慎失火,烧毁山门、中殿及两廊庑,仅孤存后殿一座。近年来,当地群

六、人文景观

众集资修复山门、中殿及两廊庑。但山门已失却戏楼原貌。

　　这座寺庙,原来比较荒僻,也因此能够成为半世纪前云南人民革命由隐蔽斗争转向公开化武装斗争的里程碑式纪念地。那是民国36年(1947年)的12月底,解放战争正以波澜壮阔之势在全国迅猛发展,处于地下状态的中国共产党云南省工作委员会在这里召开会议。省工委书记郑伯克、委员侯方岳和张华俊出席会议,旅缅支部回国汇报工作的王子近列席会议。郑伯克主持会议并传达了中共中央上海局关于在云南发动武装斗争的指示,分析了云南的情况,估量了有利条件和困难,决定按党中央和上海局的指示精神,在全省范围内发动大规模的人民武装斗争。会议确定充分利用云南地方实力派与国民党中央的矛盾,争取和中立地方势力,以"讨蒋自救"为号召,集中打击国民党顽固势力。首先在地处滇桂黔边区、党的工作基础较好、敌人控制较弱又便于得到城市的配合和支援、利于站稳脚跟的滇东南地区发动,建立自救军第一纵队。尔后在滇南地区发动起义,建立第二纵队。滇东北、滇西亦积极创造条件，待机发动起义。同时确定了第一纵队的司令员、政委、参谋长、政治部主任等人选。并派人通知境外待命的朱家璧、张子斋等回到滇东南地区与当地党组织会合，发动武装起义。会议擂响了在云南开展游击战争的战鼓，因而具有划时代意义。

会议结束后的1948年3月，朱家璧、张子斋、马仲明等领导干部，在弥勒西山迅速集中了人枪200余，与敌军展开激战，获得胜利，正式建军，后称云南人民讨蒋自救军第一纵队。继而，滇南元江建立第二纵队。接着，滇西、滇东北以至滇中都蓬蓬勃勃地开展了武装斗争。1949年5月，按照中共中央指示，将全省游击部队统一组编成中国人民解放军滇桂黔边纵队（简称边纵）。至1949年底，边纵共建立12个支队和两个独立团，主力部队发展到6万余人，县区游击队发展到10万余人，活动遍及滇桂黔三省的147个县境，建立起12个成块的游击根据地，钳制了近15万国民党军队，共歼敌6.1万余人，解放了91座县城，为配合南下野战军解放大西南，建立了历史功勋。建水西林寺，将永载入云南人民武装斗争史册。

1990年9月,西林寺被建水县人民政府公布为第三批县级文物保护单位。

## (十三)恢宏文庙甲全滇

建水文庙位于县城内建中路西段,始建于元至元二十二年(1285年),经过历代50多次增修扩建,占地7.6万平方米,约为曲阜孔庙的三分之一。现存一池一阁二殿二庑二堂三亭四门四祠八坊。有碑文记载:此庙"殿堂门庑,圣贤肖像,刻雕藻绘,金碧辉煌""遂成一大观焉"。民国《建水县地志资料》称:文庙"地势既极雄阔,规划尤臻周妥。旧志称'宏整巨丽冠迤东西',洵非虚语。"

元代以前,"滇南人初不知有孔子,祀王右军为先师"。元至大元年(1308年),大肆兴学,武宗皇帝追封孔子为"大成至圣文宣王","虽

**文庙月台**

荒番郡县，亦皆有学"。当时临安府最大的官是时任云南临安广西道宣抚使张立道，拨出专款，修建了这座滇南的第一座庙学，也是云南继昆明、大理之后的第三座庙学，于是儒学兴矣。明洪武年间，文学名士王奎、韩宜可被朱元璋贬谪至建水。二人虽被贬荒凉之地，有许多积郁在心，但出于儒家本性，专心做起传道授业的事来了，并且一做就是16年。16年在历史长河中不过是一眨眼，但对建水而言，却是影响甚大："土习始变，人文始著，临安子弟殆无有不学焉者矣……而临安之第进士者自兹始，仕者相望于朝，两先生之功何可诬哉。"(《复修寄贤祠碑记》)。建水人为纪念韩、王二人的贡献，特在文庙读书台处建二贤祠，朝夕烟火供奉。

文庙纵深625米。大门前原有甬壁（俗称"红照壁"），已毁。大门"太和元气"坊，高9米，坊座上有石雕狮、象、麒麟和龙，顶部斗拱密集，三重檐牌楼顶。坊后为泮池，广40亩，澄泓晃漾，水明于镜，焕山影倒其中，若天造地设。回望"太和元气"坊，榱楔高悬，宫垣远映，金碧雕镂，与云影天光相辉耀于晴波中，光彩陆离，爽襟豁

六、人文景观

目。池前巍然屹立孔子像一尊,为香港孔教学院院长汤恩佳博士捐赠。泮池俗称学海,明成化年间(1465—1487年)开挖,中筑一小岛,建思乐亭,也称钓鳌亭,有桥和堤与岸相连。泮池后部筑有半月形唇台,围以石栏。唇台东西向有"礼门""义路"石牌坊各一座,高5米,其旁各立"官员兵民人等于此下马"的石碑一块。内侧宫墙上镶有"鸢飞鱼跃"大字石刻。后面丹壁上耸立着"洙泗渊源"坊,高9米,坊座上的龙麟狮象石雕更为雄劲。左右短墙上嵌有"二龙戏珠""双凤朝阳"砖雕影壁,古朴典雅。旧志记载:泮池"澄泓如鉴,上面石台斩截,宫墙万仞,金碧交辉,宏整巨丽冠迤东西"。如此规模的泮池,在全国文庙中绝无仅有。

"洙泗渊源"坊背面匾额题为"万世宗师"。此坊后又一院内,东西向横陈着砖木结构牌坊4座,各高10米余,俱3楹,飞甍翘檐,更臻雄健伟岸。上题匾额为"道冠古今""德配天地""圣域由兹""贤关近仰"。坊表间原有碑亭6间,陈列着历代修学碑记,后亭毁,碑刻散列,任凭风雨剥蚀。现新建东西碑廊,集中安放石碑六七十块,形成壮观的碑林,碑文是研究边地文化教育事业发展的绝好资料。

其后为棂星门,四根木柱穿脊而出,上嵌蟠龙青花瓷罩,别具一格,国内罕见。门内为一园林,左右分列文星阁(已毁)、文昌阁、名宦祠、乡贤祠和杏坛。杏坛原为明代天顺年间(1457—1464年)建,原置《孔圣弦诵图》石刻一尊,后坛毁,刻图几经迁移。今重建杏坛,琉璃黄瓦,彩绘流丹,更胜昔日。

再后为大成门,门内东西庑各15楹,与主体建筑大成殿围成一大庭院。大成殿又称先师庙,高踞于丹墀上,琉璃黄瓦歇山顶,由28根大柱支撑,其中22根为青石巨柱,各高5米。撑持左右前檐的两根石柱,镂刻成龙腾祥云状,称"石龙抱柱",为石雕精品。22扇木屏门深度透雕成"六龙捧圣""麟吐玉书""三羊开泰"等动物寓意图样,为屏门之珍品。殿前有高3米的古铜香炉1只,4足铸成象头形,极具地方特色。院内古树名木甚多,有古桧两株,相传植于元时;红、白山茶花两株,植于明代。又有石雕白象两头,驮以1米多高的青铜花瓶。大成殿两侧为东西碑亭,

## 六、人文景观

各置古碑1块,以西碑亭内乾隆御制《平定回部告成太学碑记》为最雄奇珍稀,全碑通高5米,用满、汉两种文字镌刻而成,云南省罕有。

大成殿内悬挂着清代康熙至光绪历朝皇帝赞颂孔子的御题匾额8块,有"万世师表""生民未有""与天地参""圣集大成"等。大成殿后为崇圣祠。左右分列着东、西明伦堂,昔日为临安府学和建水州学所在,培育人才甚众。东明伦堂后有二贤祠和仓圣祠,并有曾一度迁至临安的元江府学旧址。

民国时期的《新纂云南通志》谓:建水文庙"规模宏敞,金碧壮丽甲于全滇。"《云南年鉴(1986)》称:"建水文庙,是规模仅次于山东曲阜的文庙。"2001年6月,建水文庙被国务院列为全国重点文物保护单位。

中华诗词学会会长、原国家文物局局长孙轶青考察建水文庙后,题诗一首,云:

一泓碧水荡文澜,学海无涯身往还。

四化于今待苦渡,大同犹赖敬先贤。

### (十四)临安土神栖息地——土主庙

土主庙位于建水县城关帝庙街,是建水"古

建筑博物馆"中较有特点的早期古建筑之一。据《建水州志》(重印)《重修土主庙碑记》载,"庙碑因毁",故"创无可考",重建时间为明正统七年(1437年),现存山门、正殿、后殿、四厢、六耳共39间,占地3200平方米。

土主庙为两进三殿庙宇,坐北朝南,沿纵轴线左右严格对称分布,原布局在山门前还有两座当街相对而立形制不甚大的过街木牌坊。山门位于县城桂林街,当街建于0.5米高的台基上,三开间,单檐歇山屋顶,五架梁,抬梁式木结构,通面阔13.8米,通进深8.6米,两侧八字墙分立,两次间设置"眼窗",古朴庄重,前后檐额枋板上雕刻精美,彩绘淡雅,为清代建筑。后殿三开间,单檐硬山屋顶,五架梁,抬梁式木结构,前出檐,通面阔13.8米,通进深12.8米,是土主庙最大的单体建筑,前檐额枋板上雕刻精致,彩绘华丽,色冷调凉,清新雅致。为清代后期重建。

中殿建于1米高的台基上,是土主庙的主要建筑,单檐歇山屋顶,前出廊,抬梁式木结构,三开间,三进间,通面阔11.5米,通进深11.5米,平面为正方形。正殿明间柱距为4.65米,均按放大明间开间设计,使明间宽阔,次间紧凑,为回廊式建筑。金柱、檐柱间经抱头梁、穿插枋等转接、连接,组成结构紧密的框架柱网结构,具有中国木结构古建筑特有的独立的整体组合结构特征和较强的抗震性能。正殿斗拱为"品"字形,粗大紧密,古朴大方,不事雕凿,古色古香。前檐、两山外出单翘单斜昂斗拱,后檐仅出单翘斗拱,无昂;内挑部分则出三踩斗拱,承托里拽枋等,故正殿出檐不深但举架陡峻,具有曲线优美的歇山屋顶。檐柱、金柱的外出部分均出单翘(昂)斗拱,内挑部分檐柱为三翘斗拱,金柱为二翘斗拱。檐柱斗拱承托的主要是檐枋,金柱斗拱主要是承托井口趴梁,它们形制相同,但却是作用不同的两种结构完整,构造完善,制作精密,美观大方的斗拱形式,是明代斗拱的典型特征,从而使正殿的组织结构科学、严谨,张扬和突出了明代建筑的典型风格。

土主庙中殿建筑体量虽然相对较小,外观特征也不起眼,但其殿内密置的"品"字型古朴斗拱,与殿外给人的感觉,完全是判若两殿,故建水人将土主庙正殿的建筑结构形式称为"外虚内实""藏而不露",谓正殿内藏着土主庙建筑的精华部分,也是土主庙建筑价值之所在。同时,正殿的装饰、彩绘艺术令人称道。正殿对屋顶的处理采用井口天花顶棚,其露明部分与梁枋、斗拱等均以彩画形式装饰。整个正殿雕梁画栋,彩绘图案丰富,色彩古朴,色调协调,对比明快,庄重大方,给人以幽雅舒畅之感。正殿彩绘色调以暖色为底色、为基调,给人一种热烈欢畅的视觉感受。井口天花以六角形龟裂纹等蜂房图案为主,兼有方形、菱形图案,各自组合在大圆形图案之中,外饰蝙蝠、祥云、瑞草等富贵图案;斗拱图案为祥云、莲花等;梁枋图案则变化多样,更为丰富。正殿的彩画艺术呈现明代简洁、典雅的装饰风格,是建水古建筑中原汁原味保存的彩绘艺术信息的充分展示,也是建水古建筑彩绘艺术的珍贵资料。

二进院后殿前檐左侧院中种植有一株明中后期的珍稀植物罗汉松,迄今已500余年,为建水古城内仅存的两株罗汉松古木之一。古庙老松,交相辉映,相得益彰,给古老沉闷的庙宇注入了生命的活力,成为土主庙誉满县城的人文景观。

土主庙是建水县城内唯一供奉土主(本地神)

和土主崇拜的庙宇,其土主神像(彩绘红脸)为檀香木木雕,衣服也呈红色,这与其它地方"黑煞神"脸孔的土主神像明显不同,具有鲜明的地方特色,有着重要的历史研究价值。

2003年12月,土主庙被云南省人民政府公布为第六批省级文物保护单位。

### (十五)周云祥起义纪念地——天君庙

县城内临安路中段,与学政考棚紧相邻,有一座寺庙叫天君庙,原称赤帝宫,俗名火神庙。庙祀传说中的火神祝融,明嘉靖年间(1522—1566年)建。后因清道光年间(1821—1850年)瘟疫流行,于中殿奉温天君神像,以避瘟疫。又于同治年间(1862—1874年),于前殿奉王天君神像,故而改称天君庙。

原有大门、中殿、后殿及两廊庑30余间,占

天君庙

地面积近万平方米。进大门回望有戏楼，今已不存。旧志记载："庙貌宏极壮丽，为一郡之冠。"光绪三十四年（1908年）乡人共同筹资，在天君庙后殿创办兴业火柴公司，所制造的火柴可与日货媲美。不料，两年后工厂失火，后殿付之一炬。民国时期，庙里曾开办莱薰女子小学校。

云南近代史上矿工起义的大事，曾经有声有色地发生在天君庙里。光绪二十九年（1903年）春，在个旧锡矿山，以建水荒地人周云祥为领袖，以矿工为主体，并有大量农民参加的反清武装起义爆发。起义军攻克个旧后，接连夺取临安府城建水，并西占石屏，然后向北向东发展。起义队伍扩大到一万余人，声势浩大。起义军的口号是："抗官仇洋""拒洋修路、阻洋占厂"，足见这次起义具有鲜明的反帝反封建性质。起义军的指挥部就设在天君庙内，庙前立有高高的旗杆，上面飘扬着写有"官逼民反、除暴安良"的旗帜。清王朝和云南地方当局被震慑，忙调重兵前来镇压。起义军坚持战斗两个多月，最后弹尽援绝，周云祥在清军许诺义军生命安全的条件下被迫出降，遭清军杀害。

六、人文景观

周云祥起义虽然失败了,但它打击了帝国主义的侵略气焰,揭露了清政府的卖国行径,迫使《滇越铁路章程》推迟签字。周云祥起义是继光绪十年(1884年)香港工人大罢工揭开中国工人阶级大规模的反帝斗争序幕后,首次发生的以矿工为主体的反帝反封建武装起义。天君庙实为云南近代史上资产阶级民主革命范畴的一处有纪念意义的遗址。五年后孙中山派黄兴等人发动河口起义,还曾提出联络周云祥余部的计划,可见周云祥起义影响之深远。个旧矿山上数十年间流传着一支《周云祥点兵歌》,老弱妇孺有口皆唱,歌颂起义领袖周云祥。

1993年11月,天君庙与学政考棚一起被云南省人民政府公布为第四批省级文物保护单位。

**(十六)诸葛庙与白衣楼**

清嘉庆年间(1796—1820年),本郡人士倡议修建了诸葛庙,由前殿及供奉菩萨、黑白无常的后殿两部分组成。庙的正殿是诸葛亮的泥塑像,羽扇纶巾的诸葛先生智慧、慈祥地注视着天下苍生。正殿门上有咸丰乙卯科解元曾彬撰写的两副对联,一副是"天下奇才;古今遗爱。"另一副是"羽扇纶巾，犹想见出师当日；黄鹂碧草，那堪吟吊古新诗。"对于诸葛庙，古人有着万千的感慨。清叶涞诗言："有泪长挥两出师，今来新拜武侯祠。溪同泸水长驱日，地接云龙隐卧时。旧垒荒芜云日护，神威擒纵草何知。风流千古思名士，酹酒须吟梁父词。"

建水古为蛮荒之地，瘟疫、鼠疫常有流行。每当此时，地方官民多"建祠以祈之"。同治十二年，建水就爆发了一次严重的鼠疫，据史记载，"沿城乡到处传染，村民烟户百余家亦年死数十人。瘟疫流行处有硫磺气，白色惨淡。时近黄昏，寂然傍晚，闭户熄灯眠，噤不敢声，鬼凭草木作长啸，犬狺狺吠，鸟啼鼠腐，悚人发毛，亲戚怕传染不敢通吊问。甚或家有病者，父母昆弟忍弃置不相顾，避匿乡野间，结茅而居。"面对这场灾难，地方人士就将诸葛庙的大门改成殿宇，把唐朝的张巡、许远二位名将请来驱鬼镇邪，诸葛庙的前门变成了"双忠庙"，并立双忠碑于庙前。光绪二年（1876年）建水县知事李宾，为新建双忠祠写了一篇序，把蜀汉的诸葛亮和唐朝坚守孤城睢阳抗击叛军的张巡、许远两位将军合

六、人文景观

在一起,让他们三人一起来保佑建水的民众。

之后,又在诸葛庙后殿建盖白衣楼,先是供奉白衣菩萨,后改祭同治皇帝的生辰牌位,故此楼又被称为"万岁楼"。清同治八年(1869年)临元镇总兵梁士美改建为四面开轩、琉璃黄瓦、规制宏敞、气象峥嵘的三层高楼。楼高14米,宽16米,进深15米,三重檐歇山顶,与指林寺遥遥相对。原来还有池塘亭榭,亦皆清雅。民国年间曾在此开设私立仲铭图书馆和教会医院。

楼内右侧置楼梯上二三楼,楼四面有玻璃窗,通明透亮,二、三楼屋顶复黄琉璃瓦,正脊饰以宝瓶、吻兽、走兽等瓦件,使楼金碧壮观,彰显辉煌,楼两旁两耳房与楼并排相连,皆两层,并置随墙门与白衣楼前庭院相通,组成两个相对独立的院落。两耳外随墙门旁,有记载诸葛庙、白衣楼相关历史的碑刻各一通。楼前院内有建诸葛庙植下的一株古柏生长茂盛。

白衣楼原是建水古城内的第二高楼,与城东第一高楼朝阳楼遥遥相望,其金碧辉煌,却胜过了朝阳楼,堪与文庙大成殿相媲美。白衣楼前为诸葛庙,再往前为学政考棚。学政考棚、诸葛庙、白衣楼的主体建筑，恰好排列组合在一条严格对称的中轴线上，从而构成了一个规模宏大、层层递进的九进院落的古建筑群。

2012年1月，诸葛庙（含白衣楼）被云南省人民政府公布为第七批省级文物保护单位。

## （十七）朝武庙壁画

建水城西门外，有座建于明代的朝武庙。虽然有些局促敝陋，但里面却藏着明代的关羽塑像和清代绘制的《三国演义》故事壁画。

小庙依岗傍岭建于山腰。现存前殿、正殿和陪殿。前殿前临削壁，山门开在前殿和正殿之间的左侧面，一进门便直奔正殿而来。正殿三开间，单檐歇山顶。殿内神龛上塑有关公坐像，左手扶膝，右手捋须与肩齐，庄严威武，光彩照人。关平捧印，周仓挂刀，侍立两旁。背后墙壁上绘有两条腾空飞跃的墨龙，吞云吐雾，更增添几分神圣肃穆。

其余墙壁上，均绘满彩色的《三国演义》故事。壁画以连环的形式连续绘制在整幅土墙上，而被壁间突起的木柱分隔成八大幅。画面以描绘战争场面为主，人物众多，半工半写，形态生动，穿插有序，场面壮阔。

## 六、人文景观

东壁因屋漏被泥水浸染严重,加之墙土的剥落,仅能依稀看出有起火燃烧的连环战船和惊慌逃命的士兵,这便是"火烧赤壁"的故事了。西壁正中绘有"水淹七军"图,在突兀的高阜上,挺立关公、关平和周仓,旁边的山箐是被掘开的襄江水口,巨大的洪流奔腾而下,水里曹军士兵或沉或浮,尽为鱼鳖。其右画的是"刮骨疗毒"图,画中的关公袒臂而坐,若无其事地与马良弈棋,华佗持尖刀割开其皮肉,似闻刮骨有声。接下去的一些画,难以看清。依稀看出一幅是关公死后,在玉泉山显圣,充满迷信色彩;其旁一幅是诸葛亮施空城计,智退司马懿。

壁画保存得最好的是前殿,在土墙上方的木隔板上,绘有几幅彩画:第一幅是关羽挂印封金,人去室空;第二幅是曹操追至霸陵桥,赠锦袍给关羽;其后是关羽过五关斩六将的画面,但只见第一关斩孔秀,第二关斩孟坦、韩福,第三关至五关的画幅均已不见。前殿西间的北墙板壁上,画的几幅是"三顾茅庐"故事,刘备的恭谦,关羽的忠义,张飞的急不可耐,皆跃然壁上。

壁画出自民间画匠之手。栩栩如生的人物、生动的画面，折射出民间艺人的风采，展示了当时人们的爱憎追求。

### （十八）雄镇东南朝阳楼

建水县城东门朝阳楼，也叫迎晖门，巍然耸峙，高入云霄，成为边陲古城、滇南重镇建水的一大标志。《建水州志》有十景之一的"东楼凌汉"，这样记载："东城楼，高百尺，干霄插天，下瞰城市，烟火万家，风光无际。旭日初升，晖光远映，遥望层楼，如黄鹤，如岳阳，南中大观。"2006年5月，朝阳楼被国务院列为全国重点文物保护单位。

城门依地势高踞于略向东北的土阜上，居高临下，势若建瓴。以特地烧制的巨型砖块两面筑起三丈高的门墙，中间以土夯实，形成一座约500平方米的墩台。

朝阳楼

## 六、人文景观

当中留以两丈高的拱形门洞,作为人马通道。高台上建造三层巍峨城楼一座。城楼由40多根巨大木柱和无数粗大的楹梁榫接成坚实牢固的大木构架,覆以三重檐歇山式屋顶。檐角飞翘,画栋雕梁,飞霞浮顶,流云摩肩,与原有的瓮城及城墙,还有护城堑壕,形成深沟高垒,金城汤池。檐角上挂有铜铃,每当和风送爽时,铃声清脆悦耳,令人心愉。春夏间,万千紫燕巢檐下,颉颃翻飞,翩跹弄影,呢喃声不绝于耳。铃声、燕声与市井的喧嚣声,交汇成一曲边地小城的交响乐。

城楼建成于明洪武二十二年(1389年),迄今已近630年。整座城门占地2312平方米,南北长77米,东西宽26米。始建时与西、南、北四城楼形制一律,有碑记称:"四楼巍峨相望,号称雄伟,不啻齐云、落星、井干、丽谯偕高媲美已也。"齐云、落星、井干、丽谯,皆史书记载古代著名的壮美高楼,而建于西南边陲小城的朝阳等楼,能与之"偕高媲美",可见此楼建筑风格实在不同凡响,以致后人更有"南中大观"之誉称。明末清初,迭经战火,南、北、西三城楼均被焚毁，"惟东楼巍然独存，犹属故物"，值得庆幸。康熙初，虽然重建了南、北、西三城楼，可是建筑质量明显欠佳，只经过两百多年，到光绪年间就相继坍毁了。唯独朝阳楼，明清两代，经过明天顺七年（1463年）、清康熙十五年（1676年）、乾隆二年（1737年）、嘉庆四年（1799年）、道光三十年（1850年）的五次重修，居然"轮奂壮观""仍称大观矣"。中国人民共和国成立后，又经过1955年和2000年两次大的重修，已是历尽沧桑屹然危坐六世纪的"老寿星"了。尤其是经过多次大地震的考验，仍然临危不倾，稳看飞燕啁啾。旧志记载，光绪十三年（1887年）的一次地震中，"每震时地如雷鸣，人民簸荡如载覆舟，见东城楼倾侧复起数次。"这次地震，朝阳楼虽幸免于难，但已是伤痕累累，百孔千疮了。直通三楼的大柱有的倾斜了几十厘米，桁架咬接处有明显的脱榫现象。震后只得用铁扒钉将梁柱紧紧地牵连起来。直到2000年重修时，才彻底将倾斜的巨柱矫正。

这座古楼何以有这样坚固的抗震性能？原来它的整个构架有所谓"螃蟹支撑"的特点。支撑

六、人文景观

全楼的48根木柱中,有44根近乎大合抱的巨柱,分6行排成阵势。当中四列木材最粗大,一直贯通三楼,柱间使用穿插枋和随梁枋,再与梁、檩等结合,构成牢固的支架。最外面两列柱围稍小,只支撑一楼屋檐,而具有扶持内柱的作用。因而整个构架形成密集的柱网结构,重心稳固,支架结实。难怪力具拔山填海、摧枯拉朽、锐不可当的地震魔头,对它也无可奈何。有一副对联这样赞朝阳楼:

栋宇薄云霄,雄踞南疆八百里;

气势壮河岳,堪称滇府第一楼。

### (十九)滇南明清政治中心——临安府衙

临安府衙位于县城临安路,紧邻文庙,始建于明洪武二十二年(1389年),重建于清康熙二十七年(1688年),占地面积近5400平方米。

临安府衙是元初在建水设临安广西宣抚司(管辖今通海、泸西一带)、临安广西元江等处宣慰司和明初临元兵备道分署(代管辖五府一卫二守御所)的基础上发展起来的。明洪武十五年(1382年)临安府治从通海移至建水后,这里就开始成为临安府府衙,前后历经近600年的历史。1950

年建水解放后,临安府衙又成为中共建水县委驻地。2014年迁出,进行返古修缮,2017年主体建筑完工。

临安府衙坐北朝南。原布局为三轴线,建筑宏伟,气象森严。主轴线上依次有照壁、大门、仪门、过厅、大堂、二堂及正衙等建筑,现仅存大门、过厅和部分司狱司监房(府监)。大门三间,单檐歇山顶,抬梁式木结构,通面阔17.20米,通进深9.40米,2000年曾进行过修缮。过厅五间,单檐卷棚屋顶,通面阔23.60米,通进深6.90米,为一长廊式建筑。其内两侧分别立有清雍正八年(1730年)知临安府事的栗尔璋楷书的"忠孝""廉节"石碑刻两通,是临安府衙内与之共存的重要历史文物,可视为古代封建官员的"座右铭"。

作为古代建水政治、军事等的决策中心的临安府衙,历史上曾对建水乃至滇南的社会、政治、经济、军事、文化、教育、宗教、民俗等方面的发展、形成,起过十分积极的规范、引导和推动作用,是建水有着悠久历史的重要衙署建筑,因而具有极为重要的意义和价值。

1990年9月,临安府衙被建水县人民政府公布为第三批县级文物保护单位。

## （二十）纳楼彝族土司衙署

从县城驱车南行60余千米，驶入红河北岸绵延起伏的群山，在一座高山之巅，有个回新寨。寨内一片平顶的土掌房旁，耸立着一座高大恢宏、壮观森严的建筑群。这就是滇南最大的土司衙门——纳楼司署。司署居高临下，远看江外崇山绵延起伏，纵横千里，山寨点点隐现在云山雾海之中；近观梯田层层，流水淙淙；俯瞰长河如带，曲折蜿蜒。景色壮观，气势磅礴。

早在大理国时期，纳楼部就是滇南最大的彝族部落。元代为纳楼千户，明洪武年间（1368—1398年）被朝廷授以世袭纳楼茶甸副长官职，为滇南临安府属九土司之首。领地辽阔，《临安府志》记载："其地东至黑江交趾界六百里，南至元江直隶州界四百里，西至石屏州云台界一百里，北至府城南关纸房

**纳楼彝族土司衙署**

铺界八十里，幅员广矣！"司署原有一副对联："承国恩化洽三江茶甸，奉圣谕钦赐八里纳楼"。"三江"指其领地范围包括礼社江（即红河）、李仙江和藤条江。"八里"为其八个基层行政组织。它号称领有"三江八里又三猛"，三勐在今越南莱州北部一带。由此可见，昔时纳楼土司曾经是地跨红河两岸，南部直与安南接壤，在滇南边疆地区声威显赫，不可一世的封建领主"小朝廷"，其管辖范围之广，是其他土司所望尘莫及的。它与贵州水西土司、云南武定凤氏土司合称西南三大彝族土司。司署原在建水城西南40余千米的官厅街，"建土城，高丈余，立三门，设司治焉。"清光绪九年（1883年），老土司死，族人争袭其职，临安知府采取分而治之、以大化小的办法，将其领地化分给四个族人管理，以削弱其势力，称四"土舍"。四土舍驻地仍冠以"纳楼司署"的总名。现在官厅街的老司署年代久远，已经残破，唯第四舍建于回新寨的司署仍十分完好。

回新寨的衙署为光绪三十三年（1907年）所建。三进四合院，占地2895平方米，以大门、前厅、正堂、后院为中轴线，厢房、书斋、客厅、

六、人文景观

耳房左右对称,有房舍70余间。大门屹立在3米高的台阶上,坊式,三楹,檐角飞翘、雄伟壮观。左右各建三层的炮楼一座,胸窗枪眼虎视眈眈,阴森逼人。前有大照壁和训练士兵的操场。四周筑有高大护墙,后墙两端亦设有碉堡,气象森严,壁垒坚固,俨然一座小型城堡。

前院为办事楼房,正厅为公署大堂,后院楼房为居室。大堂高大宽敞,土司宝座雕工精美,三条金龙飞腾于云山雾海之上,两只雄鹰展翅欲飞,象征其权力的威严。两旁悬有一副对联:"九重锡命传金碧,五马开基自汉唐。"

"九重锡命"即"九锡",为古代帝王赐给诸侯、大臣象征其权力的九种器物。"五马",指汉代太守乘坐的车用五匹马驾辕,后作为太守的代称,明清时也称知府为太守。汉唐史书上没有封纳楼土司为太守的记载,显然是其后人为了光耀门庭而夸张的说法。但由此可见,它的权柄是高于一般土司的。

1991年全国政协提案委员会的专家郑孝燮、孙轶青、罗哲文等到回新寨考察,对这座"反映土司制度,保存完整,国内罕见的土司衙门"赞不绝口，给予较高评价。罗哲文也赋诗一首：

纳楼司署踞高岗，俯览红河长又长。

封建而今随流水，但留形胜壮南疆。

1993年纳楼司署被列为云南省重点文物保护单位，1996年11月被国务院列为全国重点文物保护单位。

### （二十一）彝族孔姓祖茔墓园

滇南建水、石屏一带的孔姓彝族，很严格地按孔子后裔的辈分排列。建水县官厅镇磨玉办事处，共382户1674人，全系彝族。有一个叫大凹子的自然村，都是孔姓。大凹子是崇山峻岭之中极为偏僻的一个小盆地，与建水青龙镇的业租、水塘寨接壤，靠近石屏县的牛街乡。北地方圆三千米许，地势平坦，青山环抱此处不作修改中有三尊孔氏祖茔：一为始祖孔厚（字载物）与夫人孙太君合葬墓，一为二世祖考孔一德墓，一为二世祖妣赵太君墓。三墓规模宏大，保存完好，均有墓志铭：始祖孔厚墓有族谱；二世祖孔一德墓有族规；二世祖母赵太君墓有铭文。墓立于明嘉靖元年（1522年），墓志铭为清乾隆三十五年（1770年）重修时所撰。明清以来数百年间，建水、

## 六、人文景观

石屏一带的孔氏彝族都到此祭祖。

中国封建社会是以宗法制度为社会基础,以人的自然关系为理论起点的家国一体化结构。在这个结构中,家是一切社会单位的基础,"族""国"等都是"家"的扩大,"家""族""国"一体。这种结构,使得中国人十分重视对家庭的建设,重视家庭关系的调整和稳定,重视对家庭利益的维护,因而写下了无以数计的家训、家规、家教、家范、族谱、族规。大凹子村孔氏祖茔地的碑文便刻录有孔氏家族的《族谱明辨纪略》和《遵谕辟论族规》。

《族谱明辨纪略》原文:

族之有谱,犹国之有乘也,乘以纪累朝之始终,谱以传阖族之源流,二者为家国之切要焉。现夫物本乎天,人本乎祖,木本水源,物且有然,而况人乎哉?追溯始祖,原是姓孔名厚,乃山东籍贯,南京应天府人也。曾荐贤书仕于黔之普安州。奈时逢改革,岁荒民变,甚至兵火延年,于祖有碍,不得已改为姓普,由黔入滇至临潜居。孰意方出天罗旋入地网,倏值流贼作乱,吾祖仍旧逃奔。偶适此地,见山势盘桓,林木幽静,爰立官室遂家焉。自此始祖厚娶孙氏，生二世祖一德；二世祖娶赵氏，生三世祖七人，分派七房，迄今子姓蕃昌，瓜瓞联绵，采芹折桂者代不乏其人。摁因先祖积累而成者。思我始祖仕于普安州，是由建业而入黔也。避乱而出亡，由黔而入滇也。卜居大凹子，弃繁华而爱清雅也。独是祖宗事绩，难以尽详。而族谱之源，乃承先启后之要。

兹为孔普两姓因辨明之。孙宗圣于乾隆乙酉科叨蒙祖宗默佑，已登乡荐赴京会试。寓于黔中，访我宗支。见有姓孔者，相叙及族谱，其人答曰："我族谱由海岱而入于建业，虽南京人也，本山东籍也。先祖姓孔名厚者仕于普安州，闻知避乱入滇，未审落籍何处。"试考其备细，乃一祖之孙，方知先祖姓孔，良非虚也。又知山东籍贯，洵不诬也。于感！系出一脉，居分两地；人虽散处，谊属同宗。倘非先祖之灵验，其谁能知。且先祖曾仕普安州，间有以普为姓者，又以普安州为祖之姓名者。或又曰："普是真姓，孔乃冒姓也。"若然，真是姓普则姓之矣，又何乐而姓孔乎？要之：先祖姓普不得已也，今复姓孔不忘本也。特辨明而敬述之，俾后世知所由来矣。特叙。

乾隆乙酉科乡进士，兵部候推守备后世孙宗圣敬题。

由此碑文，孔姓彝族源流之谜可解，建水历史文化名城"以夏变夷"和"夏变于夷"的交融有了实物佐证，中华民族间血脉相连的民族融合又有了鲜活的材料。

《遵谕辟论族规》原文：

敦孝弟以重人伦，敦人伦必先于正名。凡无处取孙辈承祀，当以公孙呼唤，不得冒称父子，以致名实紊乱，伦理败坏。

笃宗族以昭雍睦，宗党九族固当友爱，同胞昆玉尤宜谨笃。奈何有因细故而手足参商者，与禽兽莫择哉。昭和乡党以息争讼，乡党且然，况属一脉？凡有不平之事，邀请族人讲和公断，不得横行斗殴，兴词构讼。

训子弟以禁为非悖理，为非大伤风化。凡子弟有不法之徒，该父兄族长在恳指教，再若不听从，惊动大族严究。

解仇忿以重身命。惜乎！不愚之人一事逆而忿憎；一言拂，气忿竟至经年不释，永世不忘。

且一朝之念而忘其身,惑之甚矣。身命重乎哉!

隆学校以端士书。人不学不如物,凡子弟虽愚,定要攻书,家道境况勉强支持,盖渐糜软,久从不能成名,亦足以变化气质。

重农桑以足衣食。贪玩好赌,乏食缺衣;耕种勤农,丰衣足食。凡有田有里,尚其勉旃,尚节俭以惜财用。俗云:"富由节俭起,贫从不节来。"凡事物之间,守其俭,戒其奢,则财用足矣。

戒愿者以免牵连,凡近愿之人,干系最大,切莫沾染,免遭贻累。

乃凶事也,然有时亦不得不告,而又不可以乱告,况诬告乎?宜加三等问罪矣。戒之哉,休作七世冤孽。

讲法律以儆愚顽。乡愚罔知法律之严。凡为父母者,宜素常教训,使之有敬畏,庶不至蹈乎罗网之咎矣。

以上条规,各宜凛遵。

这个族规是中国传统家庭伦理的具体体现。它虽带有浓厚的封建性和历史局限性,但也不乏有价值的成分。

## （二十二）云南提督学院考棚

提督学院考棚，也称学政考棚。明清科举考试的程序分地方考试、省级考试、中央考试。地方考试称"院试"，首次考中的始成秀才，再次录取的才得参加省级考试；省级考试称"乡试"，考中的即成举人；中央考试称"会试"，再经"殿试"，合格者才为进士。学院考棚就是云南提督学政分片前来主持地方考试的场所。学政是省级最高教育行政长官，明代称提学，清雍正年间统称提督学院（因而其主持的考试称"院试"），官名则称为钦命提督某省学政。因兼考武生，故加提督衔。人选由翰林官及进士出身的部院官中选派，三年一任。

雍正《临安府志》记载，临安提督学院考棚是集中临安、元江、开化（今文山）、普洱（今普洱市）四府学子考试的处所。明代旧址在府城西北，清康熙年

学政考棚

间移至今址（今临安路天君庙旁）。乾隆年间（1736—1795年）重修东西文场号席，以石易木。光绪年间（1875—1908年）重建。

考棚坐北朝南，面宽40余米，纵深150米，占地6000平方米，房舍整齐对称，共百余间。整个建筑以甬道为中轴线，形成六进院落。一进院落鼓厅居东，号门居西，有10间房舍，供考生居住和圈马之用。二进院两厢对称，各有住房3间，为学政考官阅卷和随侍人员值班的场所。三进院较为宽敞，正中有座堂，院内东西各设文场九间，内有长条青石板搭成的号桌。四进院为书房。五进院为厨房和校士馆。六进院为学政署。

明清时期的科举考试，需先参加由知县主持的县试和由知府主持的府试，录取后才能参加由提督学政主持的"院试"。临安学院考棚就是滇南和滇东南片的考场。云南提督学政定期到此，集中四府学子举行考试，录取者才能成为县（州）学或府学的生员，称秀才。凡取得秀才资格的就可以不出公差和免纳田粮。秀才每年由学政考试一次，叫"岁考"，以监督生员学习。在大比的前一年，由学政主持"科考"。府、州、县学的

## 六、人文景观

生员考试成绩列为头等、二等和三等前三名的，才准予参加次年在省城举行的"乡试"。

清代末期，随着科举制度的衰落，光绪二十九年（1903年）废除科举考试后，学院考棚完成了它的历史使命，但仍被保存了下来。作为旧的考试制度的历史遗物，受到重视和保护。1991年5月，著名古建筑专家郑孝燮、罗哲文、孙轶青赴建水考察后，给予高度评价，认为保存如此完好的学院考棚，"国内已属罕见"。

1993年11月，学政考棚（含天君庙）被云南省人民政府公布为第四批省级文物保护单位。

### （二十三）五大书院听书声

建水历史上，除了府学、州（县）学之外，书院对培育人才、传播儒家思想亦起到重要的作用，先后创建了崇正书院、崇文书院、寄贤书院、慈云书院、焕文书院。有人说，书院是"七彩云南"的一朵彩云，托起了"文献名邦"，它是精神乳汁，滋养了建水的文明；它是时代的春雨，滋润着稚嫩的灵魂……其实，它是什么不重要，重要的是，它见证了建水的教育发展，推进了建水的文明进步。虽然书院已成为历史，但琅琅书声已飘逸蔓延至建水的村村寨寨，为老家建水的"中国梦"发挥着无穷的正能量。

1. 崇文书院

崇文书院位于建水县城西门外，创建于明嘉靖二年（1523年），设有讲堂、退省堂、魁星阁、五贤祠等设施建筑。万历七年（1579年），当朝宰相张居正以绥靖朝纲一统为由，铁腕控制社会思想和言论传播，指责书院"聚党空谭，作伪之乱学，讲学者全是假好学"，于是借常州知府施观民搜刮民财、私设书院之题发挥，以皇帝的名义诏毁天下书院，远处边陲小镇建水的崇文书院也未能幸免。书院革封后被地方政府改作表忠祠，用以祀奉永乐年间率军征战交趾（越南）、平定简定叛乱的兵部尚书刘俊等殉难者，不久毁于火灾。

清康熙三十九年（1700年），临安知府董宏毅、同知郑功勋以及绅士曾龄等筹资于原址重建书院，起名崇正书院。书院的主要建筑包括宣谕亭，为官绅讨论时事交流儒学思想的地方；有讲堂三楹，供生员授课之用；两廊设有斋室，斋室内藏有《易经》《书经》《诗经》《春秋》《礼记》等经典著作13部。书院前为魁星阁,后为五贤祠。清乾隆二十二年(1757年),时任临安知府的方桂又扩建书院,增建院舍,遂将书院更名为"崇文书院",并书楹联一副:"堂壁焕前规,八郡人才今复萃,湖山钟闲气,三迤文教此为宗"。嘉庆四年(1799年),致仕回乡的内阁学士、蒙自人尹壮图受聘为崇文书院主讲,并题写"藏书楼"匾额。至此书院可谓教学设施齐全,礼仪规制到位,精英人才荟萃,八属生员慕首。

书院培养出了诸如琉球使者萧崇业等一批爱国精英人才,一时名盖三迤,声噪南滇。

如今用史学的眼光来看,崇文书院自明初建院近400的历史中,经历了多次劫难和更名。劫难无疑与政治有关,但从崇文书院到崇正书院,这一字之差的更名有如说更的是书院名称,倒不如说改的是书院的办学体制及教育方向。

崇正书院时期实行的是官院结合的办学体制,传播的是江山社稷、学而优则仕思想。而崇文书院则是在秉承崇正书院治学理念的前提下,强调社会化办学,重视全民教化。"堂壁焕前规,八郡人才今复萃;湖山钟闲气,三迤文教此为宗",

先人的这一原始人文思想使这种办学理念在漫长的书院发展历程中得以一以贯之。

近代,由于长期社会动荡,加之书院偏远,生员甚少,无以为继,辉煌几个世纪的崇文书院才逐渐荒落下来。值得一提的是民国27年(1938年),满怀救民思想的建水人士刘宝煊从日本留学归来,选崇文书院旧址创办了建水私立建民中学。办学11年间,聘请了许多原西南联合大学的师生担任教师。这些人多数为爱国进步人士或中共党员,他们以职业为掩护,积极向师生灌输爱国进步思想,为中国的抗日战争和民族解放培养了大量精英人才。

当年的崇文书院,如今已为恢复后不断发展壮大的建民中学所取代,仅留宣谕亭(春风亭)和魁星阁让后人景仰。

### 2. 崇正书院

崇正书院是建水五大书院中唯一建于县城中心的书院,建筑规模最大,创建时间最晚。

《新建崇正书院》碑文记载:往矣,建水有崇文书院在西关外,由于位居偏远,生员愿往者甚少,加之年久失修,校舍倾塌,已无法办学。

## 六、人文景观

建水官绅建议将其移建城中,清道光十七年(1837年),时任知府郑绍谦筹资迁建书院于城中东北隅,复称"崇正书院"。

崇正书院占地1.1万平方米,纵深162米,宽70米,位阴面阳,建筑结构为清代典型的二进式风格。一进院前有照壁,大门内左则为监院公馆,右为乡绅公社;中为讲堂,讲堂东西有学舍30间,舍内设石几桌,每月初三、十三、二十三等日训课生童。二进院为藏书楼,两廊设有斋室。院内悬有楹联一副:"广厦构群才,趁此日风雨晦明,砥砺廉隅,经术即堪为治术;秋闱分半榜,想当年衣冠文物,驰驱皇路,后贤何遽让前贤",可见当年书院学风之盛。

相传当年书院有个名叫刘梓的学生,人称刘小圣人,此人自幼天资聪颖,但生性顽劣。在经历科考、乡试后进京赶考时,监考官提问他考

**崇正书院**

题,他不知道却反诘考官说:你考官大人都不知又何必问我?考官见他态度愚顽,当即取消了他的考试资格,不想第二年考官再次提问时他依然如是回答,考官再次将他逐出考场。从此他寄居一家书馆发奋读书三年,把书馆所有藏书都读了个遍,果然当年一考中举,但却付不起三年的读书银两。好在书馆老板也是个爱才之人,见他如此窘迫,就随便拿本书给他说,只要能把这本书倒背如流,可免除他三年的书费。刘梓果然一口气背完了这本书,书馆老板震惊之余,把书馆几幢房子的藏书都送给了他,他把这些藏书带回建水后,如数捐献给了他的母校崇正书院,为此书院专门为他建了藏书楼。

光绪二十九年(1903年)废除科考制度后,崇正书院改为高等小学堂,次年改为师范传习所,宣统元年(1909年)又复改为初高两级小学堂,后为建水第一小学校址,一小搬迁后返古修缮。无论经历怎样的时空变幻、历史沧桑,崇正书院都以他恢宏的建筑、古朴清幽的环境和扑面而来的书香,给人以耳目一新的精神享受。

### 3. 景贤书院

在云南古代教育史上，建水这个边陲重镇因统治者极度重视社会教化而写下了厚重的一笔。史载，早在元至元二十二年（1285年），临安广西道军民宣抚使张立道就创庙于建水，为云南第三所庙学。

明洪武十六年（1383年），明将金朝兴征服滇南，在建水设置临安府和临安卫，建水庙学由此改为临安府学。正是这一时期，府学接纳了两位旷世贤才——韩宜可和王奎。

韩王二贤，前者为浙江山阴人氏，曾任山西布政使；后者为浙江松阳县人，曾任山西左参政。两人为同乡同僚，又都有些文人脾气，只因仗义执言、斗胆进谏惹恼了皇帝，同时被谪戍云南临安卫。好在他们都是学界名宿，又曾做过教谕，学富五车，深谙孔孟之道，经地方官绅谏言作保，临安卫把总史万忠遂将两人发配临安府学讲学。二人讲学的十六年间，以自己的人品气节和渊博学识教书育人，垂范师表，深受生员及官绅敬重。从此，建水地区教化大开，"士习始变，人文始著，临安弟子无有不学焉者矣"。为纪念韩王二贤为建水地区教育所做的贡献,明成化二十二年(1486年),训导赵子禧于文庙先师殿东则建寄贤祠;嘉靖五年(1526年),副宪戴书重建寄贤祠,并于祠前建讲堂两幢,讲堂各自为门,各环以书房40间。讲堂一曰"聚奎",一曰"丽泽",名号题"景贤书院"。

景贤书院创建的百年历史,是建水文风兴盛、人才辈出的文明史。史料记载,明清时期景贤书院培养出大批进士和举人。自明正统七年(1442年)考中第一个进士起,开科选士建水生员经常榜上有名。明清两代,建水共出文武进士111名、文武举人1273名,仅次于昆明。难怪儒士张景云诗云:"一方总号诗书郡,六诏咸称礼乐邦。"

如今,景贤书院作为文庙景区重要的观光旅游景点,得到较好的保护和修缮。经历数百年风雨沧桑,书院变的是它与历史同步的足迹;不变的是"圣贤书育人,不为米折腰"的人文精神及其宁静悠远、古朴清幽的景观呈现。

### 4. 慈云书院

慈云书院坐落在建水县曲江镇风景秀美的慈云山中轴,靠北朝南,依山傍水,风和日丽。书

六、人文景观

院规模不大,但小家碧玉,讲堂书斋、藏书楼亭一应俱全,"慈云钟鸣,琅琅书声"为曲江八景之一。流连于书院,让宁静致远的历史钟声和悠远飘逸的淡淡书香洗涤心灵,你会生出一种脱胎换骨的人生感悟。

曲江是一块美丽富饶、钟灵毓秀的风水宝地,到了康乾盛世的时代,这里更是交通发达、市井繁华、物产丰饶、文教兴盛。清乾隆十八年(1739年),临安知府曾令曲江乡绅改建书院于宝华寺,但因故未成。直到光绪五年(1879年),建水知县章于锦才遂乡绅夙愿,在慈云山脚已经被毁的宝严寺地基上新建曲江书院,后又至山上,改名为"慈云书院"。

慈云书院作为一座乡村学府,桑梓学童云集、文人学士聚首、地方官绅朝圣,晨钟暮鼓,袅袅香烟,琅琅书声,实为当地民众及骚人墨客垂慕的灵山圣地,故《重修曲江书院》有:"家弘户颂、彻夜书声、游人迷返"的记载。由此可见慈云书院对开化曲江民风、促进文化教育、推动当地文明进步所产生的巨大影响。

如今,慈云书院的开化教育功能,已经为颇

具现代教育气息的建水县第三中学所取代,但慈云书院作为曲江地区教育发展历史的见证,依然被完好无损地保护着。

### 5. 焕文书院

焕文书院位于县城东门外。清康熙年间,国运昌盛,社稷康泰,民心向上,有"金临安"之称的府地建水更是物丰民富,学风盛行。为开化民风,倡导社会笃学精神,清康熙五十五年(1716年),知州陈肇奎选址东门外小石桥创建焕文书院,主要招收城东一带的学子。

清咸丰六年(1856年),由于朝政腐败,官逼民反,云南爆发大规模回民起义,义军驻扎焕文书院。围攻临安城逾月不克,弹尽粮绝撤退时不慎烧毁了焕文书院。清光绪二十三年(1897年),

焕文书院

## 六、人文景观

知县史建中筹款重建焕文书院。书院坐东朝西,建筑典雅,布局规整,规模较大,占地7920平方米,为三进院落的古书院。中轴线上依次排列着大门、二门、讲堂、藏书楼,左右通道于中轴线两侧严格对称,南北两厢各有斋室和耳房十余间。讲堂处于书院正中点,是书院的重要建筑,单檐三开间,简化歇山屋顶,抬梁式木结构,前檐为回廊式结构。其内高大宽敞,开轩明亮。讲堂雕梁画栋,集中了焕文书院雕刻艺术的精华,使整个讲堂肃穆庄严,华丽大方。藏书楼二层,单檐歇山顶,五开间,抬梁式木结构,面阔19.5米,进深10.7米。前檐二层出垂柱,形成吊脚楼回廊,回廊槛窗裙板围栏组合图案精美,具有较为独特的艺术效果。整个书院木石构件图案精雕细刻,吉祥古朴,透出书院浓郁的文化气息。

焕文书院树木葱郁,环境幽雅,清寂宜人,是读书做学问的好地方。近三百年来,共培养出万千学子,为建水国家历史文化名城的文化发展,做出了重要的贡献。

焕文书院后作为建水县第二小学校址,依然秉承书院古时风尚,致力于国家建设人才培养。

如今建水第二小学已搬出,书院遗迹犹存,让人依然能够感受古时书院的时空与韵味。

2007年9月,焕文书院被红河州人民政府公布为第五批州级文物保护单位。

### (二十四)玉皇阁及崇文塔

玉皇阁及崇文塔位于建水县城桂林街中段。玉皇阁原为道教建筑,因中殿供奉玉皇大帝塑像而得名。建于明万历年间(1573—1619年),永历丁亥年(1647年)被焚毁。永历甲午年(1655年)重建。清雍正八年(1730年)重修正殿。崇文塔原名"白塔",坐落于与玉皇阁后殿仅有一墙之隔的佛教寺院——白马寺内,始建于元代,明代重修,因古代建水文风盛甲滇南而改今名。清嘉庆四年(1799年)因暴雨倾圮,清道光六年(1826年)重建。玉皇阁及崇文塔总占地面积约4600平方米。

玉皇阁与崇文塔

玉皇

六、人文景观

阁建筑坐西朝东，布局原为二进三殿的四合院式，纵轴线上依次排列着前殿（山门）、牌坊、中殿（凌霄殿）、后殿等建筑，前后两院的左右两庑原以对称形式分列纵轴线两侧。后来，白马寺后院墙倒拆除后并入玉皇阁，玉皇阁遂成佛道两教寺阁。建筑布局也随之扩大为三进四殿，给人以规制宏敞、主次有序、前后有别、稳重大方的整体印象。前殿已毁。正殿是玉皇阁的主要建筑，通面阔24米，通进深21米，高近20米，平面近似正方形，占地面积约500平方米。其面阔、进深均为五开间，重檐歇山屋顶，五架梁，抬梁式木结构，布瓦复顶，正脊无饰物。正殿柱径约0.53米，采用"移柱"法安置正殿的四棵内金柱，从而加大了正殿的内部空间，这是建水现存的唯一一例"移柱"做法的古建筑。正殿屋架具有灵活、稳定、坚固、实用的结构风采，为彻上明造，明栿做法。正殿用材粗大，举架高峻且用彻上明造，故其内部给人宽阔、空敞的印象。正殿的斗拱排列疏朗，古朴大方，用材粗大，层叠密置，垂直交错出三平昂如意斗拱，注重结构和装饰的双重功能。斗拱形式特色鲜明，且有独创性，拱昂头雕凿成象鼻并作上翘状。斗拱、梁柱、枋板等均作黑白双色勾绘祥云、火焰、花草纹等,以黑线勾勒边沿,彩绘简洁,图案俏丽,繁艳活泼,富于装饰。后殿为祖师殿,通面阔约20米,通进深约14米,高近12米,占地面积280平方米。三开间,单檐歇山屋顶,后殿柱径约0.50米,五架梁,抬梁式木结构,用材粗大,布瓦复顶,造型古朴,高大宽敞,气势雄伟。彩绘、图案、色调同正殿,未施用正殿斗拱,具有较高的艺术价值。

崇文塔高20余米,为17级密檐式实心砖塔。塔呈正方形,自塔基始向上收分均匀,其形制与省内同类密檐式佛塔有所不同,是云南密檐式佛塔的又一种类型的代表。塔基座石砌,其上即为砖塔,自中部起在其上部14檐下四方各开小佛龛一个,其内各置佛像一尊。塔顶层四角各设风铃一个,顶部饰以宝瓶。其造型瘦削玲珑,美观大方,气度不凡,密檐层叠,疏密有致,直入云天,给人以雄浑、刚劲的视觉冲击力。

崇文塔不仅是宗教建筑,而且还是建水古代文风昌盛,文化发达的历史标志,它与建水的古代文化发展有着密切的联系,是建水众多以"文"

## 六、人文景观

命名的历史悠久的重要古建筑之一。其塔名自"白塔"改为"崇文塔",本身就寄托和体现了前人"文化兴邦"的朴素思想和美好愿望。如今,巍然屹立的崇文塔作为建水"文献名邦""滇南邹鲁"历史文化内涵的重要组成部分,是明清以来古城建水"尊孔崇文""文风蔚起"的历史见证。

玉皇阁及崇文塔以其独特的建筑结构、斗拱形制和各具特色的建筑样式、建筑组合所蕴含的历史文化信息的各自展示和相互映衬、包容、补充、叠加,记录和反映建水宗教历史发展进程中的佛、道两教相互融合、共院相处的重要史实,从而使得这组古建筑具有极为厚重的历史文化背景。同时,玉皇阁与崇文塔自身饱含的历史文化信息中,不同的历史、科学、艺术价值的各自展示及其相互映衬、包容、补充、叠加,更加丰富了玉皇阁与崇文塔的历史文化信息,提升了玉皇阁与崇文塔的文物价值及其历史品位,是云南古建筑和宗教发展史中的重要实物资料。

崇文塔的塔基部镶砌有清代滇中四大书家之一的阚祯兆草书的《宁边楼碑记》。宁边楼为清康熙年间的临元澄江镇总兵官、都督同知王洪仁所建,在建水县城北正街上。《宁边楼碑记》碑文为王洪仁所撰,由阚祯兆书写,书体为狂草,笔走龙蛇,狂放奔逸,飞舞流动,酣畅淋漓,达到炉火纯青的境地,实为书中精品。后来,宁边楼被拆除,此碑被移至城东崇文塔,镶嵌于塔基上。

2003年12月,玉皇阁及崇文塔被云南省人民政府公布为第六批省级文物保护单位。

## (二十五)南天一柱天柱塔

建水县城东隅原有一座天柱塔,"在城东十五里颜洞山,高十三丈六尺,旧有遗址"(《续修建水县志》卷七之十,民国癸酉重印本)。经多次续修,于乾隆甲子(1744年),以龙华会余资重建完固。1947年秋突然倒塌。其倒塌原因众说纷纭:一说为当时土匪所炸;一说是当地恶绅忌天柱塔镇了自己的风水,乘兵荒马乱时所炸。

重修后的天柱塔位于泸江河入颜洞口的左侧,右侧为东山寺,左塔右寺,遥相呼应。天柱塔为风水塔。所谓风水塔,当作镇风水,保风水,扶风水用。泸江河滚滚东去,川流不息,缓缓进入颜洞,距洞口约百米处有一石砥于河当中。巨石与颜洞民间多有神话传说,在建水也是妇孺皆知。

## 六、人文景观

建水有童谣:"前五百年赛过荆州,后五百年水滞沙丘。"人们修建天柱塔一则为保临安坝子风调雨顺,不受天旱水灾之虞,二则与建水古城风水有关。

天柱塔既为风水塔,蕴涵着丰富的文化要素和神秘的术数要素。

### 1. 朝向

"建水"顾名思义即与水有关。建水城于"唐元和间蒙氏所筑,古称步头,亦云巴甸。每秋夏溪水涨溢如海,夷谓海为惠,历为大,故名惠历,汉话曰'建水'"(《元史·地理志》),而古汉语中"建"字有"大"的含义。因此有海子或水边的城的意思。从史书中可看出,当时是夏秋降雨引发山洪而致水患,是地方官一大心病,况建水坝泄洪全靠颜洞入口,如泥沙积滞,则后患无穷。因此,将塔建在洞口左侧,并坐北朝南,有治水的含义。

**天柱塔**

## 2. 塔体

就现存须弥座的体量推测,原塔高在四十五米左右,如以四十五米高度为限,刚好是九乘以五的积。九为阳,在术数中最大,称为天数,是至高至极的意思;五为中,为阳,东西南北中,一二三四五,五是核心。九五为核心中的至尊,故称九五之尊。依此可将塔分为九节,每节五米,以对应九五数。塔为方形,每节设四个小挑檐,共三十六个,三十六正好是天罡数,在古文化中被认为是大吉大利大顺。塔体内为九层(八楼一底),原八层的楼面均为木楞木板,因塔层较高,经不住风雨剥蚀,用石楞石板构建,以抗风雨。从一楼至九楼面,全高差为四十米。登塔楼梯以十六公分为一级,共二百四十八级。十六在术数中为"贵人得助格",象征所有在事业上勤奋上进的人都可获得帮助,以表达人性中积极向上的精神。二百四十八级楼梯数为术数中第八格"意志刚坚格",体现的是知天命仍需尽人事之意。只有不畏艰难、坚韧不拔才可能做大事、成大业。楼梯踏板长从墙中挑出九十公分,踏步取三十一公分,术数中三十一为"智勇得志格"。

### 3. 基座

古人称须弥座,是衬托塔体的主要部分。现存塔座为十五米左右,十五为三与五的乘积,三和五都是阳数,阳数正好对应塔体天罡数,四角勒四柱,对应四维(四维:东南、西南、东北、西北)柱底勒一赑屃驮负以示塔基稳固意,柱身饰蟠龙纹。基座边缘与塔体边四周有一米左右的平台,用条形石板以阴阳爻相间的形式铺成地幔,代表阴阳平衡、互补。

## (二十六)中华宝塔文笔塔

文笔塔在城西南4千米拜佛山顶上,建于清道光八年(1828年)。它以独特的造型吸引了远近的游客和文物考古专家,1993年11月,被云南省人民政府公布为第四批省级文物保护单位。

文笔塔

文笔塔塔高31.4米,呈八面体,青石垒砌而成,实心,通体无檐,亦无装饰,可分为塔基、塔体和塔顶3部分。塔基周长与塔高相等，塔体由底向上逐渐收缩，顶部较小，长条状，似笔头，因建于山冈之上，更觉雄伟。远眺犹如一支倒立的巨笔，以青天为纸，饱蘸泸江河水，正欲挥洒书写；又似一支凌空兀立的火箭，倚天拔地，巍峨挺立，只待发射时机一到，即向茫茫宇宙升腾而去；也像"天欲堕，赖以拄其间"的擎天巨柱；更像"刺破青天锷未残"的利剑。它的造型跟佛塔没有丝毫相同之处，倒有点像现代化的纪念碑。它屹立至今，近180年，终日晨披朝晖，夕浴丹霞，日挽流云，夜伴繁星，栉风沐雨而风采依旧。从塔名看，有"兴文重教""偃武修文"的意思。

素有"滇南邹鲁""文献名邦"之誉的临安，"科第甲于他郡"，道光年间为什么忽然需要建这样一座塔以振兴文教呢？大约这与瘟疫流行有关。之前的嘉庆年间，鼠疫肆虐，延续20多年，民多绝户，"庠序之士已不及从前之半"，由于不可抗拒的自然灾害，使得学校生员锐减，科甲不发,官绅们以为是西南方地形低陷,于风水不利，便建个高塔以"扶正风水"，避邪镇妖，消灾祈福，以发科甲。但是,这种迷信的美好愿望却未能实现。事实是,往后的咸丰、同治年间,云南发生了10多年的战乱,科举考试被迫停顿,随后又连续暴发两次鼠疫,文笔塔并没有给建水学子带来好运。不过,此塔的修建倒给后人带来无价的文物古迹,用国家文物研究所所长、古建筑学家罗哲文的话说,是造就了"中国塔业史上的一个奇迹",因为它"形式奇特,其他地方没有"。他详尽地考察这个塔后,特地作诗一首:

精工巧构擎天表,文笔为名形制殊。

不似浮屠胜浮屠,中华宝塔古今无。

## (二十七)长虹卧波双龙桥

城西3千米的张家营村头,巍然屹立着一座连拱大石桥,泸江、塌冲两河在此交汇,两河蟠曲如双龙,故名双龙桥,当地人以桥孔数目称为十七孔桥。此桥与北京颐和园内的

双龙桥

十七孔桥比翼齐名，堪称闪耀南北的多孔联拱石桥双星。而双龙桥上建有大阁，承袭中国桥梁建筑风格的特点，为连拱大石桥之佳作，在桥梁建筑中，有着重要的研究和借鉴价值，1965年被列为云南省首批重点文物保护单位，2006年5月被国务院列为全国重点文物保护单位。

清乾隆年间（1736—1795年），在泸江河上始建三孔石拱桥一座，长36.7米，高9米，宽4.3米，当中一拱净跨6.5米，其余两拱净跨5.8米，特别是桥墩分水尖达6.1米，这样坚固的桥墩在国内古桥上亦属罕见。其后的数十年间，数次暴雨成灾，山洪陡涨，西南的塌冲河决堤，遂在万顷田中别开一河，直向离桥不远处的水打营奔来，水势汹汹，一片汪洋，水打营村受灾最重，村名也因此而得。塌冲河改道至此桥处，汇入泸江河，因而使河面增宽了三四倍，原建的三拱石桥孤零零悬于河半腰，无济于事。当地居民只得就便在石桥南端续架以木梁桥，使之能过往行人。然而每当夏秋季节，便被洪水冲毁，行人叫苦不迭。

道光初年，由建水籍在个旧的矿商捐资新建石桥十四孔，长111米，与原建三孔雁齿蝉联，共为十七孔,全长148米。"桥上建有飞阁三座,中间一阁层累为二,高接云霄。更加左右两阁,互相辉映,巍巍乎西望大观也!"

咸丰六年(1856年),双龙桥突遭战火,三阁化为灰烬,所幸桥梁无恙。乡人想恢复楼阁,因耗资甚巨,直到光绪二十二年(1896年),才筹得足够银两兴工,历时两个春秋落成,最终耗银5000多两。阁楼仍按旧制,建为3座,中间的大阁改为坊式,层垒为三,比旧有增高一层,底层为人马通道。琉璃黄瓦,歇山顶,高接云霄。其造型独特处在于:顶层分隔成小屋三间,1大2小,呈"山"字形排列,屋顶也分解为"品"字形的三个小歇山顶。二楼也因势隆起四个歇山小顶。于是,整个大阁便形成三重檐47脊歇山顶,俨然"阁上有阁屋上屋,冠上有冠顶上顶,层层叠叠叠层层"的壮丽景观。楼内四面开轩,漏窗屏门镂刻着"三顾茅庐""八仙过海"等故事和传说,以及花卉、鸟兽、游龙等形象,耐人观赏。登临其上,凭窗远眺,山光野色、万顷田畴尽收眼底。桥南北两端的两层八角攒尖顶桥亭各一座,高13米,玲珑秀丽,造型美观,与大阁互相辉映,更增加了桥梁的外在艺术美感。可惜北端桥亭后来毁于战火。

远望双龙桥，杰阁崔巍，檐牙高啄，飞甍流丹，画栋华贵。"长桥卧波，未云何龙？复道行空，不霁何虹？"似巨型船舶出航在"惠历"古海中，如天上宫阙陨落于人烟凡尘间。真可谓形胜甲南天，今古一名桥！双龙桥因此走进了"中国古桥"邮票。著名桥梁专家茅以升曾在《仪态万千的我国古代桥梁》一文里，将云南建水双龙桥列入全国最著名的 10 余座大型古桥代表之中，又在他所主编的《中国古桥技术史》一书中，设专目介绍了建水双龙桥，并有 6 幅插图多侧面展示双龙桥的英姿。国家文物研究所所长罗哲文考察双龙桥后，认为此桥建造很有特点，是我国古桥梁的佳作，欣然命笔咏诗一首：

泸江塌水锁双龙，十七环联不朽工。

三座楼亭穷碧落，超群技艺冠南中。

## （二十八）仙留遗踪天缘桥

县城东北 5 千米的泸江河上，有一座造型奇特的古桥，叫做天缘桥。因桥面石板上有似人足印般的洼坑，长约尺余，入石寸许，称"仙留遗踪"，

六、人文景观

传说是仙人足迹,所以群众俗称仙人桥,1993年11月被云南省人民政府公布为第四批省级文物保护单位。

古时这里建有木桥,但是常被洪水冲毁。清雍正四年(1726年),建成三孔石拱桥。桥面高9米,跨河43米。由于桥面较高,建造者在两端设计了坡形的实心石面引桥,东引桥长36米,西引桥长42米,合计全长121米。奇妙的是,引桥各向左右两边蜷曲,并有高约1米的青石护栏和护坡石板,石雕狮象雄踞桥头。整座桥形成"S"形,宛转似游龙,好像即将弹身飞腾,造型十分奇特,耐人观赏。《建水州志》赞其"广宽坚固,

天缘桥

郡中第一大观也"。

桥中建有两重檐的八角攒尖顶亭阁一座，雕梁画栋。亭壁上镶有"天缘桥"楷书大碑一块，为雍正六年（1729年）临安知府栗尔璋题书。东引桥上建有石室一间，内有碑刻7块，记载建桥始末，书法亦甚秀丽，很有读赏价值。一碑记载："郡城四面环山，峰皆秀拔，独东南微伏，盖其下岩洞为泄水之区。而三河交汇，旧架桥以木，每夏秋淋雨时，即汹涌奔腾，其势难支，往来病涉者颇多。"于是，雍正年间改建成石桥。登上亭阁，"环顾两岸，村落相接，若隐若现，灌溉蔬植。回眺城郎台榭，沟塍联络，烟花缭绕，竹树参差，宛如图画。其东南诸峰，层峦叠嶂，苍翠欲滴。"嘉庆二年（1797年），被洪水冲毁，两年后重建。其蜿蜒之状，巍焕之观，横亘长流，屹然雄峙，规模仍复其旧，巩固有加于前。与附近的同缘桥、联珠桥犹如银线上的串珠，对峙遥望，相映成趣。尤其是天缘桥，因建阁其上，飞檐耸翠，高插云霄，每当天空雨霁，状若长虹之下饮，而首尾之蜿蜒，则础牙鳞集，雁齿横施，矫若游龙，其形势之奇特，又为临郡增一大观。古人曾撰文称："过斯桥者，憩息于柳荫甘棠之下。读其文,韩海苏潮;摹其书,颜筋柳骨。相与俯仰、流连而不忍去。"

碑亭一侧尚有小石刻一方,记载着护桥的乡规民约,文物专家考察后指出,这是最早有文字记载的保护文物的重要文献,因而弥足珍贵。

全国政协提案委员会委员、国家文物研究所所长罗哲文考察天缘桥后,对其奇特的造型很感兴趣,特赋诗一首:

盘旋宛转似游龙,竿背腾身欲入空。

借问桥形何故此,弯坡低度利行通。

## (二十九)古道津梁大新桥

大新桥位于建水曲江坝子北缘的太平庄村前,距县城47千米,桥横亘曲江河上,连通东西。据法华寺内一通未刻完的碑刻载:大新桥与法华寺同建于明万历三十二年(1604年),是古西南丝绸之路上重要的津梁,处古通海城路和步头路上的交通要冲。

早在汉、唐时期,这里就是由云南通往安南的交通孔道。但曲江河横亘其间,阻遏着行人和马帮,全靠摆渡过往行人和马驮,而每当夏秋河水猛涨,腾涌澎湃,渡船和行人常被浪涛吞没,以致如碑刻所记载的"川中之骨可掬也"。明代天顺年间（1457—1464年）曾架以木桥，亦常被洪水冲毁。明万历三十二年（1604年）改建石桥，工程艰巨，历时两年始完工。大新桥为三孔石拱的风雨桥，东西向，桥面平直，全长82.5米，宽12.2米，高12米，桥两侧有高1米的石围栏，桥中部原建有阁亭一座，后坍毁。现存阁亭为1982年集资重建。大新桥两个桥墩由数万块巨石砌就，于川流不息的曲江河中托起平坦的桥面，三孔拱洞似圆弧相连，犹如水波曲线。其桥跨于两山之间，下临峡谷急流，"望之若渴虹下饮玉池"，壮观而又险要。桥孔等距、等高、厚实，孔距净跨约12米，拱高约10米，是建水古代石拱桥中桥孔最宽大、最空高、最厚实、最坚固的桥梁。

大新桥

大新桥的设计具有较高的科学性。由于曲江河洪发期水势汹涌澎湃，故建盖时充分考虑到了这一情势，才有了大新桥桥孔宽大、空高的泄洪和厚实、坚固的抗洪设计。大新桥建成后还经历过数次大地震的考验，特别是1970年的通海大地震，仍巍然屹立，这是大新桥的价值所在。桥对面，太平庄方向的山坡上，有一座用于祭祀的大殿，1985年重建后仍不失当年的风姿。站在殿前，可鸟瞰曲江坝子。

大新桥历史悠久，规模宏大，设计科学，选址恰当，作用巨大，功用性强，是滇南建造年代最早，最富历史价值的古桥之一，在建水的交通和建筑史上有着重要的价值。

2007年9月，大新桥被红河州人民政府公布为第五批州级文物保护单位。

### （三十）风雨廊桥乡会桥

城西5千米的泸江河上，有一座三孔石拱桥，加上两端引桥，全长102米，东西向跨于河面上，引桥一端东伸，一端南拐，坡度较大，全桥呈"L"字形。桥上全为楼阁覆盖，楼为双层，下层为人马通道，上层建有三屋，檐牙交错，当中为文星阁。此桥重建于清嘉庆十九年（1814年），可通行吉普车，属于典型的砖木石结构楼阁式风雨桥，占地面积700平方米。因封建社会科举乡试、会试的蔚然兴起而得名，乡会便是科举乡试、会试之意。这里还有与桥毗邻的原乡会镇公所。

乡会桥是建水古桥中唯一的一座风雨廊桥。从桥的这头走到那头，行人都在楼阁廷宇的庇护下，风雨侵不到，烈日晒不着。也因为如此，乡会桥过去还是西庄人赶集的重要集市之一。

据道光元年（1821年）《重修乡会桥碑记》记载，桥的建盖经历过三次变化。先建时为石桥，后改为木桥，再后又建成石拱桥。现存桥梁建筑建于清嘉庆十九年（1814年），为三拱石桥。桥身由万余块青石砌筑而成，全桥长80.6米。桥拱用青石拱圈砌置，拱宽7米。主桥跨河30米，两端引桥长25.3米，西引桥于中部向南弯曲。桥面宽7米，由二层楼阁文星阁全部覆盖。一层为桥面通道，桥两端通

乡会桥

## 六、人文景观

道两侧设有桥廊,廊长7米,供人车通行兼具避风雨、防日晒和休息功能。二层供人观景和居住,乡会桥的楼阁建筑布局,为东西对称的横向重檐硬山楼阁,以纵向单檐卷棚屋顶建筑,过渡到主体建筑的纵向重檐硬山建筑楼阁——文星阁,体现了文星阁"居中为尊"的地位,构成乡会桥楼阁一高二低、两横三纵、大者居中、主次分明的外观特色,使桥阁浑然一体。

近年来,随着泸江烟柳景观大道的建成,去团山游玩的人们路过乡会桥都会顺道参观一下,人气逐渐旺盛。

乡会桥附近有一座建于1936年的个碧石铁路火车站——乡会桥站。2015年"五·一"国际劳动节,建水古城旅游小火车正式开通,乡会桥站的停靠时间是半小时,游人可以顺着铁路往下走百余米,即可一览乡会桥的独特风姿和体味恋人"相会"的别绪离愁。

桥南端有一幢青砖楼房,二进院落,坐西朝东,占地867平方米,建于民国时期。现存大门、前院、后院、四厢六耳共计54间,前后院及厢楼皆为走马转角楼式,互相通连。民国时期为乡会镇公所所在地，也是解放战争时期中共建水县委领导和发动乡会桥武装起义的纪念地。

1949年10月14日夜，中共建水县委发动党员、民主青年同盟成员、农民翻身团团员和暗民兵，秘密集中于乡会桥，夺取乡会镇公所的武器弹药，向山区开进，"边纵"十支队四十六团前来接应。十支队领导将起义队伍组编为护乡第五团第一大队，下辖3个中队。起义获得成功。

2007年9月，乡会桥及乡会镇公所被红河州人民政府公布为第五批州级文物保护单位。

## （三十一）江外要津九司桥

九司桥在城西2.5千米处，是一座造型别致的三拱石桥。这座桥长5米，宽6.2米。高约6米、桥孔跨度为5.1米，虽谈不上装饰华美，但在建水诸多桥梁中，却是一座极富政治意味的桥梁。

此桥的建盖，还得先从封建中央王朝在边陲推行的政治制度说起。明洪武十五年（1382年），明将金朝兴平定临安后，封建朝廷为控制这片"北抵澄江、西连楚雄""南邻交趾"的边徼重地，即将府治移至建水。临安府下辖4州5县9长官司，临安府作为统治中国西南边陲广袤地域的中心，

## 六、人文景观

成了一个边陲重镇。但是，临安府城通往红河南岸的道路则十分艰险。在这样的历史条件之下，封建统治者在实施"恩威并重"并竭力拉拢民族上层人士的统治策略之时，亦修桥铺路，设置驿道，以便加强对红河南岸地区的控制。然而，在通往土司领地的府城西部五里许，既有泸江河阻隔，其后又是一片沼泽之地。为此，封建统治者为方便土司过往，在通往江外驿道的泸江河上架起木桥，取名"九司桥"。但木桥架好之后，并不耐久，若遇"雨集水涨，往往漂没，人多望洋兴叹"。地方绅耆为达长久之计，"遂弃其木而易石"。但桥建好之后，因泸江河弯曲阻沙，水势过大，"水壅川决"，不久便被冲毁。为此，官府派出人员，将桥"自北移南"，南部沙淤之田改为河道，旧桥之地改为良田，并于清乾隆三十年（1765年）修治河堤，在新开辟的河道之上建桥。乾隆三十三年（1768年）泸江河泛滥，九司桥又遇洪水袭击塌毁。乾隆四十年（1775年）重建为三孔石桥。桥两端有引桥，桥头各置一对石狮，雕工精细，栩栩如生。

关于九司桥，民间有一个离奇传说：以前九

司桥上有个小亭子，亭子里面有个用石棚遮盖的宝贝——石鱼，石鱼嘴里会滴水，路过的人可用放在石鱼嘴下的土碗接水解渴，后来法国人修铁路，把石鱼取走了。听说这石鱼曾在香港出现过。

今天的九司桥，依然非常坚固。其石条镶砌的石栏，保存非常完好，桥头的一对石狮子，还在默默守望，似乎在回忆着那一段段不平凡的历史岁月。

2012年2月，九司桥被建水县人民政府公布为第六批县级文物保护单位。

## （三十二）安流永济见龙桥

见龙桥位于建水西庄绍武村附近，距城10里。桥的起名，说法有二：一说是该桥正对绍和山麓的黄龙寺禅院，当地村民走在桥上，就能看到黄龙寺古甸龙潭波光粼粼的水面，故称为见龙桥。另一则传说是在很久以前，有个书生要上京赶考，来到西庄马坊村附近，遇上下大雨，泸江河水猛涨，把书生隔在了河边。眼看考期要到了，书生要过河又过不去，急得没了主意。正巧这时来了一个老农，老农问过书生后，冒着危险把书生背过了河。书生很感激，对老农说："如果我考上当了官，

六、人文景观

一定要在这里建座桥。"后来,书生果真考上,回临安当了官。当了官的书生早把建桥的事忘了。一天,书生到泸江河上游玩,来到老农背他过河的地方时,晴朗的天空突然变阴了,泸江河水无缘无故上涨,波光中,有一条老龙在书生的面前摆动,吓得书生不知如何是好,连忙跪下来求道:"老天爷保佑,老天爷保佑!"龙抬头对书生说:"还记得你在这里说过的话吗?"书生这才想起,他曾答应老农要在这里建一座桥,可是一直没建。书生赶紧对龙说:"我想起来了,我一定建桥!"说完,龙就不见了,天也晴了,水也落了。开始建桥后,不知从哪里飞来一头大牛,是头神牛。牛只干活,不吃草,连日连夜地驮石头。眼看桥就要建好,有个石匠看到石头够了就说:"不要驮了,石头够了。"石匠话音刚落,牛就不见了。后来,桥恰恰差着一块大石头,抬了许多石头来都不合,书生无法,就在河边求神牛,求了3天3夜,神牛送来一块不大不小的石头镶上去,桥就建好了。书生因此将桥取名为见龙桥(《建水民间故事》)。上述的传说有虚有实,审美意义远逾历史意义,但它所反应的文化内容,增加了见龙桥的文化内涵，也蒙上了一层神秘的色彩。

见龙桥的建盖历史较为复杂。先于明代成化年间（1465—1487年）在泸江河支流黄龙渠上建永安桥，后"历经岁久，渐就倾圮，行旅望洋而叹"。清乾隆六十年（1795年），郡人张九锡捐银500两，并倡议乡人同力共赞，在永安桥故址新建石桥。1794年春开工，1795年3月竣工，历时1年。新建后的桥梁，横跨泸江及其支流黄龙渠两条河流之上，与原来的永安桥结合完美，天衣无缝，十分壮观。民国10年（1921年），因桥使用年代较久，又进行过一次重修。见龙桥现为4孔石拱桥，其中主桥3孔，跨泸江河上，引桥1孔，横卧黄龙渠上，长40米，宽5米，高约8.5米。桥面两边有围栏，桥身两侧嵌有4块青石石碑。东面两块分别刻"履坦""由庚"4字，西面两块分别刻"安流""永济"4字。桥北侧的桥头有石鼓、石狮石刻，桥面侧桥头有石鼓、石象石刻。桥上有一单檐小巧阁楼，供过往行人休息。全桥设计科学合理，曲折蜿蜒，呈"S"形状，具有较高的历史价值和艺术价值，更给富饶的西庄坝子增添了许多人文人心旷神怡，目爽气舒。

整个洞分前、中、后三大洞，泸江河伏流贯穿其间，全长 2.7 千米。但是，洞中有洞，主洞连支洞，总长达 10 千米，前洞景色最佳。

前洞又分水、旱二洞。旱洞实际上是座天生桥式的巨大穹窿，状似大厅，两面透光，宽敞明亮，可容千人。厅内原来有一座三层阁楼，楼间一树穿堂而过，称"一箭穿三楼"。今楼已毁而树犹存。

由洞厅左侧沿石级而上，穿过一小石巷，即进入一间石屋，内有石床、石帐、石幔，铸有观音铜像，称观音殿。有出口通洞外，便又明亮起来。石殿下临绝壁，原有木栈道与左方倚危壁而立的吊脚楼相通连。栈道下临泸江洪波，高十余丈，其下原来仅有一根细圆木柱支撑在突兀的岩石上，犹如吊篮累卵，岌岌可危，因栈道枯朽，已改建成钢筋混凝土的"空中游廊"。凭廊下望，绝壁深渊，似悬岩普陀临江渚，令人目眩。

"空中游廊"对面山岩下方，又有一个巨大的溶洞，就是水洞。洞高 50 余米，宽 30 余米，泸江河水注入洞中。洞顶钟乳石悬垂如帘，象倒生的玉笋。自明末清初以来，人们把自己对神的颜洞洞群因分前、中、后三洞,古人因之称作"临安三洞"。三洞中的钟乳石形成很多自然雕像,如虎蹲豹踞、龙头高悬、出水观音、仙侣对弈、梯田层层等,犹如"地下雕塑长廊"。此外,后洞的万象山上,还有南明洞、八哥洞等。

### (三十四)百万燕呼燕子洞

由县城驱车东行30千米,到面甸镇马王庄附近,便是滇南著名的岩溶风景名胜——燕子洞。这个洞古来就有"南徼奇观数第一"的称谓。洞在公路国道323线下方泸江河流经的一个盲谷里,为林木所遮蔽。周围石芽丛生,石骨嶙峋。如今洞口筑起了东、西两道大门,其内广植花木。洞口上方架起钢缆吊桥,建造了高低错落的爬山长廊,未入洞即令

燕子洞

司金事兼提学道的杨师孔撰写过《游云津洞记》对颜洞有过较精彩的描述:"度岭循洞,逶蛇盘转,为阖郡众水归墟。此邦文献冠六诏,水口奇秘若此,勿谓青乌家不足信也。"而天柱塔就修建在颜洞口右侧山崖顶上,气势恢宏、刚劲、凝重、挺拔而极富灵气,历史上与西安大雁塔齐名。

《续修建水州志》对颜洞也有这样描述:"洞口四时云气环绕,三河之水汇入,石钟灵岩,清音响答。列炬而进,石髓凝结倒垂,神工巧镂,石柱孤撑,兽蹲豹踞,仙侣对弈,千态万状。"

相传明嘉靖年间朝廷里有个名叫阎闳的谏官,被贬谪到滇南任蒙自县丞,曾七游此洞,并在洞壁上题刻"七游洞天"四字,因而也称阎洞。它是燕子洞的姊妹洞,建水坝子里的六河九氵㐬统统汇入泸江河,于坝子东边的山麓进入颜洞,伏流三千米,由面甸冲流出地面,东流十余千米,至一处山间盲谷再注入燕子洞。

由于颜洞地当古时临安府通往滇东南以至安南的大道旁,名人前去游览的多,留下的诗文也多,因而知名度早于燕子洞。此时的燕子洞,还藏在荒野蔓草之中,而无外人知晓。

气息。

2012年5月，见龙桥被红河州人民政府公布为第六批州级文物保护单位。

### （三十三）西南第一洞天——颜洞

颜洞在县城东10千米建水坝子边沿的东山脚盲谷处，为巨大的石灰岩溶洞群，分前、中、后三洞。前洞又称水云洞，泸江河至此注入洞内，成为伏流。中洞距前洞约1.5千米，在山间一座断岩下，为呈漏斗状的落水洞，垂直向下可见泸江河水由西面洞窟中冒出，向东面暗洞流淌而去，洞口石壁上有无数摩崖石刻，"云津洞"即此洞名称。于此点燃火把沿伏流东行约1千米即到后洞，称万象洞，为泸江伏流出口处。从水云洞至万象洞泸江河钻透山腹约3千米，其通道为天然地下隧道。明万历年间（1573—1620年）云南右参政谢肇淛著《滇略》记载："山形绵亘，林径秆纡萦，众水归宿，伏流会盘江，达于南海。洞口空阔，可容数万人。前阻深潭，无径可通，游者循山背行，达中洞。结桥而渡，引炬而入，石髓凝结倒垂，千态万状。盖西南第一洞天也。"

明代天启年间（1621—1627年），云南按察

## 六、人文景观

一片诚心的字匾,如"保我子孙""佛光普照""诚求必应"等,请附近彝族村寨中凭着在采燕窝时练就的一身飞檐走壁硬功夫的小伙子悬挂于洞顶的钟乳石上,以期有求必应,蔚成钟乳悬匾的旷世奇观。如今改悬书法名师的题额,有楚图南书的"燕子洞"、欧阳中石的"亚洲第一溶洞"等。

洞中那幽暗的钟乳石间,栖息着数十万只白腰雨燕。每年立春之后,雨燕按时由南洋一带迁飞而来,在这里筑巢产子,繁衍后代。立秋后又携儿带女迁飞而去。群燕翻飞,如万箭齐发,呢喃之声和由洞腔引起共鸣的流水声,如雷霆贯耳,经久不绝。古人有"百万燕呼泖水战,一条浪吼浙江潮"的诗句,以比喻水声燕声之振聋发聩。现在洞内筑堤拦水,便于行船,已听不到流水奔腾的轰鸣声,但是燕声依然聒噪如故。此处可观赏触目惊心攀岩采燕窝绝技表演,在国内洞穴中绝无仅有,只此一处。当地农民徒手攀登上 50 多米高、450 米长的洞顶,在钟乳丛中采集燕窝,无任何保险措施,观者无不心惊胆战。洞内所产燕窝,为传统滋补珍品。

洞口陡峭的石壁上,生长着一些小树,它们

扎根在石缝中，枝干苍劲，风来婆娑，疏影横斜，让人惊叹它们的生命力如此刚毅顽强。就在洞顶石笋悬瓯的正上方，有一处岩石的纹理像一只大手，五指蜷曲可辨，手前的石笋上恰有一株小树长在其间，似乎一伸手就可摘到其枝叶，古人称为"仙掌摘桂"，并有诗云："岩高仙掌攀丹桂，殿外小楼起半空。""岩间现出拈花手，桂折蟾宫香满轮。"

水洞为泸江河的伏流通道，暗黑幽深，昔日人们视为畏途，非燃炬架桥不能入内。现已开辟出1.5千米的水陆游览复线，彩灯广布，龙舟游弋，入内可观赏"龙泉探幽""天街撷美""梦幻世界"三个景区，钟乳石奇形异状，似人似兽，如莲如瀑，有"琼瑶仙宫""双象啜饮""天鹅戏蟾""南极仙翁"等景观相比美。第二景区中，有一尊高达50多米、被称为"擎天玉柱"的巨大钟乳石柱，以挺拔的雄姿直指洞顶，据称此柱已有约300万年的高龄。第三景区内，有一处广约1.3万平方米的"梦幻世界"，状似一座无柱的宽广舞厅，奇巧的是，稍加修饰厅内就呈现出一个舞台，在这里演出民族民间歌舞，真是又粗犷又

## 六、人文景观

古朴,别有一番情趣。

燕子洞还有一处重要人文景观——摩崖题刻。题刻分布于燕子洞干洞石厅内石壁高崖之上,距地5~10余米。始刻于清代乾隆年间(1736—1795年),基本与燕子洞的早期开发同步。伴随着燕子洞的道教历史发展,以后历朝都有题刻,最晚为民国年间,面积约500平方米。题刻有"洞锁三天""境绝人寰""胜景无双""别有洞天""灵谷涵春""窈窕深谷""空谷燕音""吞月饮泉"等,总数有30余方,分横、直两种题匾形式,大小规格不一,有正、草、隶、篆等多种字体。大部分题刻为地方名人所题并选址,再由当地匠人刻石于摩崖之上。燕子洞摩崖题刻书法结构严谨,字体刚劲有力,笔力雄浑遒劲,具有较高的历史、艺术和科学价值。1985年6月3日,燕子洞摩崖题刻被建水县人民政府公布为第二批县级文物保护单位。

此外,洞内还有不少记事碑刻和楹联,记载了燕子洞作为滇南道教胜地的发展历史和相关情况,镌刻着历朝文化名人游览燕子洞后所作的赞颂题诗等,有着重要的史料价值,给古洞增添了不少诗情画意。

1962年6月,朱德委员长视察滇南途中曾到燕子洞小憩,观赏了洞景,赞叹"万燕栖一洞,一树穿三楼",并作《燕子洞》诗一首:

满岩燕子窝,燕儿舞婆娑。春来秋去也,唯尔子孙多。

游客题诗话,农夫禁网罗。洞内新天地,贯通建水河。

二十公里远,开远露伏波。前曾为匪窟,肃匪动干戈。

道人称百岁,香客信无讹。临安风景地,避暑气温和。

中外洞穴专家考察后,称赞燕子洞是"亚洲乃至世界上最壮观、最大的洞穴"之一。它具有"河流、燕子和巨大空间"这三大特点,因而它在世界级的溶洞群中也是突出的。

## (三十五)仰开三窦南明洞

南明洞,本地人称之为仙洞,在万象山山顶。去仙洞的路并不好走,崎岖蜿蜒,颠颠簸簸。洞口很小,仅够一人出入。洞口上方悬挂"南明仙洞"匾额。

## 六、人文景观

《古今图书集成》记载：建水"南明洞洞门卑浅，其中若无物者。躐磴而下，渐觉宽舒，有窦谽谺，仅容一人，燃灯以通，中复宏敞。缘崖而上，一窍天生，广可三丈，烟霞翔集，云影徘徊，奇树璀璨，异草芳茁"。

南明洞属于颜洞洞群之一。进洞即步入一间石室。室顶有小孔通地面，亮光从孔中透入。石室后侧是一条幽暗的通道。稍一定睛，就能依稀辨出道路。历级而下，忽又宽敞明亮起来。左旁两丈多高的石壁上悬垂着一片"石瀑布"。继而进入一个大洞厅，顶部有一个直径约10多米的大圆天窗，一束阳光自天窗泻落，将厅内照得透亮。这和其他溶洞"非列炬不可入"的情况形成了鲜明的对比，使得仙

**古洞佛光**

洞成为颜洞洞群中的佼佼者。洞厅高约20米，宽50多米，可容数百人。洞厅四周布满一排排大大小小的石柱、石床、石屋、石殿，张挂着一列列石帘、石幔、石幡幢，胜似洞府仙宫、世外佳境。

身在洞内，洞外的气候变化依旧可以透过天窗知晓。而在仙洞，这样的天窗不止一个。大小算起来，仙洞的天然窗口共为3个，但另两个天窗较之稍为逊色。洞内有许多神仙和佛祖的塑像，飘散着浓烈的香火味，很多香客到此祈愿，或祈求姻缘美好，或祈求人畜兴旺，或祈求人寿物丰，或祈求财源广进，或祈求仕途顺畅。通过大厅右侧一条向上行的走廊，就进入这地下洞府的第三层"建筑"。这是一个较小的石殿堂，石柱丛列。殿左沿石梯可登至一个明亮的竖井，约50平方米，四面都是两丈多高的石壁，无法攀缘而上。只见井口上边杂花生树，流云穿梭。井中有石缸丹灶，原来是供洞中和尚烧饭用。后来僧去洞空，水源也已枯竭。

明代嘉靖年间（1522—1566年）云南巡抚黄衷撰有《南明洞天记》一文，慨叹天下大洞穴虽多，但都深邃幽暗，这个洞虽然盘旋曲折，"而仰开

六、人文景观

三窦,天光晶晶,可别须眉,盖他洞所绝无也",因而取名为"南明洞天"。

## (三十六)府城古井润临安

建水的古街老巷和四野村落,到处可以见到许多年代古老、形状奇特、水质甘洌的水井。那被历史和生活打磨得光滑透亮的井台,那被绳索勒磨出道道痕迹的井圈,默默地诉说着古城的过去。数百年来,人们就靠从井里汲水生活,水井成了城市赖以生存必不可少的基本条件。井与人相依相存、血脉相通,成为建水历史发展的一个缩影和古城兴盛的历史见证。

建水最早的指林寺古井,掘于宋元时期。传说宋末元初建盖佛教禅院指林寺时,周围伐来的树木做梁柱都不够尺寸,急得领头的师傅坐卧不安。一天夜里,他梦见了一位仙人,便跪下求他指点。老人口中念念有词,指了指工匠饮水的井。第二天,领头的师傅按照老人的指点,走到井边,闭目念起老人所念的语句,不一会儿,只见井中水波翻腾,浮上一根大木头,尺寸正合做梁。师傅一边念,木头一边涌上来,不到半天功夫,做梁柱的木料全齐了。直到工匠跑来对他说:"够了。"

方才停住，谁知一棵木头已到井中，还没有漂上来就被卡住了。据说，那根木头至今仍留在井底。

明代至清代初叶，随着汉族移民的大量迁入，与人们生活息息相关的水井大量挖掘，出现了许多著名的古井。据地方史籍记载，清代顺治四年（1647年）的名井有十泉五井，雍正九年（1731年）的名井达19泉14井。由于水井可以在市区人口稠密之处开挖，也可以在自己的宅院内挖掘，所以水井已经极为普遍。县城的每一条街巷和乡村，都有一至两眼公用水井。人们还以井命名街巷，古城内就有涩水井、红井街、大板井巷、搅车井等。

因为井多的缘故，井圈的样式也五花八门。饶有趣味的是，多姿多彩的水井有大有小，有方有圆，另有六角井、八角井、月牙井，则为数极稀。其井圈有单眼、双眼、三眼和四眼等。但不管有几口井圈，井底都相通。其多设几口井圈，一方面可以防止灰尘杂物进入井内，另一方面有安全保护作用，可让更多的人同时取水。从口径看，有大口井、中口井，更有只能放进1支小桶的袖珍井。此外，农村中还有圆梁井、方梁井，这些井都较大，没有井栏，在井口上架一石梁，方便

## 六、人文景观

人站在石梁上打水。

由于无法抵御自然灾害的侵袭，又受到道家文化的影响，当时的人们普遍存在崇拜龙神的文化心理，在挖掘每一口水井时都在井旁建一龙王庙或砌一龙王神龛或立一龙王石碑，定时烧香祭拜，祷求龙王爷保佑水源丰足，永不干涸。同时，为保持水源的清洁，水井得到了人们的精心保护。在建水人过去的生活中，每年都有敬谢龙王、参拜天地、淘井敬水的活动，淘出淤泥和杂物，疏浚水沟，修理损坏的井栏和井台。老人们还经常利用讲故事的形式，教育儿孙后代保持水源清洁，不要往井里扔杂物。在耳濡目染中，人们养成了爱井护井的良好习惯。不仅如此，人们还着力装饰古井旁设置的专供洗衣或过往行人饮水之用的石缸。精美考究的石缸，刻有诗词书法和花卉等图样，多有"静观鱼跃"四个大字。朱家花园斜对面的一口三眼井旁的石缸上刻有这样的诗句："凿成石缸畜小鲜，庄严妙相绝尘缘。随时浏览得真趣，别有神仙一洞天""活泼天机意气浓，绿荫深处且从容。莫言底是池中物，待到风云也化龙"，给古井增光添彩，使其散发出一股浓重的文化意味。

在建水众多的诗词楹联里,有一副有关水井的对联:"龙井红井诸葛井,醴泉渊泉溥博泉",以城内的"三井"对城外的"三泉",对仗工整,生动贴切,囊括了建水城内外最著名的六口公用古井。六口古井中,红井是没有保存下来的唯一一口。圈于明代初期的红井,在县城红井街。相传古时井边有数株古树,绿荫遮蔽井口,使水呈碧蓝色,汲水者不论穿什么颜色的衣服,身影倒映水中,皆为碧蓝,而从井中汲出的水,在阳光的照射下呈微红色。此即为建水旧时八景之一的"建水拖蓝"。可惜的是,红井已被填埋,再无昔日旖旎风光。此外,还有新井、廉井、绞车井、玉洁井、竹叶井、涌莲井、永宁井等等,不胜枚举。

## 1. 古城名井

溥薄泉——西门大板井

醴泉 位于建水古城外太史巷头,为县城有文字记载的最古老的水井。其名出自《礼记·礼运》"天降甘露,地出醴泉"的典故。据地方史籍记载,该井圈自建城之初,因位置在城东,又称东井。井旁一块石碑记载:此处"旧有醴泉,素称东井,考其由来,自元迄今,载在志书。"另一块碑文称:"东井创自建城之初,载在郡志,名曰醴泉,俗名水井殿。重修于嘉靖十四年(1536年),复修于康熙年间。"井栏为圆形,用两块巨大青石凿成后合拢,接口处凿出楔形石榫,熔生铁灌入扣住,十分牢固。井下内壁,皆用弧形青石镶砌,井内出水旺盛,水面距井口仅两米上下,水味甘醇。醴泉作为建水的名井,曾见证过许多历史烟云:明代著名文人杨慎被流放云南时,曾多次在建水驻足。他与建水进士叶瑞和阿迷(今开远)进士王廷表结为至交,曾住在叶瑞家中,三人经常泛舟洗马塘,或垂钓或唱诗,相互慰藉。据说杨状

**东井(醴泉)**

元在品尝醴泉之水后,也赞不绝口。醴泉至今已有700多年的历史,但水源丰富如初,泉水冬温夏凉,清洌甜润,今天到醴泉汲水的人依然络绎不绝。

溥博泉 俗称"大板井",在县城西门外的古城墙脚下,名称来至《中庸》"溥博渊,而时出之"。据有关碑文记载:此井圈于明代洪武初年,为筑城将军徐伯阳率兵士所掘,因而民间有"先圈大板井,后建临安城"的说法。这是城区口径最大的水井,井口呈圆形,直径3米余,井栏由6块石板夹以6根石柱镶嵌而成,其间的6根石柱,不高不低,一般整齐,顶端刻有倒座莲花石刻,装饰古朴厚重。井壁用红沙石镶嵌。井圈由于经年久月的摩擦,已变得溜滑光洁,一尘不染。井水清澈透亮,经久不涸,满荡满溢,取而复满。其井和水质,名列建水水井之首,有"滇南第一井的美誉"。

**竹叶井**

六、人文景观

景泰《云南图经志书》记载:"其泉清洁无卤而甘,日汲不竭,以之酿酒,味胜他泉。"大板井有着丰厚的文化内容。民间传说八仙之一的吕洞宾巡游到建水,品尝井水,称赞"西门大板井,玉宇琼浆甜"。尤其神奇的是,从井底砾石间渗出的白沙味软水,用以沏茶,色香味俱佳,再配上建水特产的紫砂陶茶具,实为人生难得的一种享受。

渊泉 位于溥博泉下方不远处,俗称小节井。"水味清美,烹茶甚佳。"井栏直径1.9米,井壁高50厘米,厚14厘米。井旁一侧有石缸和洗衣、洗菜的浅池,一侧还有龙王庙。小节井离大板井

诸葛井

玉洁井

· 403 ·

直线距离不过百十米,水味、水质与大板井相似,但因地脉水源不同,水温较低。旧志说其"井水甘洌,四时不绝",民间也有"小节井前喝凉水,一点一滴凉心头"之说,故被列为建水第一凉水井。

龙井　城内东北角的龙井,圈于明代洪武年间(1368—1398年),为城区一口著名的水井。相传该水井为浙江杭州籍移民挖掘,因水质、水味酷似杭州凤篁岭上的龙井水,故以"龙井"命名。此井的开掘,对于那些千里跋涉、永别故土的游子来说,迁移到当时被认为是蛮荒之地的云南,在异域他乡凿出一口与故乡水味相同的井,也许是对他们及子孙后代最好和永久的慰藉。该井现有4个井圈,其中的两个较为古老,另两个井圈是后期修建时新装,由于井圈使用年代久远,被绳子勒坏的一面不能继续使用,又将其底部朝上,继续使用,而朝上的井圈,已被绳索磨出了深深的痕迹。

诸葛井　城内北正街头的西侧诸葛井,有一整块青石连体雕成的双眼井圈。此井掘于清代初期。据说在井的一侧,原有一座供奉诸葛亮的庙宇,因井在庙旁,故取名为诸葛井。其实,诸葛亮并没有到过建水,但他强大的感召力却能激起民众心理的共鸣。作为智慧的象征和首先把儒家文化传播到云南的先哲,诸葛亮也被建水人搬上神坛,建庙供奉,顶礼膜拜。随后,诸葛庙搬迁,另移它地,但井名一直沿用至今。

玉洁井 位于城东南纸房巷,又称"灵应寺"井。明末清初李定国农民起义军攻占临安城后所掘。水井原在灵应寺内,后因寺院倒塌移出寺外,成为该地公用水井。此井水"味甘色洁,用以造纸,光泽可爱"。

新井 圈于1915年。掘井初期因该地长寿老人多,取名为"延龄井",后称新井。后因一个井口上排列着四个井圈,人们又将其俗称为四眼井。

新 井

东林寺井 约开掘于清代末期,在城外西北部古老的东林寺禅院前,故名。井为三眼,井栏连体,井旁有数株万年青树,景色十分清幽。

## 2. 乡村名井

**田军营醴泉** 俗称下井,位于城郊田军营村。约掘于明朝。现同一井台上排列着一大一小两眼古井,排列形式十分独特。大井小井青石镶嵌,无井圈。

**田军营醴泉**

**东村珍珠井** 位于县城东部的东村,约掘于明代。原称龙井,后因井内泉眼涌出的气泡宛如珍珠,当地人俗称珍珠井。相传此井有神异功能,若井内水势陡涌,翻腾异常,必有兵事,且屡试有验。

**团山水井** 位于团山村大乘寺前。井圈圆形,用青石镶砌,直径约4米。井水清甜,从圈井至今从未枯竭,一直是村民的主要饮用水源之一。

1991年1月,东井被红河州人民政府公布为第三批州级文物保护单位。2012年5月,溥博泉、渊泉、龙井、新井、廉井被红河州人民政府公布为第六批州级文物保护单位,诸葛井等四十八井先后被建水县人民政府公布为县级文物保护单位。

团山井

## (三十七)世界建筑遗产团山村

团山,是城西边13千米的一个汉族村庄。全村人口的四分之三为张姓。其始祖于明洪武年间由江西饶州府贸易入滇,寄居临安府城西门外蓝

世界建筑遗产团山村

头坡,后见团山"形势耸拔,众山环拱,甲于全境",遂三迁至此,迄今600余年。清末,村里的一批人走出家门,到个旧开发矿业。有的挣得钱财,便回村掀起一股大兴土木的建房热。现存15座保存较好的传统民居,都是清光绪末年和民国初期建成的,堪称"民居博物馆"。2004年被列为云南省重点文物保护单位,2013年3月被国务院列为全国重点文物保护单位。2005年6月"世界文化遗产基金会"将云南建水团山民居列为"世界百大濒临危险文化遗址"。

这些民居多二进院,皆传统的"三坊一照壁"和"四合五天井"组合体,也有一、三进院的。进内一看,满眼的木石雕刻、诗词书画,琳琅瑰丽,精美绝伦,雕梁画栋,滤粉贴金,让人应接不暇,百看不厌,其文化内涵十分深厚丰富。

雕刻、书法、绘画,是这里民居建筑群体最引人注目的"三宝"或"三绝"。先说雕刻,木雕、石雕、砖雕,应有尽有。尤以木雕占多,几乎达到充栋盈庭、无处不有之势。门楼的梁坊上,廊檐的额坊上,格子门、格子窗以至斗拱、雀替上,精工雕镂出"二龙戏珠""双狮滚球""双凤朝阳""鹊

## 六、人文景观

登高枝""竹报平安""麟吐玉书""犀牛望月"等图像。屏门和窗牖上更有镂空三至五层的戏文人物活动场景,如"伯牙抚琴,子期知音","梁祝十八相送","鹬蚌相争,渔翁得利",以及"五子连科、五女庆寿"等等,所雕禽兽和人物形象,惟妙惟肖,栩栩如生,金光灿灿,玲珑剔透,耐人寻味。在一户民宅的堂屋廊檐额枋上,一字排开地雕琢出八仙过海形象,当中簇拥着老寿星,称"八仙拱寿"。据称这些艺术珍品出自相邻的通海县木雕艺人高应美(1867—1933)和他徒弟之手。从木头上镂下来的木渣,要用戥子称,一钱木渣要付一钱银子。石雕多刻在柱础、水缸和门楼的须弥座上,砖雕图案也精彩。

书法、绘画是团山民居的另外两绝。这里房舍建筑的一个特点是庭院内面的堂屋、两厢的隔墙,全用木板制作,便于在上面作书绘图。凡是木门窗上,夹门夹窗的板壁上,门楣窗楣隔板上,乃至廊檐下的木枋上,无不满布书法和绘画,反映出屋主人追求高雅的文化素养和生活情趣。书法多为古诗词、古文楹联、名篇片断、为人准则、处世格言和富于哲理性的警句等。绘画有竹菊梅兰、花卉翎毛，亦不乏珍禽异兽、山水人物，其品位之高之雅，不惟百年前，就是当今，亦属上乘。其文化氛围之浓烈，是其他民居所无可比拟的。人在其中，如置身于万卷诗书，举目可读，俯仰皆是；又仿佛进入诗书画廊，赏玩不尽，回味无穷。这些书画作品均为清末民初建水以至滇南知名书画家所作，其名在地方志中可以找到，并非建筑工匠所涂，皆隽茂俊逸，秀拔优美，风格迥异，且布局得体。这些文化遗产，多已被岁月湮没，有幸在这里得到保存。

村里的传统民宅中，以张家花园最有名。占地1万多平方米，建于清末。房舍布局为"四合五天井"式，纵向横向并列联排组合成三进院和花园祠堂，是一组规模较大，建筑质量好，保存完整的庄园式建筑群。房舍坐西朝东，门楼筑有防御工事，后有并列两道"八"字花大门，门内天井、过道连通前、中、后三个大院。前院为花厅，雕梁画栋，花格窗和雕镂屏门精致。前有青砖粉墙"三滴水"照壁。院内铺青石板，置花台、石缸，栽庭荫花木。中院厦廊环绕，庭院宽敞，中间有水池，池前梅花石雕的勾廊望柱，雕镂精巧。

池上建祠堂，五开间，卷棚顶，敞廊，雕梁画栋，尤以雕工精巧的花格门窗，古色古香。铺地、柱础、窗下坎墙、门垛和照壁，都极富特色。假山堆置于屋后空地，其上绿荫笼盖。

有不少法国旅游者探访团山民居后，面对被时光冲刷得油漆斑驳的雕刻和墨迹暗淡的中国书画，发出这样的感叹："沧桑美，残缺美，是真正的艺术。"

### （三十八）滇南大观园——朱家花园

县城内建新街中段的大型民居朱家花园，富丽堂皇，房舍栉比，是一组规模宏大、建筑风格独异、富有滇南私家园林韵味的豪华官邸。清光

**朱家花园**

绪年间建水富绅朱成藻、朱朝瑛等两代人，断断续续，经过近30年的苦心经营，于宣统二年（1910年）才最终落成。辛亥革命时，户主朱朝瑛荣膺中将衔，因而又称"中将第"。

整座建筑包括家宅和宗祠两个部分，具体可分门庭、铺面、堆栈、内院、宅第、绣楼、花厅、宗祠、戏台、花园、池塘、假山、作坊、竹林、稻田、菜地等，总占地面积原有2万多平方米，建筑面积5000多平方米。现有房屋214间，大小天井近40个。主体建筑呈"纵三横四"布置，以当地传统民居"三间六耳三间厅，一大天井附四小天井"的式样为单元，将其并列联排组合而成巨型建筑群体。房舍鳞次栉比，院落层出迭进，巷道纡曲通幽。规模之大，建筑质量之好，为全省民居建筑所独有，故有"滇南大观园"之称。

大门开在宅第西侧，为有厦垂花门楼，三楹，三叠水瓦屋顶，三道檐枋上雕镂出许多富有寓意的动物、花卉图案。门前立石鼓一对，镂刻着龙凤图像。门楼高大挺拔，气势雄伟，彩绘流丹，金碧辉煌，堪称滇南私宅第一门楼。

大门左边沿街有一溜十间"吊脚楼"，与其

六、人文景观

后的两院"跑马转角楼"相连,为民国时期朱家开设的"恒元泰盐店"铺面、堆栈和账房。

入大门又经一道月宫门而入家宅。月宫门上刻有"循规蹈矩"和"谨言慎行"两块石匾作为家训。家宅全系木结构建筑,由三套三进院落并列联排而成,规整有序,排列对称。每套院落皆由前厅、中厅和后堂构成,房舍齿联,飞檐交错,雕梁画栋,镂金染翰,进内穿廊过堂,如入迷宫。家宅前建有三开间、卷棚顶的花厅。花厅前有花园和荷池。花园原分东、西两园,东园有假山、花圃、稻田;西园有竹林。现在扩大了荷池,增建水榭、石舫和餐饮楼。

家宅东面为宗祠,也是一套三进院落。前有小水池一方,称"小鹅湖"。池上的石栏望柱,刻有24幅诗词书画和浮雕,悦目惬心。"小鹅湖"前建有水榭,实际是一座精工建构、玲珑奇巧的水上戏台。台口呈八字形,虚悬于小池上,以四根石柱架在水中,柱头上饰以石狮石象,斗拱和插梁雕琢精细,染翰流丹。隔池建有卷棚顶华堂一座,廊檐宽敞,即作观戏看台。华堂后为享堂和寝堂。享堂两面门墙敞开,与寝堂之间用棚廊相连。其间广设美女靠,为祭祖时族人叩拜之所,兼作为家族议事厅及宴会厅。

整座宗祠台榭参差,花木掩映,风涤尘襟,爽气宜人,成为"园中之园",造型精美,格调不凡,实为祠宇之精品,乡土建筑的艺术瑰宝。正如"小鹅湖"石栏上所刻一首诗云:

园林如画傍祠堂,桂子兰孙吐异香。

得地恰当临北极,凿池翻喜在中央。

红莲映日恩光远,碧沼无波世泽长。

最好夜深人傍槛,石栏杆外水风凉。

专家学者们考察了朱家花园后,都给予较高的评价,认为如此规模、如此完整、如此精华的民居在国内亦不多见,具有较高的建筑艺术价值。全国政协副主席钱伟长为之题词:"保护清代民居典型建筑,为人民文化生活服务。"中华诗词学会会长、原国家文物局局长孙轶青题写了"朱家宗祠,华丽民居。旅游开放,建水一奇"的赞词。

2013年3月,朱家花园被国务院列为全国重点文物保护单位。

## (三十九)天然药池——曲江温泉

曲江温泉自古就以"温泉雾霭"的芳名独领

## 六、人文景观

"曲江八景"风骚,其独特的魅力引得历代骚人墨客蜂拥而至,触景生情,吟诗作对,留下了"温埔一浴暖如春,静对泉亭绝点尘。满面春风吟啸去,不知谁是舞雩人"的千古绝唱。此泉位于曲江镇南3千米的洗澡塘村。旧志记载:此泉"发自山麓,有硫磺气,如沸。"这是自地球深部流来的天然热泉,水温高达68℃,日流量1209立方米,富含钾、钙、镁、钠、硫等多种离子成分,浴之可以祛疾,老祖宗很早就用它来治疗风湿和皮肤病,并在此宰杀、烫洗猪鸡。早在明洪武年间,被贬谪到此的著名文人韩宜可浴后,作有"一泓地脉溶真火,半夜神丁煮白云""金池浴罢骊山冷,却笑当年万乘君"的诗句。清代云南巡按御史瞿俊亦作《曲江温泉》诗,有句云:"行逢曲江古名胜,解衣浴罢仍流连。""此泉有买本无价,一日可值千金钱。"

来到热泉喷涌处,只见水面像煮沸的开水,汹涌翻腾,一串串珍珠般的水泡飞迸而出,似"阴火煮地泉",使人想起了济南著名的趵突泉,也可以叫"热趵突"吧!据调查,洗澡塘村的居民从未有过皮肤病、风湿关节炎和妇科病患者,因而有"天然药池"之称。村民原建有简易洗浴室，现在已建成温泉度假村，尤其成为冬季游泳的好去处。

### （四十）焕山秀水黑龙潭

县城南面20千米的黑龙潭，坐落在苟街坝子南缘、焕文山麓，绿荫遮蔽，幽雅静谧。一股巨大的泉流从岩石裂隙中流出，伴随着一串串气泡，似断线珍珠般向上翻腾，迅速冲破水面逃逸而出。潭前水面宽广两亩多，碧澄似镜，山色云影，映照如画。潭泉源头在20千米以外白象山一带石灰岩夹白云岩含水层中，地表有溶蚀洼地、漏斗、落水洞，沿黑龙潭方向呈串珠状排列，并有长达10千米的条形溶蚀谷地，其下即掩藏着黑龙潭暗河。暗河出口涌水量1116升／秒，雨季高达9285升／秒，为建水127处岩溶泉中出水量之冠。潭边建有小桥、亭阁、廊庑，供人游憩。

由潭泉后山沿石级而上，建有龙潭禅院。现存后殿和东配殿。后殿亦称黑龙宫，三开间，抬梁式屋架，单檐歇山顶。1997年原建南区地下工作者、边纵游击队老战士在殿右兴建"建南区革命斗争纪念室"，成为当地开展革命传统教育的场所。

黑龙潭出水口标高 1496 米,比建水坝子海拔高 100 多米,早在 70 年代就有"南水北调"即引黑龙潭水灌溉羊街坝一带田地的设想,但因投资巨大而迟迟不能兴工。1997 年 3 月开始在南庄绵羊冲修建水库,设计总库容 1605 万立方米,至 2000 年 8 月建成并引水成功。共投资 1 亿多元,建成明渠 24.5 千米,隧洞 6 座,顺利地将黑龙潭水引至南庄,实现了祖祖辈辈企盼而不能如愿的梦想。

## (四十一)红井街的朱德旧居

城内红井街 21 号,是一所玲珑小巧的三合院,曾经是敬爱的朱德委员长青年时期在云南从事民主革命活动的又一处寓所。

1913 年夏,27 岁的朱德在滇军第一师第三旅第二团第一营任营长,驻防蒙自、开远一带。次年,移驻临安县(即今建水县)南校场(遗址在陈官屯平山顶)。1914 至 1915 年间,约一年半的时间里,朱德带领自己所在的营和团队(1915 年朱德升任第二团副团长),在建水一带进剿由法帝国主义支持的政治土匪,红井街的小宅院,就是朱德和眷属的故居。

　　小院主人姓曾。百年前,曾姓房东的二儿子曾钦仲与朱德同为讲武堂同科同学,二人相交甚厚。朱德到建水后,就曾住在这三间六耳木结构的小院里。正厅和左厢主人住,腾出右厢让朱德住。右厢亦三间厅,中为客室,向内凹进形成一个小小的檐廊,前后各有六扇木板雕花门。两侧为卧室和书房,有格子窗和板壁。此厢房后有一狭长的小天井,用石条搭成花台,养蓄盆花。另一角种了一蓬郁郁葱葱的青竹。小天井一端有一小厨房,另一端有一道小门,通往花园,园内原来广种竹木,朱德闲暇时常在此练拳散心。

　　在建水驻防的日子,也是辛亥革命后滇南秩序最混乱的年月,由法国帝国主义支持的武装土匪气焰嚣张,法帝妄图借口保护滇越铁路安全入侵云南。朱德营和第一师的其他部队一道,布防在铁路沿线,奋力进剿土匪,打了好几仗,极大地挫败了匪焰,也使法帝找不到入侵的借口。据有档可查的确切资料,1914年7月31日营长朱德带队在李浩寨冷水沟歼灭了恶贯满盈的著名匪首方位及其党徒;1915年9月21日,升任副团

六、人文景观

长的朱德亲率部队在松岭岗一带重创匪首白万、莫卜部。12月中旬朱德带队至蒙自,按照蔡锷将军的手谕行事,于25日举行护国起义,部队改编为护国军,开赴四川讨伐袁世凯。

1962年6月,时任全国人民代表大会常务委员会委员长的朱德,到滇南视察,宿于建水,旧地重游,感慨万端,留诗一首:

夏日访临安,欣然改旧观。昔年军住地,今日作良田。

械斗之风息,人民建乐园。边疆如此固,邻友亦同欢。

现在,在朱德旧居对面的一院楼房里,开设起"朱德旧居陈列室",展出伟人生平及其青年时代在建水剿匪的事迹,作为革命传统教育的场所。

2007年9月,朱德同志建水旧居被红河州人民政府公布为第五批州级文物保护单位。

# 七、古城新貌

## （一）日新月异城市颜

九州之巅，彩云之南，有一座古韵悠长的历史文化名城，青石古巷、小桥流水，繁华中带着古朴。这里的一砖一瓦、一门一窗，雕刻着千百年历史的沧桑。这就是享有"滇南邹鲁""文献名邦""诗书郡"等美誉的历史文化名城——建水。

建水有着1200多年的建城历史，于唐元和年

日新月异新城区

七、古城新貌

间(806—820年)就建立了惠历古城,明洪武年间(1368—1398年)由土城扩建为砖城,内城以临安路为东西主轴,各功能建筑及街坊沿临安路展开,外郭因交通集市等发展因素形成东西城门外较大的聚集区域。至民国12年(1923年),内城及外郭居民2.6万余人;民国33年(1944年)内城外郭占地达2平方千米,1950年为2.5平方千米,但内城仍保有部分用地。1970年以后,用地逐步被建筑取代,至1984年发展到4.5平方千米。

20世纪90年代初,建水开始了大规模的城市道路改造工程。1991年改造北正街,将道路拓宽至22米;1994年以来,投入资金1700余万元,扩建改造完成朝阳北路、清远路等12条街道;2002年以来,在北部发展区近6平方千米的土地上,投资1.39亿元完成了全长5.6千米的贯穿古城东西的交通大动脉——建水大道。"十一五"期间,建水共完成市政道路基础设施投资13801.89万元,完成了广慈路(建水大道—福康路)、金银路(建水大道—朝阳北路)等30余条城市主、次干道建设任务,通车总里程16362米,建成道路面积379512平方米;投入

3478万元资金，先后改造完成了桂林街、永宁街、东林街、武庙街、临安路、马市街、北正街等37条历史街区道路改造建设，道路总长合计为8439米，道路面积为67244平方米。古城面貌发生了翻天覆地的变化。

2008年，建水出台了北部发展区控制性详细规划。随着县政府行政办公区的北移，广电大楼、北山小区、广池宫小区等一批建筑群先后建成，并建成了具有领先水平的建水自来水厂、北山森林公园等。经过多年的建设，建水北部发展区正式成形，形成了以居住、行政办公为主，商贸、休闲娱乐等为辅的综合性区域。广慈湖公园、奥城体育运动中心、五龙湖健康主题公园等陆续闪亮登场，一批现代化的住宅小区先后建成。随着建水一小、建水四小、建水中医院等先后迁出古城，教育资源、医疗资源得到了有效平衡和改善。配套设施的改善带动了餐饮零售、文体娱乐等公共服务业的逐步健全，盘活了城市资源，完善了城市功能。

2003年以来，建水先后建成了一、二期供水工程，供水能力从2万吨/天提高到4万吨/天，

七、古城新貌

供水安全率达100%；采用BOT合作方式，于2008年建成了建水县垃圾处理厂，日处理生活垃圾达200吨；于2011年建成了污水处理厂。2005年以来，建水共实施棚户区改造8170户，建设公共租赁住房7772套，使建水人居环境有了明显改善。

十二五期间，建水县立足"一城四区、四湖三河、北拓南展、东西优化、中心提升、构建大临安"的建设布局，完善城市功能、优化城市环境、提升城市品位，城市发展进入了一个全新的历史时期。至2015年末，建水城镇化率达46%，较2010年末增长29.9%；建成区面积19平方千米，较2010年末增长59%；建成城市道路84.44千米，较2010年末增长62%；城区绿化率达31.58%，较2010年末增长3.9%；城区供水普及率93.5%以上，较2010年末增长3.3%；城市生活垃圾无害化处理率达100%，城镇人均住宅建筑面积34.5$m^2$，较2010年末增长18.2%。建水这个融合了古典与现代风格、特色鲜明的城市，正日益显现勃勃生机。

## (二)特色凸显古城韵

20世纪末的建水,城市面貌杂乱,民居、商铺、行政办公、文化娱乐、医疗卫生、工厂仓库等拥挤在仅2平方千米的古城内,功能复杂,部分多层现代建筑突兀而立,破坏了古城传统风貌的统一性。古城内人口和建筑密度过大,街巷道路狭窄,缺乏消防通道、城市绿地、给排水设施等存在较大防灾减灾隐患,古城传统风貌保护工作迫在眉睫。2004年,建水县委、政府站在加大"历史文化名城"保护力度的新起点,决定对古城主街——临安路按明清式建筑风格进行恢复改造,工

**临安古城**

## 七、古城新貌

程总投资近2亿元,仅用2年时间即全部完成,创造了以"产权不变,弹性红线,利益驱动,发展新城"为精髓的全国历史文化名城保护、建设、管理的"临安模式",至此,拉开了建水古城风貌保护恢复的序幕。

"十一五"期间,建水先后完成了西城门(清远门)、南城门(阜安门)复建工程,使其与东门城楼再次形成遥相呼应之势,建水古城完整性基本得到恢复。2006年至2008年完成了北正街和武庙街等30余条历史街区道路改造建设;2008年至2010年修缮了学政考棚、朝阳楼、朱家花园、文庙、纳楼长官司署等大量古建筑。"十二五"以来,建水县坚持把古城保护、开发建设视为城市建设的核心与灵魂,2011年至2013年启动实施了小桂湖公园建设暨片区综合开发项目等十余项重点工程,完成了学政考棚、天君庙片区风貌保护与恢复工程;2014年以迎晖路片区为试点,重点启动了临安府衙、玉皇阁、武庙、朱家花园等片区风貌恢复和十座建水传统民居宅院示范性修缮保护项目。其中投资3870万元实施"十大院落"修缮保护;"文献名邦坊"重建完工,成为建水历史文化的又一标志性建筑。新一轮古城风貌保护与恢复工程，明确了"降建筑高度，降建筑密度，降人口密度"的"三降"原则，促进古城保护恢复从"片式改造"向"点式改造"转变，"仿古"建筑向"返古"修复转变。迎晖路以完整保留各个历史时期建筑风貌样式的修复模式，成为建水古城继翰林路、临安路之后，开创了古城修复新模式的又一条别具特色的历史古街区。

"十二五"期间，建水先后投入8亿多元资金进行古城修缮保护和风貌恢复。搬迁新建学校、医院等投入近5亿元，古城区内的人民医院、中医院、一小、四小及两个客运车站等已全部搬出，带动了古城5万余居民搬迁到新区。县政府投资7000万元，铺筑12条贯通古城和新城规划区的街道，县政府和机关、企事业单位率先迁往新区，共带动数亿元县内外社会资金投向新区。

今天，以建水古城3.3平方千米（含团山古村）面积内为核心，县城及周边尚存有国家级、省级和州县级不可移动文物505处，具有修缮保护价值的传统民居、古街古巷更是遍布全城。建水古城传统风貌保护与恢复的最终目标是到2018年，完成北门城楼、西北段和东南段古城墙恢复,完成古城标志性建筑钟楼、鼓楼重建;完成古城区与建水古城风貌不协调的建筑物风貌恢复;完成古城区市政公共设施改造完善工作,完成古城绿化、亮化、美化,实现所有街道管线入地;完成古城景区旅游服务配套设施建设、文物保护单位及传统民居保护维修和合理利用工作,古城保护与风貌恢复形成整体效果,完成古城 5A 级景区创建。真正把建水古城建设成为厚重历史与现代文明交相辉映、文化内涵与经济发展相互融合、人文生态与自然环境协调统一的国家历史文化名城。

通过对古城实施风貌保护与恢复,古城整体风貌日益靓丽,日渐式微的古城风韵再现生机。古典式路灯、店门标牌、青石板街道令人回味,古建筑群与众多古民居古色古香,古城墙威严矗立;东西南北四座城楼彰显建水"东展朝阳产业、西让生活挹爽、北守永贞为民、南保社会阜安"的发展核心理念。古城新区交相辉映,传统牌坊壮丽多姿,再现了千年古临安的历史盛况。建水犹如一颗古朴而又明亮的珍珠,抖落历史的尘埃,留下了宝贵的乡愁记忆。

## (三)新型工业大格局

建水有着丰富的铅、锌、锰、钛、铝、陶土等矿产资源。据文物资料记载,坡头龙岔河谷古墓群出土的文物中,有青铜锄、斧、剑及陶碗、陶罐残片,表明距今1000多年前建水一带已有青铜冶炼和制陶业。建水朝阳楼上现有一口铜钟,为洪武二十五年(1392年)铸造,可见当时的矿冶业已有较大发展。民国年间,矿冶业有采煤、炼铅、炼锌等。制陶业中的紫陶,加以绘画雕刻,填以五色泥,发展成为独具一格的工艺美术陶品种。新中国成立时,全县有私营工业和手工业场8户,从业人员155人,个体手工业1027户、2359人,还有相当数量的农民兼家庭手工业者。改革开放以来,建水工业迅速发展,基本完成了国有企业以产权制度改革为核心的改革,2004年

工业园区

全县有以冶金、化工、建材等为重点行业的工业生产单位1700多家,工业总产值16.8亿元,涌现了云南建水锰矿、红河州紫燕水泥有限责任公司、云南红塔蓝鹰纸业有限公司等一批骨干企业,生产经营涉及原煤、锰矿石、铅锌矿、铁矿、高锰酸钾、水泥、机制纸等。建水锰矿被定为云南省100户重点骨干企业,被冶金部命名为国家二级企业,产品远销美国、英国、日本等十多个国家和地区;中外合资的红塔蓝鹰纸业有限公司获得了"云南省外商投资先进技术企业""云南省合资先进企业"称号。随着时代的发展,全县以冶金、建材、紫陶产品加工、农产品加工等为主体的传统工业体系逐渐形成。

"十一五"期间,随着"工业强县"战略的提出和实施,建水工业进一步发展壮大。建水县委、县政府不断加大招商引资和项目建设力度,于2008年启动了工业园区建设,云南冶金集团产业集群建水基地于当年12月18日在建水羊街工业园区奠基开工,成为建水新型工业发展的重大转折点。之后建水借助外力,引进外资,先后与云南冶金集团、昆钢集团等30多家企业建立了合作关系，引进了锰系合金、铝板带加工、炭素阳极等多个重点工业项目。2012年11月，云南冶金集团"年产50万吨锰系铁合金、68万吨铝板带加工、60万吨炭素阳极"三个重点项目一期工程实现竣工投产。

2012年以来，建水依托资源、市场、区位等优势，确定了工业园区"一园五区"的产业布局，以冶金等产业为核心，结合农产品深加工、传统工业改造提升、陶瓷产业、物流业五大板块，全力打造年产值超百亿元的产业集群，规划了"羊街新兴工业园区、青云农产品加工园区、南营寨传统工业园、紫陶创意产业园区、火车站物流园"五大工业园区，以组团式发展的方式，打造建水工业产业集群基地。

至2016年，五大园区规划总面积由最初的27.71平方千米增加到了30.71平方千米。其中羊街新兴工业园区重点发展冶金深加工、新型建材、精细化工和制造业；青云农产品加工区重点发展以农产品为主的生物资源加工业；南营寨传统工业园区重点发展矿产品洗选及冶金深加工；紫陶文化创意产业园区重点发展"艺术紫陶、日用陶瓷、

七、古城新貌

工艺陶瓷、精品建陶",年生产规模约300万件;火车站物流园依托玉蒙铁路建水火车站,为各产业物流提供流通服务。通过几年的建设,逐步形成了以云南冶金集团建水产业集群基地有色金属加工业为代表的产业培植格局。

至"十二五"末,建水工业园区"一园五区"空间布局逐步形成,羊街片区供水、500千伏惠历变、220千伏临安变、110千伏羊街变建成使用,铁路专线、工业大道建成通车;青云片区供水、10千伏电力专线、轻工业大道建成使用。园区聚集带动作用明显。全县工业总产值、规模上企业增加值比2010年分别增加99.42亿元、13.57亿元。工业转型升级取得重大突破,招商引资工业项目106个、协议总投资754.53亿元、省外到位资金68.82亿元、利用外资1249万美元,先后引进了汽车铝轮毂、太阳能及风能发电、婴幼儿羊奶粉、铝合金等转型升级项目。南庄光伏实现并网发电9000万千瓦·时,七棵树风电、下海尾光伏等新能源项目顺利推进。"十二五"成为建水工业稳健推进、转型升级步伐加快的五年;建水工业园区被认定为省级工业园区、生物产业示范基地、重点培育铝产业园区。

## （四）高原农业多元化

建水是传统农业大县，有着十分优越的自然条件，气候温和，土壤肥沃，是多元适宜种植区，曾被省、州政府列为粮食、烤烟、甘蔗、生猪、蔬菜、水果发展基地。每年有数万吨蔬菜销往国内10多个省区和俄罗斯、东南亚等国。农业作为建水的传统主流产业，已形成了粮、烟、蔗、菜、果、猪为主的多元化发展格局。

1950年，建水全县农业总产值仅为2553万元，产粮食5.1万吨；1978年农业总产值增加到6480万元，粮食产量增加到12.5万吨，农民人均有粮239公斤，人均纯收入129元。1978年党的十一届三中全会后，农村推行以家庭承包经营为基础的双层经营体制，以水稻、玉米、红薯、小麦为主的粮食作物得到快速发展，种

**建水早熟鲜食葡萄**

## 七、古城新貌

植面积、总产量居红河州榜首,在全省粮食生产中占有重要地位。以烤烟、甘蔗、花生、油菜籽为主的经济作物及蔬菜、水果也成为建水农业的重要组成部分。到"十二五"末,建水早熟葡萄、优质脐橙、酸甜石榴、无公害蔬菜等高原特色农业在全省声名鹊起,建水先后成为全国无公害蔬菜生产示范基地达标县、全国生猪外调大县、全国粮食生产先进单位、全国农业标准化示范县、中国果品之乡、全国早熟葡萄基地、全国早熟柑橘试验示范县,进入云南省40个高原特色农业示范县行列。

2015年,建水共实现农业总产值47.8亿元,农村常住居民人均可支配收入10374元,比2010年增长104.6%。粮食总产量22.25万吨;蔬菜总产量53.23万吨,总产值10.15亿元;全县完成水果累计种植28.22万亩,实现总产量29.72万吨,产值16.34亿元;完成以三七、重楼、石斛、党参等为主的中药材种植面积5.01万亩,总产值3.29亿元;渔业养殖面积2.19万亩,总产值1.29亿元。

"十二五"期间,建水围绕省委指示精神和

"丰富多样、生态环保、安全优质、四季飘香"四大高原特色农业发展建设要求以及红河州委、州政府关于加快红河高原特色农业发展的意见,确立了"10万亩葡萄、20万亩脐橙、30万亩蔬菜、30万亩石榴、50万亩核桃、50万亩速生林、60万只黑山羊和120万头生猪"的农业产业发展目标,加快高原特色农业示范区建设,重点以曲江、南庄、面甸三个乡镇为核心,规划建设曲江6万亩蔬菜,南庄8万亩水果,面甸4万亩水果和2万亩蔬菜基地,辐射带动全县蔬菜、石榴、葡萄、脐橙、畜牧等优势特色产业发展,着力打造"红河特色、云南样板、全国示范"的高原特色农业产业基地。

大力推进土地流转、引进外资外企、扶持新型经营主体,促进企业发展、农民增收,是建水农业产业得以快速向规模化、产业化扩张的重要原因之一。"十二五"期间,建水累计流转土地20.2万亩,其中示范区流转土地8.6万亩、完成投资19.2亿元,建成项目26个,农业产业化水平稳步提高。一批新型经营主体不断发展壮大,以建水和源公司、红河天第绿色产业有限公司等

## 七、古城新貌

外向型企业为重点的龙头企业带动型、以外来投资商和本地种植大户为主的规模产业带动型、以订单农业协会为代表的专业合作组织带动型等多种现代农业产业发展模式逐步形成。全县共培育农业龙头企业51个,农业龙头企业固定资产总值达12.95亿元;高原特色农业示范区建设成效明显,先后创建了国家级水产健康养殖示范场、国家级鲜食葡萄栽培农业标准化示范区、省级现代农业园、省级生物产业示范基地;建水酸石榴、建水草芽、建水小米辣获得了国家工商总局商标局地理证明商标注册登记。

建水石榴作为建水传统地方名特果树,已有300年以上的栽培历史。清康熙《建水州志》"物产篇"已有关于建水石榴的记载。由于建水石榴在全国具有的独特性,被列入国家《特色农产品区域布局规划》及省、州《优势农产品区域布局规划》,2010年获得农产品地理标志登记保护,2004年、2010年至2012年、2014年、2015年先后荣获全国石榴评比优质奖、银奖、金奖、果王奖。

"十二五"期间,建水农业基础设施得到不断夯实。五年间全县投资14.91亿元建成3.6万件水利工程，改善和新增灌溉面积18.22万亩，实施土地治理等项目12个、新增耕地2.41万亩，完成中低产田改造18.6万亩，白家田水库、大田水库、跃进水库引水工程等重点水利项目相继开工建设，将为建水高原特色农业发展注入强大活力。

示范区建设，农产品加工园区、农产品物流园区建设，庄园农业、休闲观光农业……在高原阳光的照耀之下，一个传统农业向现代农业转型的建水农业新模式正日渐成熟，建水正在向着"红河特色、云南样板、全国示范"的农业产业发展目标不断迈进。

### （五）文旅共融展风采

1994年，建水县被国务院命名为"中国历史文化名城"和"国家重点风景名胜区"。

不胜枚举的文物古迹、雄奇美丽的自然景观，为建水文化旅游发展奠定了雄厚的基础。505处地面不可移动文物，7个国家级文物保护单位，在全省6个"中国历史文化名城"中，建水文物数量位列首位。至今保存完好的大量元、明、清各朝代建成的寺、庙、塔、楼、桥和民居楼，使

七、古城新貌

**文庙"开笔礼"**

建水成为名副其实的"古建筑博物馆"。而长期以来中原文化与边地文化的融合发展,更成就了建水独具魅力的多元文化特征。具有多重文化背景的朱家花园、张家花园的建筑文化和朱子家训、百忍家风是居家文化的代表;以建水文庙、学政考棚、崇正书院、焕文书院、崇文书院等为载体的儒学文化,正日益受到世人瞩目;中国"四大名陶"之一的建水紫陶制作工艺和装饰风格独树一帜;融本土文化、中原文化、东南亚异域文化、法国欧陆文化为一体,最终形成的民风民俗、美食小吃、地方曲艺等市井文化,让人流连忘返。"泸江烟柳"的田园风光,燕子洞的神奇岩溶地貌,滇南宗教名山云龙山，西南第一氡泉曲江温泉，神秘的红河谷风光等，都是建水发展旅游业得天独厚的优质资源。

早在明代，建水的溶洞群就吸引了中国历史上著名的探险家、旅行家徐霞客，并著有《游颜洞记》。游记的最后是这样写的"念此三洞，慕之数十年，趋走万里乃至，而叛彝阻之，太阳促之，导人又误之，生平游屐，斯为最厄阻碍矣！"也因为这三个原因，徐霞客没有再往前到达被誉为"亚洲第一溶洞的燕子洞"，时至今日，如果徐霞客再游溶洞，看到的将会是另外一番景象。

建水真正意义上的旅游是从1987年春节燕子洞景区开洞迎客开始的，从此，建水旅游迈开了历史性的第一步。当年，燕子洞景区接待游客53.5万人次，日接待游客最高峰达到2.3万人次，门票收入20多万元。2000年，建水县作为中国昆明国际旅游节建水分会场迎接四方来客，至此建水旅游迎来第一次发展高峰。随后景区发展迅速，燕子洞、文庙、朱家花园、团山先后在2003年、2009年和2014年被评定为国家4A级旅游景区，景区的发展为建水旅游撑起了一片蓝天。

## 七、古城新貌

　　建水古城小火车是滇越铁路开发和利用上的一个典范。建水县与昆明铁路局共同投资对沿线车站房屋进行保护性修缮，打造沿线临安、双龙桥、乡会桥、团山等四个站台景点。自2015年5月1日正式开通试运营以来，取得了良好的经济效益和社会效益，截至2015年12月31日，项目营业总收入366万元，列车开行趟次473趟，上座率达51.11%。

　　文化旅游产品的开发也赢得了市场的关注和认可。融合了汉族、彝族两种风格的建水小调是流传于建水县境内的民族民间音乐，迄今已有六百多年的历史。建水县于2002年成立建水金临安民族文化传播有限公司艺术团，将建水小调加以提升，搬上演艺舞台。经过多年的舞台实践，不仅成为到建水的游客想看、爱看、必看的节目，更为建水民歌小调的挖掘整理、推陈出新、人才培养和传承弘扬本土非物质文化，推进文旅融合做出了有益的探索。截至2015年底，"金临安"累计演出3580余场次、实现营业收入1360多万元，接待国内外观众达33万余人次。

　　以建水文庙为载体的"儒家三礼"（开笔礼、

成童礼、成人礼）和敬老礼、拜师礼活动集"儒"文化与"家"文化为一体，是建水"居家文化"和"儒学文化"的重要组成内容，也是对文化走进生活的一种创新和尝试。为秉承儒家礼仪文化，建水文庙文物管理处先后推出了"儒家三礼"和重阳节的"敬老礼"、教师节的"拜师礼"等活动。从仪式程序上逐步回归传统，服装、道具等方面均按汉代的历史背景进行配置。通过参加儒家礼仪活动，孩子学会了知礼上进，懂得感恩父母和老师，赢得了参礼学生、家长和游客的赞许。

"十二五"期间，建水共接待海内外旅游者1660.11万人次、实现旅游总收入93.59亿元，分别是"十一五"的2.07倍和3.3倍。建水旅游经过30年的发展，景区景点功能基本齐全，旅游服务接待设施基本配套。至2016年，全县已有国家4A级旅游景区4家，占全州总数的57%。共有10家旅行社及分社、6家星级酒店、2家星级特色民居客栈、2家度假型酒店、4家特色客栈、1家旅游汽车公司，住宿设施213家，房间数6676间，床位数1.16万张，基本能够满足游客需求。旅游经济实现了持续增长，并继续在全州保持领先地位。

### （六）全域旅游促发展

"十二五"以来，建水县委、县政府紧紧抓住云南"旅游强省"的大好时机，在省州发展"昆玉红旅游文化产业经济带"、打造"三千四百年"文化名片等战略部署中开启了旅游发展新征程，提出了"恢复一座古城，擦亮两张名片，做强三个品牌，挖掘四类文化，打造六大景区，实现国际型旅游城市目标"的文化旅游发展思路。这一思路紧紧围绕"古城风貌保护恢复"这个核心，着力擦亮"千年临安古城、千年建水紫陶"两张旅游名片，做强"中国历史文化名城、国家重点

外国游客在团山

风景名胜区、古城 5A 级旅游景区"三个品牌，挖掘最具特色的"居家文化、儒学文化、紫陶文化、市井文化"四大门类文化，打造"中部古城文化旅游景区、西部泸江烟柳乡村文化体验区、东部燕子洞生态度假旅游区、北部曲江氡泉生态园和云龙山宗教文化旅游区、南部民俗风情旅游区"六大景区，在更高的层面上推进文旅融合发展。"十二五"期间，古城 5A 级景区规划建设中 15 个古城风貌恢复项目累计完成投资 14.29 亿元；朱家花园、团山村申报为国家 4A 级景区，朱家花园、团山民居建筑群申报为国家级文物保护单位；新房等 23 个村列入中国传统村落名录，建水列为中国传统村落集中连片保护示范区；"中国名陶之乡"荣誉称号通过复评，"建水紫陶"申报为中国地理标志证明商标。建水旅游一体化格局日趋成熟，带动了餐饮、住宿、商务等服务产业迅速发展。

  2016 年 2 月，国家旅游局公布了首批 262 个国家全域旅游示范区创建单位，建水县榜上有名。全域旅游是将特定区域作为完整旅游目的地进行整体规划布局、综合统筹管理、一体化营销推

七、古城新貌

广,促进旅游业全区域、全要素、全产业链发展,实现旅游业全域共建、全域共融、全域共享的发展模式。建水县委、县政府将推进全域旅游作为"十三五"期间的一项重点工作,在旅游发展规划和项目建设上着力。其中,建水古城作为全域旅游的核心部分进行规划,总面积达3.3平方千米。重点是以建成国家5A级旅游景区为目标推进古城风貌恢复与保护建设,围绕临安府衙恢复重建、"十大院落"修缮、朱家花园片区传统风貌保护与恢复、武庙恢复重建、迎晖路传统风貌保护与恢复、文献名邦坊重建、玉皇阁修缮、龙井传统集市恢复、指林寺恢复修缮、北城门重建等十余个重点项目,稳步实施和推进,力求最大限度还原古城风貌特色和文化韵味,全部项目估算总投资达39.98亿元。

随着琴鹤堂、竹叶轩、爱莲轩等一批传统院落和"文献名邦"坊、临窑建水陶文化中心、建水美食街等一批文化旅游项目的陆续修复和建成,建水古城文化旅游业态日渐成熟,古城文化魅力更加凸显。而临安府衙等九大古城传统风貌保护与恢复项目,紫陶文化创意园项目,团山村、新房村、碗窑村等12个旅游特色村提质工程等一批重点旅游项目的进一步推进，将为建水创建国家全域旅游示范区、推动旅游产业转型升级奠定更加扎实的基础。

多年的努力和发展，建水已成为滇南旅游的一个重要组成部分，得到了越来越多的关注和认可。建水先后被授予"中国最令人向往的50大旅游胜地""云南最具吸引力的景区""2007年度最具活力的优秀旅游城市""2009年中国最具民俗文化特色旅游目的地""中国名陶之乡"等称号；临安镇、西庄镇被列入云南省首批60个旅游小镇，临安镇荣列"云南十大历史文化名镇"，被评为第一批"全国特色景观旅游名镇（村）示范镇"，团山村被列入云南省首批50个旅游特色村。2006年团山民居被列入世界纪念性建筑遗产保护名录；中国红河·建水孔子文化节被评为"2008年度最具影响力的民族节庆活动"和"2010年中国最受公众关注文化节庆活动"，并入选《中国节庆大全》。2016年10月14日，住建部公布了第一批中国特色小镇名单，云南省上榜3个镇，西庄镇是其中之一。

"十三五"期间，建水将通过大批文化旅游项目的推进，实施城乡景区化战略，逐步形成以临安古城度假、泸江烟柳·丝绸廊道度假、田园温泉度假、溶洞体验、民俗体验、养生休闲、餐饮娱乐和旅游产品开发等门类较为齐全的旅游产业发展体系,实现景城一体、城在景中、景在城中的大建水旅游,努力实现旅游业全景化、全覆盖,形成以旅游业带动和促进县域经济社会协调发展的旅游经济发展新模式。

### (七)医疗卫生写新篇

历史上的建水,医疗卫生资源和卫生服务严重匮乏,每逢遇到重大瘟疫流行,百姓无力抗拒,坐以待毙。中华人民共和国成立后,在党和政府的高度重视下,建水卫生事业发生了天翻地覆的

建水人民医院

变化。1952年全县只有卫生机构6个，病床72张，职工54人；1978年以来，建水加快公共卫生体系建设，实施疾病预防控制、妇幼保健、公共卫生监督，加强食品药品监管，开展爱国卫生运动，全县医疗卫生机构由1978年的59个增加到2004年的380个。1993年实施的"2000年人人享有卫生保健"目标提前一年达标；1995年启动"复明工程"；2003年至2004年全县众志成城抗击"非典"、防治高致病性禽流感，无一例疑似病例出现。1998年建水被评为云南省乙级卫生县城，2000年被评为甲级卫生县城。

"十二五"以来，建水以促健康、转模式、强保障为着力点，全面深化医药卫生体制改革，坚持计划生育基本国策，多部门协同抓好艾滋病防控，全力以赴控制各项指标，积极推进公立医院改革，完善全民医保体系建设，鼓励社会办医，严格贯彻执行基药制度，以县乡村医疗服务一体化为抓手提升基层医疗机构服务水平。加大基础设施建设投入力度，累计投入3.1亿元实现县人民医院、县妇幼保健院、县疾病预防控制中心、县中医医院整体搬迁。同时，按照全州"美丽家

七、古城新貌

园"标准化卫生院、卫生室建设的战略部署,投入资金6300余万元,新建、改建标准化乡镇卫生院15个、标准化村卫生室132个,并投入2000余万元配备标准化医疗设备2790件,乡镇卫生院基本配齐了DR、彩超、全自动生化仪等设备;推行绩效考核改善福利稳定基层队伍,建立健全基层首诊、双向转诊和县乡医疗机构对口帮扶机制,基层医疗机构服务水平得到提升。

截止2016年,全县共有医疗卫生机构255个,其中省州属医疗机构2个,县级综合医院2所,县级中医医院1所,疾病预防控制、妇幼保健机构各1所;乡镇卫生院15所,村卫生所126个;有卫生技术人员2034人,其中农村卫生技术人员749人,每千人口拥有3.84人;有住院病床3269张,每千人口拥有6.17张。医疗卫生条件的有力改善,有效缓解了广大人民群众"看病难、看病贵"的问题。建水县人民医院、建水县中医院医疗水平的提高、医疗设备的完善,尤其是搬迁新址后,更为全县人民生命和健康提供了强有力的保障。

## (八)尊儒崇文兴教育

建水的教育始于元,盛于明,承于清。元至

元十一年（1274年），忽必烈委派赛典赤·赡思丁为云南省平章政事后，他恪守儒家信条，强调"为政以德"，提倡兴建孔庙，为儒学的传播起到了积极作用。而建水最初的教育功绩，还应该归功于一个人，这个人就是广西道宣抚使张立道。元十七年（1280年），建水置临安广西道宣抚司，5年后，张立道在建水兴建文庙，创立了庙学，成为云南继昆明、大理后兴建的第三所学府，也成为滇南官府兴办教育之始。此后，明代相继开设了临安府学和建水州学于文庙内。其间，书院云涌，义学兴盛，私塾增多。尤其是设立于明代的作为云南提督学政定期举行院试考场的学政考

建水一中凌志门

七、古城新貌

棚,每年迎接来自临安、元江、开化(今文山州)、普洱(今普洱市)的考生参加考试,成了四府生员科举的战场,更是迅猛地推动了建水古代教育的发展。而给建水教育带来历史性影响的,是明洪武年间的文学名士、山西布政史韩宜可和右参正王奎。两人被贬谪至建水后,在文庙讲学达16年之久。两位先贤"师表于兹十有六年矣,于是士习始变,人文始著",使儒学在建水这一边疆小城得到广泛传播。此外,谪戍来滇的著名学者、状元杨慎亦两度来建水寓居讲学。据统计,自明正统七年(1442年)建水出现第一个进士起,明清两代,建水共出文武进士110名,仅次于昆明和大理,出文武举人1273名,仅次于昆明。建水知州陈肇奎《重修学宫记》的"滇南虽僻处天末,建(水)又滇之极边,然观风被化不异中土,迩来科甲云起,秋榜几分云(南)省之半……亦学校培养之力也"。记载了建水古教育史上"临半榜"的殊荣。

受儒家优秀传统思想的影响,古往今来,建水人文气息浓厚,文人荟萃,学风大盛,近现代教育的发展也十分迅速。民国元年(1912年),

建水共有高、初等小学 10 所；民国 4 年（1915年），全县小学发展到 39 所，学生 1666 人，教职工 131 人；民国 6 年（1917 年），县长丁国梁和地方官绅倡议创办县立中学，以县城东门外菱瓜塘街焕文书院为校址，后于民国 17 年（1928 年）迁入城内崇正书院。当时，云南省的中学校除省立、郡立的外，县立中学这还是第一所。

民国 20 年（1931 年）下半年，云南省教育厅为推广边地教育，决定在建水创办省立临安中学，选定建水文庙为临安中学校址，于民国 21 年（1932 年）8 月开始招生，正式办起省立临安中学，招生范围是建水（含原属建水所辖的元阳、红河、绿春县）、曲溪、石屏、开远、蒙自。建水县立中学师生归并临安中学办理；民国 23 年（1934 年），建水设立省立临安师范，与临安中学分办合设。

民国 27 年（1938 年）8 月，留日学生、云南大学讲师刘宝煊回家乡建水，在崇文书院创办县立师范学校，招收特种师范和简易师范各 1 班。民国 31 年（1942 年）春，县立师范学校改为私立建民中学。

至民国 38 年（1949 年），建水共有完全中

七、古城新貌

学1所,初级中学4所,小学187所;中学教职工73人,小学教职工326人。

20世纪七十年代,历经"文革"后的建水教育逐渐走上正轨。1994年全县实现了"普及六年制教育"目标;1998年被国家教育部认定为"普及九年义务教育"和"扫除青壮年文盲"合格县。之后,建水的中考、高考成绩一直居于全州前列。"十五"期间,随着教育系统计算机信息网络的建成,建水在全州教育系统首开计算机联网办公的先河,为8个项目学校配备了计算机网络教室和多媒体电教室,提前5至10年完成原定教育技术装备计划,使建水县的教育技术现代化装备水平跃居全州乃至全省前列。

至"十二五"末,建水共有各级各类学校321所,其中教师进修学校1所、普通中专1所、职业中学1所、高级中学3所、完全中学4所、初级中学15所、小学155所、小学教学点67个,幼儿园74所(其中:公办幼儿园29所,民办幼儿园45所)。各级各类教职工6948人,其中专任教师5733人。2015年认定学科带头人36人、骨干教师59人。各级各类学校在校学生达95158人。

七百多年来,建水教育无愧于"滇南邹鲁""文献名邦"的美誉。特别是1978年中国共产党十一届三中全会后,形成了党政兴教、社会重教、各界支教的可喜局面。近年来教育的辉煌成果,更为建水教育这绚丽的历史画卷抹上了亮丽的一笔。

# 后　记

建水县作为"中国历史文化名城"和"国家重点风景名胜区",拥有千年历史和深厚的文化底蕴,文化积淀深厚,名胜古迹众多。2016年2月1日,建水县被列入国家旅游局公布的首批创建"国家全域旅游示范区"名单。

随着历史文化与旅游产业的日益融合,建水历史文化的挖掘、整理和研究越来越受到县委、县政府的重视和支持,以其作为提高建水知名度、推进文化旅游产业融合发展的重要支柱。

为做好《建水史话》的编撰工作,建水县委办公室、建水县人民政府办公室联发《关于做好〈建水史话〉编撰工作的通知》,成立以县委常委、县委宣传部部长杨为文为组长的编撰工作领导小组,由张绍碧负责编撰工作,抽调各相关部门人员和专业人士参与编写。

8月31日,召开了《建水史话》编撰工作会议。会上,杨为文组长提出要求,编撰工作要"广征、核准、精编、严审",要明确责任,各负其责。张绍碧对史话的写作作说明:史话介于志书、史书、文学作品之间,不拟长篇大论,不是纯文学作品,也不是论文;史话稿件的撰写必须要以史实为依据,要有科普性、故事性、趣味性。与会的各位专家、编辑和撰稿者对本书的编写提出了有益的建议。

在本书编写的四个多月中,张绍碧、杨丰、宗伟、包茹兰、李云华、喻利平、高鹏程、粟一等多方收集史料,组织进行文稿编撰;杨丰、张绍碧、汪致敏、宗伟、李广田、喻利平、陈红丽、鄢显煜、梁玉兰、李云华、高鹏程、包茹兰、张建农、粟一、沈振宇、李建屏、汪丽、李德、戴存有、宗秉成、刘颖洁、范荣德、韩璟、李艳华、杨庆、赵丽琼、旦玉云、颜乾、周丽萍等参与撰稿;张绍碧、鄢显煜、赵家喜、田丕鸿、张建农、喻利平、王保明、王志伟、赵丽琼、范希胜、许文杰、贾建琨、肖燕明、包俊生、李朝春、陈嘉彤、万海燕、云欣成等为本书提供图片。在此,谨向关心和支持本书编撰工作的领导和各界人士表示衷心的感谢!

由于编者水平有限,本书难免存在不足,敬请读者批评指正。

编 者

2016 年 12 月